»Reist man über diese sich ungestüm in den Atlantik vorwagende, zerklüftete Halbinsel, meint man ständig, sich in verschiedenen Ländern zu bewegen. Ein paar Kilometer genügen, und schon befindet man sich in einer anderen Welt.« *Aus dem Vorwort*

JEAN-LUC BANNALEC
UND MANFRED GÖRGENS

DUPINS BRETAGNE

Ein Reiseführer

Kiepenheuer & Witsch

Inhalt

DER WESTEN

DER NORDEN

Foto Seite 1 bis 4: Die Pointe des Poulains, Belle-Île

Foto nächste Seite: Die Leuchttürme der Île Vierge

BRETONISCHE MOMENTE

Es konnte nicht ausbleiben, irgendwann hatte sich die Existenz von Dupins legendärer »Liste« im Kommissariat herumgesprochen. Seine Mitarbeiterin – Chefin? – Nolwenn und sein erster Inspektor, Riwal, hatten, hocherfreut über Dupins bretonischen Enthusiasmus, das Ihre dazu beigetragen. Zur Liste seiner bretonischen Lieblingsorte, die er in seinem Kopf führte.

Sogar der Präfekt, Luc Locmariaquer, bekam irgendwann Wind von der Sache. Was bis zu diesem einen sonnigen Montag Anfang des Jahres nicht weiter schlimm gewesen war, da aber geschah das Unglück. Die neue, ambitionierte Tourismusbeauftragte des Departements hatte

Locmariaquer um einen Antrittsbesuch gebeten. Bei einer Tarte Tatin, deren Konturen unter reichlich Vanillesoße zu erkennen waren, hatte sie ihm klargemacht, dass der Präfekt einen Beitrag zur Unterstützung der regionalen Wirtschaft und Preisung der Bretagne zu leisten habe.

Dummerweise war es ihr damit tatsächlich gelungen, Locmariaquers Eifer zu wecken. Was allerdings endete, wie es immer endete, wenn es um Locmariaquer und den Eifer ging: Andere mussten ran. Der Präfekt nämlich vereinigte auf eine kunstvoll ausbalancierte Weise zwei widersprüchliche Eigenschaften in sich. So hatte er einerseits ein untrügliches Gespür dafür, wenn es darum ging, seine Nase in Angelegenheiten zu stecken, die ihn rein gar nichts angingen, andererseits ließ sein gleichmütiges Schulterzucken nicht auf sich warten, wenn er einmal dringend gefragt war, tätigen Einsatz zu zeigen. Es lag doch nahe: Warum nicht »seinen Commissaire« heranziehen? Der sich nach einem Jahrzehnt bretonischen Dienstes – Locmariaquer musste sich langsam damit abfinden, den Zustand als dauerhaft einzustufen – anscheinend sehr ortskundig zu bewegen wusste. Prompt hatte er Dupin einbestellt. Der Kommissar hatte gebraucht, ehe er verstand, was der Präfekt von ihm wollte, wie gewöhnlich hatte dieser lange und verquast gesprochen. Als es ihm endlich gedämmert hatte, war er abrupt aufgestanden und mit den Worten »Auf keinen Fall, vergessen Sie es!« aus dem Büro des Präfekten gestürmt. Sie können sich die Szene wahrscheinlich lebhaft vorstellen. Warum in aller Welt sollte er ausgerechnet Locmariaquer die geheime Liste seiner Orte offenbaren?

Schon auf der Rückfahrt, wie für den Rest des Tages

und an den Folgetagen, hatte ihn der Präfekt mit drohenden Tiraden überzogen, die sämtlich auf Dupins Anrufbeantworter landeten. Was sollte der Präfekt schon tun? Er würde ihm in dieser Angelegenheit keine Dienstanweisung geben können. Die aber kam dann doch, wenn auch von anderer Seite. »Selbstverständlich werden Sie das tun«, hatten Nolwenn und Riwal ihm mit strenger Miene entgegnet. »Hier geht es um Größeres als Sie, Monsieur le Commissaire – um den Ruhm der Bretagne! Da müssen Ihre persönlichen Befindlichkeiten einmal zurückstehen.« Als die beiden auch am nächsten Tag kurz vor der Mittagspause – auf der Terrasse des *Amiral* wartete ein großer Teller *langoustines* – erneut mit der Sache begonnen hatten und also abzusehen war, dass sie keine Ruhe geben würden, hatte Dupin schließlich das Handtuch geworfen.

Allein der Verkettungen obiger Umstände also verdankt sich das Buch, das Sie in den Händen halten. Im Kern ist es genau das: Dupins Liste seiner Lieblingsorte. Um ein ganzes Stück erweitert und ergänzt allerdings, eine Art Langfassung.

Natürlich ist es gewisserweise eine unmögliche Liste: Jeder beschworene Ort dieser Liste ist »der schönste«. Es ist absurd – aber Sie wissen auch: Dupin, der mürrische Schwärmer, verteidigt diese unmögliche Position leidenschaftlich! Denn im jeweiligen Moment sei die Empfindung jeweils genau diese: Schöner geht es nicht. Also sei jedes Schwärmen ganz aufrichtig. Zudem: Was könne er dafür, dass die Bretagne auch in dieser Hinsicht ein Wunder sei, dass es hier tatsächlich zahllose »schönste« Orte gebe? Eine eigentümliche Argumentation, die eher nach Inspektor Riwal klingt als nach Dupin. Doch über ein Jahrzehnt Bretagne hinterlässt seine Spuren, verändert auch einen bisher relativ vernünftigen Pariser.

Ein Moment der bretonischen Magie rührt ohne Zweifel von ihrer enormen Vielgestaltigkeit her. Was nicht bloß für die faszinierenden Unterschiedlichkeiten und unfassbar schnellen Wechsel ihrer Landschaften gilt, sondern für alles. Ihre Himmel, ihr Wetter, ihre Schätze, den Reichtum ihrer Geschichte und Kultur, ihre Legenden und Sagen, ihre Künste, ihre Gefühlswelten, ihre Flora und Fauna, ihre kulinarischen Spezialitäten, ihre äußerst diversen, lebendigen Wirtschaftszweige. Und sie gilt insbesondere für ihre Menschen.

Die Bretagne als Ganzes erfassen zu wollen, in ihrem Wesen, ist unmöglich. Aber sie lässt sich erleben. In einzelnen Momenten, wie Dupin es tut. In besonders bretonischen Momenten, die immer auch etwas vom Ganzen der Bretagne vermitteln. Besondere Spaziergänge, Strände, Cafés, Restaurants, außergewöhnliche Dinge und Manufakturen (so zum Beispiel für Fischkonserven, Salz, Schokolade, Kekse, Honig, Cidre, Whisky, Glas, Keramik, Kleidung, Seifen). Oder auch Orte mit außergewöhnlichem Licht, außergewöhnlicher Aura.

Objektiv ist die Bretagne alles andere als ein Gigant. Von Ost nach West breitet sie sich gerade mal über 250 km aus – mehr als 300 km sind es, wenn man ab Nantes misst, die Nordküste liegt von der Südküste maximal 150 km entfernt. An Landschaftsreichtum jedoch ist sie dann doch ein Gigant. Gäbe es eine Kennzahl zur »Vielfältigkeit der Natur pro Quadratkilometer«, läge die Bretagne weltweit an erster Stelle. Reist man über die sich ungestüm in den Atlantik vorwagende, zerklüftete Halbinsel, meint man ständig, sich in verschiedenen Ländern zu bewegen. Ein paar Kilometer genügen, und schon befindet man sich in einer anderen Welt. Insbesondere an den Küsten, dem »Land am Meer«, *Armor* auf Bretonisch. Allein 2700 km Küstenlinie, direkten Kontakt von Land und Meer, hat die Bretagne, mit jeweils ganz eigenen Landschaften. Und selbst diese einzelnen Landschaften sind nie dieselben. Unablässig wandeln sie sich im Wechsel der Gezeiten. Mal ist ein Strand Hunderte Meter breit, mit feinstem, weißem Südseesand, mal ist er Meeresboden. Ganze Landschaften tauchen ab und wieder auf, stetig werden neue gestaltet, in neuen Vermengungen von Meer und Land. Auch die jähen Wechsel des Wetters, des Himmels, der Beschaffenheit des Meeres und vor allem des Lichtes und der Farben verwandeln sie darüber hinaus.

Die andere – nicht minder magische – Bretagne ist das *Argoat:* das Inland. Ursprünglich und viel schöner: das »Land am Wald«. Von diesem Wald, der bis zur Zeit der Römer die gesamte innere Bretagne beherrschte, sind nur einzelne größere Teile übrig geblieben. So der uralte Zauberwald Brocéliande, wo zentrale Episoden der Artus-Geschichten angesiedelt sind – verwunschene Orte, die Sie erleben müssen. Wie auch die zahllosen geheimnisvollen Täler, Flussläufe, Bäche, das Argoat ist voller Wasser. Und natürlich müssen Sie die höchsten Berge der Bretagne erklimmen, in surreal anmutenden Moorlandschaften gelegen, die an die Highlands erinnern. Dort stehen Sie auf den erodierten Spitzen des mit fast 9000 Metern einst höchsten Gebirges der Erde.

In der Bretagne gibt es mehr Licht als anderswo. Es

ist überwältigend, von unfasslicher Energie. Und durch seine Leuchtkraft gelangt man unmittelbar zu den außerordentlichen Farben, die nichts anderes sind als die Brechungen dieses besonderen Lichtes, zu Momenten eines wahren Farbenexzesses – man wird trunken, süchtig. Es ist, als wäre das für die Menschen sichtbare Farbspektrum hier ungleich breiter gefächert als anderswo, als würde das Licht in den endlosen Brechungen auf den immensen Wasserflächen rund um die bretonische Halbinsel feiner zerlegt. Das Ergebnis: Man sieht mehr Farben. Und eine Farbe, die es nur hier gibt: *le glaz,* sie steht für die gesamte Bretagne. Eine Naturfarbe, die im Bretonischen sowohl Blau, Grün als auch Grau bezeichnen kann, eine Mischung, die der Atlantik kreiert. Zur Farbe selbst gehört ihre mögliche Varianz, mal ist sie grüner, mal blauer, mal grauer. Das hängt von den unaufhörlichen Wechseln ab, ausdrücklich aber auch vom *humeur* des Betrachters. Das heißt: von seiner eigenen Seelenfarbe. Eine Farbe in Bewegung, ganz wie das Meer und der Himmel selbst. Am besten lässt sich dieses Farbenspiel auf einem Spaziergang oder einer Wanderung erleben, auf Wegen zu magischen bretonischen Momenten wie diesen.

Die Bretagne ist, Sie wissen es längst, auch kulinarisch ein Paradies. Ihre Delikatessen und Spezialitäten sind weltberühmt. Sitzen Sie in Paris, New York, London, Berlin – wo auch immer – in einem vorzüglichen Restaurant, ist die Wahrscheinlichkeit hoch, dass vor dem, was die Küche aus dem Meer zubereitet hat, ein »bretonisch« steht, als Auszeichnung höchster Qualität: bretonischer Hummer, bretonische Seezunge, bretonische Austern. Allein der Atlantik bietet ein schier unerschöpfliches

Reservoir an köstlichen Dingen: Pollack, Wolfsbarsch, Rotbarbe, Seezunge, Seeteufel, Steinbutt und viele andere delikate Fische, dazu eine üppige Vielfalt an Meeresfrüchten wie Muscheln, *langoustines* (Kaisergranat), Seespinnen, Krebsen und Krabben jeder Größe. Aber nicht nur das Meer, auch die saftigen Wiesen und fruchtbaren Felder bringen Wunderbares hervor: beste Artischocken, hervorragende Kartoffeln (vor allem die *Princesse Amandine*), die aromatischen rosa Zwiebeln aus Roscoff, zarte weiße Bohnen mit dem schönen Namen *Coco de Paimpol*. Unter dem Obst stechen die bretonischen Äpfel hervor, aus denen der Cidre gewonnen wird, oder die legendären Erdbeeren aus Plougastel. Die Kühe geben eine exzellente Milch, die zur – natürlich – besten Butter der Welt verarbeitet wird, welche wiederum die wichtigste Zutat für die köstlichen Crêpes, Kuchen und Kekse abgibt. Nicht zu vergessen das besonders feine Lammfleisch von den meeresnahen Wiesen, die so schmackhaften Hühner und die bretonischen Schweine, die auch zu außergewöhnlichen Würsten und Pasteten verarbeitet werden. Der unbeschreibliche Honig, die göttliche Schokolade.

Die Generalmaxime der bretonischen Küche ist, aus dem Einfachen, Ursprünglichen – dem Besten gleichwohl – etwas Großartiges entstehen zu lassen, dank eines enormen Savoir-faire und vieler exotischer Einflüsse. Und von simplen Köstlichkeiten bis zu ausgefeilten Finessen steht sie vor allem für eines: Frische!

Dupins Liste ist, wie man sagt, völlig selektiv und subjektiv, also ganz und gar Dupin. Unentschuldbar viel von der Bretagne fehlt auf ihr und natürlich kann das nicht angehen. Deswegen hat Manfred Görgens – professioneller Reiseführerautor vom DuMont Verlag – mitgeschrieben und eingegriffen: damit Sie das Buch tatsächlich als Reiseführer nutzen können, nicht bloß als punktuellen Tippgeber.

Natürlich würde ich Ihnen gerne noch einmal alles über die Bretagne erzählen, was schon in den Krimis steht – zumindest alle Orte nennen, die dort genannt sind –, aber eben auch noch zahllose mehr, solche, die dort nicht hineinpassten, zweifelsohne aber ebenso zu »den allerschönsten« zählen. Doch dann wäre aus diesem Reiseführer ein zwanzigbändiges Werk geworden – als hätte Riwal einen Bretagne-Reiseführer geschrieben. Also musste ich, schmerzlicherweise, einiges weglassen. Der Vorteil für Sie: Es gibt noch unendlich viel mehr zu sehen, zu erfahren, zu erleben und zu erschmecken als die paar Dinge, die in diesem Buch empfohlen werden.

Und noch ein Hinweis: Reisen Sie, wenn möglich, nicht bloß im Sommer in die Bretagne, versuchen Sie es auch im März, April, Mai, im September und Oktober …

Ich wünsche Ihnen wunderbare
bretonische Momente!
Ihr Jean-Luc Bannalec

Der Aufbruch

Es ist eine bretonische Frage der Ehre, verbunden mit einem Pferdefuß: Durch die Region führt keine Autobahn. Die Schuld – aus bretonischer Sicht das Privileg – geht auf das Konto von Anne, der letzten unabhängigen Herrscherin der Bretagne. Sie wollte ihr Land nur dann an die Krone abtreten, wenn sich Frankreichs König auf Zugeständnisse einließ. Das wirkt bis heute auch darin nach, dass in der Bretagne keine Straßenmaut erhoben werden darf. Weshalb im Gegenzug die privat wirtschaftenden Unternehmen keine Autobahnen bauen. Erwarten Sie auf Ihrer Anreise also keine Ausschilderung in die Region. Allenfalls auf den Mont St-Michel wird hingewiesen, weil der Klosterberg offiziell noch gerade eben zur Normandie gehört. Aber das ist ein eigenes Kapitel. Kein erfreuliches, nur wieder ein besonderes.

Kommissar Dupin, der Mann alter Pariser Schule, muss sich nach seiner Ankunft in der Bretagne immer wieder damit abfinden, dass so manche Gesetze aus seinem früheren Leben plötzlich ausgehebelt sind. Es gibt die schrulligen bretonischen Starrköpfe, die den reichen Schatz der Menhire immer noch als keltisches Erbe preisen. Es gibt die Sagen, die munter mit der Wahrheit verschmelzen. Es gibt die Menschen, die so viel Zeit haben, dass sie es sich leisten können, in Eigenregie nach König Artus zu forschen oder eine eigene Cola zu brauen.

Wie vieles bei *Asterix* ist ja das Festmahl zum guten Schluss kein Hirngespinst. Vielleicht nicht mit dem selbst gejagten Wildschwein und auch keinem gefesselten Barden in der Baumkrone. Aber doch eine ausgelassene Angelegenheit. *Fest-Noz* nennen die Bretonen es heute und sind nicht die Spur überrascht, dass die UNESCO es seit 2012 zum immateriellen Kulturerbe der Menschheit rechnet. Auf rund eintausend solcher Veranstaltungen, verstreut über die gesamte Region, bringt es der Jahreskalender, oft stolpert man unbeabsichtigt einfach so hinein. Oder auch in einen *pardon*, eine Wallfahrt zu einem der angeblich 7777 Heiligen, von denen sich die meisten an Rom vorbeigemogelt haben. Anna etwa, die Mutter der Gottesmutter, ist einer verwickelten Legende nach Bretonin und wird in Ste-Anne-d'Auray verehrt.

In einer kurzen Szene beschäftigt sich die Verfilmung eines Dupin-Krimis mit der Frage, warum man wohl den Kommissar aus Paris in die Bretagne strafversetzt habe. Jeder Straßen- oder Schienenkilometer von der Hauptstadt her trägt uns aber näher an die Erkenntnis, dass von Strafe gar nicht die Rede sein kann. Der Himmel weitet sich, aus bleiernem Grau werden weiße Schäfchenwolken, das Licht klart auf, der Wind bläst schwere Gedanken davon. An einer Linie auf der Höhe von Nantes und Rennes ergibt sich der Wille vollends in das Abenteuer des unbekümmerten Geistes, der plötzlich vieles für möglich hält, was eben noch absurd erschien. Dupin aber, von Berufs wegen Aufklärer, muss sich zwangsläufig immer wieder die Frage stellen, wie weit er sich auf die Magie einlassen will. Ohne dass wir es so recht zu würdigen wissen: Er tut das für uns alle, die wir uns einen Urlaub lang der Verlockung eines anderen Daseins hingeben.

DER SÜDEN

Von der Loire zur Guérande

Golfe du Morbihan und Quiberon

Belle-Île

Zwischen Étel und Bélon

Pont-Aven und Umgebung

Dupins Kernland: Concarneau

Von Cidre und Porzellan

VON DER LOIRE ZUR GUÉRANDE

Eine Information der Form halber: Das Departement Loire-Atlantique gehört im administrativen Sinn nicht mehr zur Bretagne, seit es ihr im Zuge einer Verwaltungsreform Mitte des 20. Jahrhunderts entrissen wurde. Und das, obwohl die Region historisch angestammter Teil der Bretagne war – und immer noch dazugehört, so das Empfinden der meisten ihrer Einwohner. Das der Franzosen und der übrigen Welt ohnehin. Sie alle würden die Guérande oder Nantes, einst gar die stolze gesamtbretonische Hauptstadt, auch heute ganz selbstverständlich der Bretagne zurechnen.

Foto vorherige Seite: Salzabbau in La Guérande

Foto oben: Blick auf Pornic

Erholsamer Knotenpunkt

Nehmen wir an, Sie hätten bei der Anreise den Weg entlang der Loire gewählt, über Hunderte von Kilometern vorbei an Schwerstgewichten der französischen Geschichte. Nördlich des Flusses das Land der Herbstwinde, des Bieres, der dunklen Schieferdächer, im Süden die Öffnung zur Sonne, zum Wein, zum grellen, weichen Tuffstein. Nach diesen Gegensätzen erwartet den Urlauber in der Bretagne ein drittes Kolorit, das weder dies noch jenes ist. Man spürt es erstmals in Pornic, einem kleinen Seebad an der atlantischen Jadeküste.

»Eine Spur zu hübsch«, fand Auguste Renoir die Gegend. Der damals schon geschätzte Maler verbrachte den Sommer 1892 in Pornic und auf der nahen Insel Noirmoutier und schuf dort eine Reihe farbenfroher Gemälde, unter denen ein Strandbild heute besondere Beliebtheit als Kunstdruck genießt. Zu sehen ist La Plage du Château, freilich ohne die Villa Malouine, obwohl sie schon damals das Panorama prägte. Renoir erschien der Prunkbau »zu italienisch«, also unterschlug er ihn. Anderen Gästen in Pornic, das bereits 1830 Kurort war, konnte es nicht exotisch genug zugehen, die Reichen unter ihnen ließen sich Villen in buntem Stilmix bauen. Lenin, oft als berühmter Besucher erwähnt, hielt sich nur für ein paar Tage des Jahres 1910 in Pornic auf (3, Rue Mon-Désir), Max Ernst blieb immerhin den ganzen Sommer 1925 (im heutigen *Relais St-Gilles,* 7, Rue Fernand de Mun). Von der Villenpracht, von Golfplatz, Casino und Jachthafen in den Schatten gestellt, finden sich in der Altstadt mit der Kirche

St-Gilles (19. Jh.) und den Markthallen (16./17. Jh.) noch ein paar der gedrungenen Backsteinhäuser, in denen einst Fischer lebten.

Keim des Ortes ist das Château an der Hafeneinfahrt. Heute in Privatbesitz und nicht der Öffentlichkeit zugänglich, wurde es im 10. Jahrhundert als Wasserburg zum Schutz gegen die Normannen errichtet. Erster Hausherr war ein Alain Barbetorte (»Schiefbart«), der sich gegen die Invasoren behauptete und landeinwärts im heutigen Nantes ein Herzogtum begründete – ein folgenreiches Ereignis, denn westwärts entwickelte sich fortan eine eigensinnige politische Macht: die bretonische. Gilles de Rais oder Retz, Alains später Nachfolger und im Hundertjährigen Krieg Mitstreiter von Jeanne d'Arc, geriet zur tragischen Figur. Wegen des Vorwurfes von schwarzer Magie wurde er 1440 in Nantes hingerichtet. Als »Blaubart« geisterte Gilles durch Opern des 19. Jahrhunderts und fügte sich damit in die romantisierende Verwandlung des Schlosses von Pornic unter der Regie des Architekten Viollet-le-Duc.

Kurz nach dem Zweiten Weltkrieg entstand in Pornic eine Steingutfabrik, ihre Produkte füllen die Souvenirläden der Gegend. Die Thalassotherapie, ein Heilverfahren, für das Meerwasser verwendet wird, etablierte sich erst ab 1990. Wer Strände sucht, sei auf Dupins Spaziergang verwiesen (s. S. 28/29), bevor es nordwärts zur Loire geht, um in St-Brévin-les-Pins ein Meisterwerk der Technik zu bestaunen. 3356 m lang und 61 m hoch ist die Brücke, die 1972–75 über die Flussmündung geschlagen wurde. Zu Fuß oder mit dem Fahrrad sollte man sie wegen des Seitenwinds nicht queren, was auch bedeutet, dass ein Erinnerungsfoto vom Brückenscheitel über die Loire nur unter Lebensgefahr gelingt. Prägnanter ist ohnehin der Fernblick auf die Brücke, doch achte man dabei auf ein Kunstwerk nebenan: die 130 m lange Aluminiumschlange *Serpent d'Océan* an der Pointe du Nez-de-Chien. 2012 rückte der chinesische Künstler Huang Yong Ping dieses metallene Ungeheuer an die Stelle, wo Loire und Atlantik verschmelzen. Bei Ebbe wird das Schwanzende der Schlange gerade noch befeuchtet, bei Flut ragt einzig der Kopf noch aus dem Meer. Die Schlange ist Teil einer Kunstaktion namens »Estuaire«, bei der ab 2007 am Unterlauf der Loire dreißig spektakuläre Arbeiten mit Bezug zur eigentümlichen Landschaft des Mündungstrichters installiert wurden.

Brücke über die Loire bei St-Nazaire

Dupins spezielle Empfehlung

Hier beginnt die Bretagne

Napoleons Küstenpfad der Zöllner, der Sentier des Douaniers, *führt heute als Fernwanderweg GR34 einmal um die gesamte Bretagne herum. Hunderte atemberaubende Kilometer Kontakt zwischen Land und Meer. Steigen Sie ein mit einem Spaziergang ab* Plage de la Birochère, *südlich vom Zentrum Pornics, und spazieren Sie vom Ort weg Richtung Südosten (im Sommer immer Badesachen dabeihaben). Das Wasser hat etwas leicht Milchiges durch den feinen Tonschlamm auf dem Boden der Bucht. Er macht das Wasser weich und sorgt im Sonnenlicht für mysteriöse grünlich-gräulich-bläuliche Töne, Farbtöne des Meeres, die Sie sonst nicht sehen in der Bretagne.*

Warum die Bretagne hier beginnt? Mit einem Mal ist das Wilde da, das Raue, Schroffe, Freie, diese Urkraft – in der Natur, den Landschaften, im Meer. Noch nicht als Ganzes, aber in Momenten! Das spezifisch Bretonische, nicht leicht zu beschreiben, doch deutlich zu spüren. Richtung Süden ist die Welt flach, sanft, harmonisch, der Atlantik zwar auch gewaltig, aber anders. Das Wilde fehlt. Und genau dieses wird von hier an immer da sein, selbst wenn manche bretonische Landschaft an das Mittelmeer oder die Karibik erinnert.

Sie folgen einfach dem Fußweg, der sich, bis zu 20 m über dem Meer, in zahllosen Biegungen an der Küste entlangschlängelt. Linker Hand prachtvolle Villen, Jugendstil, diskret in kleinen Pinienwäldchen verborgen. Alle mit hübschen Namen, meist Frauennamen, wie Boote. Als in der zweiten Hälfte des 19. Jahrhunderts die gerade erfundene »Sommerfrische« erblühte, wurde auch Pornic zum Ferienörtchen und der Süden des Städtchens Residenz wohlhabender Pariser. Verglichen mit den Villen etwa in Dinard sind sie eher bescheiden, haben dafür aber umso mehr Charme und Flair. Charme ist überhaupt das Stichwort für den Spaziergang, alles hier hat einen eigenen sanften Charme, auch die zahlreichen kleinen, teils gut versteckten Strände, zu denen man vom Zöllnerweg hinabsteigen muss.

Alle hundert Meter stehen pêcheries *im Meer, verwegene, grazile Holzkonstruktionen, zuweilen erscheinen sie wie Skulpturen oder gigantische Insekten. Kleine Fischerhütten auf sechs, sieben Meter hohen Stelzen, abenteuerlich in die Felsen gebaut, manchmal nur über Stege erreichbar, mit einem großen »Balkon« und einem hölzernen Kranarm. Daran ist ein Netz mit vier Verstrebungen fixiert, nicht größer als zehn Quadratmeter. Bei Ebbe stehen die Hütten auf Sand oder Fels, bei Flut im Meer. Dann lassen die Fischer die Netze herunter, warten kurz und ziehen sie abrupt wieder hoch. So fangen sie das, was an Meerestieren der Küste nahe kommt:* anguille *(Aal),* chinchard *(Bastardmakrele),* crevette *(Garnele),* lieu jaune *(Pollack) oder* sole *(Seezunge).*

Ihren Rundgang beenden Sie am Ausgangspunkt, dem Strand Birochère. Dort wartet die Bar à vin et à manger **Le 21** *(www.le21-pornic.fr). Sie sitzen 20 m über dem Meer, schauen in die Ferne, vor Ihnen eine Bucht mit kleinem Sandstrand, typisch für die Gegend. Nach dem Aperitif wechseln Sie an Ihren Tisch im urgemütlichen kleinen Restaurant, alles einfach, aber wunderschön. Vielleicht lassen Sie sich ja vom* carré d'agneau brulé et épicé, jus d'agneau au tandoori, millefeuille de pomme de terre et poireau *verführen (gewürztes, im Tandoori-Ofen gebackenes Lammkarree mit Jus, dazu Kartoffeln und Lauch im Blätterteig).*

Hafen mit allen Wassern

Man begegnet an Frankreichs Atlantikküste mehrfach dem Phänomen, dass die alten Hafenstädte ein gutes Stück landeinwärts liegen, im Schutz einer breiten Flussmündung. So verhält es sich in Bordeaux, so ist es in Nantes. Der Kolonialhandel mit Segelschiffen wurde dort abgewickelt, doch in der Neuzeit zählten die Vorteile einer strategisch günstigen Lage weniger, es überwogen die logistischen Nachteile. Der Hafenbetrieb verlagerte sich flussabwärts nach Paimbœuf und schließlich direkt an den Atlantik, nach St-Nazaire, wo die heute 71 000 Einwohner unter anderem in den Werften oder beim Flugzeugbauer *Airbus* Arbeit finden. Auch wenn das erste Hafenbecken schon im 19. Jahrhundert entstand, hat sich in der Stadt nur wenig alte Bausubstanz erhalten, weil St-Nazaire als U-Boot-Festung der Nazis Ziel der Alliierten war. Die verbliebenen Bunker beherbergen heute vorbildlich gestaltete Museen zu Schiffsbau, Transatlantikfahrten, Emigration und Stadtgeschichte.

Mit seinem westlichen Vorort St-Marc kann St-Nazaire auch mit einem bedeutenden Ort der Kinogeschichte aufwarten. Als sich Frankreich zu Beginn der 1950er-Jahre von den Schrecken des Krieges zu erholen begann, drehte Regisseur und Schauspieler Jacques Tati »Die Ferien des Monsieur Hulot« und spießte darin die Kuriositäten des neuzeitlichen Ferienbetriebs auf. Viele Szenen entstanden zwar in Pariser Studios, doch Außenaufnahmen spielten rings um das *Hôtel de la Plage* in St-Marc. Es ist mittlerweile umfassend modernisiert und lässt wenig vom alten

Dupins spezielle Empfehlung
Bretonischer Wein

In Pornic, am Rand des Muscadet-Gebietes, beschreitet ein paradiesisch gelegenes kleines Weingut unkonventionelle Wege des Kelterns: die Éco-Domaine La Fontaine *(www.ecodomaine-la-fontaine.fr). Zum Bio-Weingut gesellen sich Bio-Gemüsegärten, große Kräuterbeete, zwei wunderbare Restaurants, ein Café, eine Boutique mit regionalen Köstlichkeiten und ein Chambre d'hôte; das alles 100 m vom Meer entfernt in schönster Landschaft. Viel Charme, eine – wie verzauberte – Welt für sich, ganze zwölf Hektar groß, Sie können überall flanieren. Großartig auch für Kinder, es gibt viele Tiere, auch welche zum Streicheln, wie die beiden bezaubernden Esel. Einige der Reben stehen dicht am Meer. Probieren Sie, ob Sie die leichte Jod-Note schmecken, die die Gischt zu den Trauben trägt. Die Experimentierfreude zeigt sich schon an den Rebsorten: Chenin blanc und Grolleau gris für den Weißwein, die man üblicherweise weiter östlich im Anjou antrifft, Cabernet Franc und Abouriou für den Roten, eher im Südwesten Frankreichs verbreitet.*

Cabane du pêcheur am Strand von Pornic

Flair erahnen, aber vor der Tür steht ein Monsieur Hulot aus Bronze, der seinen Körper entschieden gegen die Meeresbrise stemmt und doch machtlos dabei zusehen muss, wie ihm jährlich die metallene Pfeife geklaut wird.

Destination Plein Sud

Das da eben könnte Cannes gewesen sein. Oder Fréjus, Ste-Maxime, Antibes. Ein Ort an der Côte d'Azur jedenfalls. So sonnig, so quirlig, so dicht bebaut mit Bettenburgen und in zweiter Reihe so aristokratisch und mondän. Als im späten 19. Jahrhundert die Eisenbahn an der Bucht von La Baule-Escoublac anlangte, trafen auch die Urlauber ein. Beim Springreiter-Cup *Longines FEI* weht heute noch ein royales Flair wie in Ascot, stets im Bewusstsein, dass die Rennbahn von Escoublac über ehemalige Salinen gebreitet wurde. Solche Natur lässt sich zähmen, aber nicht vertreiben. Also wird es Richtung Westen an der Côte Sauvage unweigerlich salzig, auch felsig, ein traumhafter Fleck Erde mit Blick auf den Horizont. In Batz-sur-Mer besteht die seltene Gelegenheit, alles mal von oben zu betrachten. Das Dorf hat nämlich nicht nur ein Museum zur Salzgewinnung und im alten Bunker, dem *Grand Blockhaus,* ein Museum zur Besatzungszeit zu bieten. Es preist vielmehr auch stolz den höchsten Punkt der Halbinsel an: den 70 m hohen Turm der Kirche *St-Guénolé.* Der Rundumblick lässt staunen, wie eng man zwischen den offenen Atlantik im Süden und die schillernden Salzmarschen im Norden gezwängt ist. Das Muster der Salinen zeigt sich als ein kleines Wunderwerk, ein uraltes Erbe von Menschenhand, eine Welt für sich, in der bretonisches Gold geschürft wird. Dupins dritter Fall spielt dort im Netz schmaler Straßen und Fußwege, umschwirrt von Legionen an Vögeln, vertieft in eine ungewöhnliche Handwerkstradition, gespiegelt von flirrenden Wasserbecken. Aber vor den kniffligen Mordfall ist für den Koffeinanbeter Dupin ein *petit café* gesetzt, möglichst auf einer Sonnenterrasse in Le Croisic. Den Weg dorthin sollten Autofahrer linksherum nehmen, vorbei am Menhir de la Pierre Longue und dem Fort de l'Océan. Wo könnte die Welt schöner sein?

Der idyllische Auftakt: Le Croisic

»Es war annähernd Ebbe, die Motorboote lagen träge im letzten tiefgrünen algigen Wasser der alten Hafenanlage aus mächtigem, bemoostem Stein; die Segelboote standen hoch aufragend auf ihren Schwertern wie unbeirrbare Monumente der See. Das alles direkt vor Dupins Nase, aber vier, fünf Meter tiefer, sodass er jetzt vor allem ein Gewimmel von Masten und Stahlseilen sah. Bei Flut – und auch das mochte Dupin hier sehr – schaukelten die Boote auf derselben Höhe wie die Fußgänger und Cafébesucher. Das türkisfarbene Meer der Lagune hinter der Hafenanlage mit seinen walrückenartigen weißen Sandbänken war spiegelglatt, schläfrig noch von der Nacht. Der Himmel hoch und weit, strahlend blau. Ein besonderes Kristallblau heute.« *Bretonisches Gold, Seite 59/60*

Auch wenn Trubel nicht jeden stört, auch wenn die endlos lange Zeile der Freizeitarchitektur ihren eigenen Reiz besitzt, auch wenn hinter der modern bebauten Strandpromenade noch reichlich Villen der Gründerzeit schlummern: La Baule wirkt nicht so glaubhaft bretonisch wie das 10 km westlich gelegene Le Croisic. Dort quert man vom großen Parkplatz am Place du 8 Mai aus eine üppig mit Blumen bestückte Brücke und sieht vor sich am Quai eine reiche Auswahl an Cafés und Restaurants – nur kein *Grand Large*, in dem Nolwenn ihren Vorgesetzten Dupin einquartiert hat. Das aber soll nicht weiter betrüben, denn die *sole à la meunière*, auf die der Kommissar sich freut, ist ein Klassiker und deshalb auch bei anderen guten Köchen des Ortes erhältlich. Für Dupin wird diese in gesalzener Butter goldbraun gebratene Seezunge Müllerin-Art so etwas wie das Warten auf Godot, weil ihn der Termindruck immer wieder vom Leckerbissen abhält.

Nun ist Le Croisic für Fisch heute nicht gar so bekannt wie für Langusten, rosa Krabben, Krebse oder Jakobsmuscheln, für die es am Hafen das alte Auktionshaus gibt, die Ancienne Criée. Dupin-Leser werden ahnen, dass es natürlich ein Bretone war, René Sibille aus Le Croisic, der 1850 die Krabbenreuse erfand. Da hatte der Hafen aber seine erste Blüte schon lange hinter sich. Weil die Ankerplätze beim Städtchen Guérande (s. S. 36–40) ab dem späten Mittelalter versandeten, wanderten Fischerei und Salzhandel nach Le Croisic. Den Reichtum bezeugen u.a. das spätere Rathaus Hôtel d'Aiguillin von 1675 und drei Kirchen aus dem 15./16. Jahrhundert. Die Fischer zogen bei ihren Ausfahrten bis Neufundland, um Hering und Kabeljau zu fangen. Vom Salzhandel blieben als Kuriosum der Mont Lénigo und der Mont Esprit an den beiden Enden der Hafenpromenade: Die Segelschiffe, die das Salz an Bord nahmen, trugen auf der Hinreise Sand als Ballast, den sie im Hafen abluden und so die beiden Hügel auftürmten.

Badetauglicher Strand ist auf der Halbinsel rar. An der Nordostseite vereiteln Salinen das Vergnügen, im Süden mahnt die Wildheit der Felsküste zur Vorsicht. Der Plage St-Goustan bei der gleichnamigen Kapelle bietet sich als Kompromiss an und besitzt mit der *Mojito Bar* auch einen beliebten Treff für den Abend. Am Océarium vorbei, einem der größten privaten Aquarien Frankreichs (Avenue de St-Goustan, www.ocearium-croisic.fr), gelangt man vom Strand aus Richtung Süden in knapp dreißig

Gehminuten zum Parc de Penn-Avel an der Côte Sauvage und kann dort die Flora des Mittelmeers genießen. Wer gut zu Fuß ist, wird aber die zweieinhalbstündige Runde um die Halbinsel reizvoller finden, vielleicht mit Start und Ziel am Bahnhof. Der wurde wegen Croisics Beliebtheit schon 1879 eröffnet und besitzt mit dem *TGV Atlantique* eine superschnelle Direktverbindung nach Paris.

Festung im Salz: Guérande

»Das Krankenhaus lag auf einer kleinen Anhöhe direkt vor der Stadt, man hatte einen perfekten Blick auf das mittelalterliche stimmungsvolle Guérande – drastischer konnte der Kontrast zum sterilen grellen Licht und der funktionellen Neubau-Architektur der Klinik nicht sein. Dupin fühlte sich an die Ville Close in Concarneau erinnert, es hatte etwas Tröstliches, wie die gewaltigen Stadtmauern und Türme in warmem Licht erstrahlten.« *Bretonisches Gold, Seite 38*

Kekse und Konserven. Als eifriger Souvenirjäger kauft man in der Bretagne das eine oder das andere oder beides, dazu vielleicht Keramik aus Quimper, einen verkorkten Cidre aus Fouesnant und einen Ringelpulli von *Armor Lux*. Doch verweilen wir bei den Dosen, oft kunstvoll bedruckt. Sie hatten wirtschaftliche Bedeutung für die bretonische Küste, manche Orte lebten überhaupt nur auf, weil es ab dem 19. Jahrhundert möglich war, die Fischfänge unter Blechverschluss haltbar zu machen. Die Straße der

Blick auf Le Croisic

Ölsardinen begann entgegen John Steinbeck also nicht im Kramladen eines Chinesen in Monterey, sondern in Frankreich. Napoleon wollte, dass seinen Truppen Hunger erspart blieb, und spornte Erfinder an, eine Methode zur Konservierung von Speisen zu entwickeln. So kam es zur Blechdose, an der freilich auch Menschen starben. Denn verschlossen wurde sie anfangs mit aufgelötetem Blei, das zu Vergiftungen führte.

Die sanftere Methode war das Pökeln, erprobt über Jahrhunderte, gar Jahrtausende. Babylonier, Ägypter, Sumerer nutzten Salze, um bei Fleisch und Fisch das Verderben zu bremsen. Ob sie es ahnten oder nicht – Salz entzieht Wasser, auch den Mikroorganismen, die andernfalls Vorräte zersetzen würden. Die Methode funktioniert nicht

Stadtmauer von La Guérande

zuverlässig, schafft aber eine Überbrückungszeit. Gewiss, Gold wiegt in jeder Hinsicht schwerer, nur kann man es nicht essen, sodass auch Salz zu einer Währung wurde – zum »Bretonischen Gold«. Eine Art Schlüssel zur Himmelspforte, und die Guérande hatte dank ihrer vorgelagerten Lagune eine Position an deren Türklinke.

Man benötigt ein wenig Starthilfe, um sich die einstige Bedeutung des Städtchens als Zentrum des Salzhandels ausmalen zu können. Freilich, wer aus Richtung St-Nazaire über flaches Land kilometerweit an Gräsern und niederem Gehölz entlangsteuert, staunt dann doch über dieses kleine Wunder inmitten der Salinen, der *marais salants*, wie man in Frankreich sagt. Als Route des Marais führt die D92 an den Salzgärten vorbei von Ost nach West. An den großen Salzgärten, muss man sagen, von den kleinen sei später die Rede.

Guérande heißt die gesamte Gemeinde, die etwa einhundert Dörfer und knapp 16000 Einwohner umfasst. Aber im engeren Sinne ist damit der alte Sitz der Salzbarone gemeint, eine Rundsiedlung mit trutziger Stadtmauer aus dem Mittelalter. Das Krankenhaus von 1858, in dem Kommissar Dupin eine Schusswunde verarzten lässt, liegt am südöstlichen Stadtrand, die Polizeistation wie auch ein Kino am nordöstlichen. Allerlei Modernes ist um den Ortskern gesprenkelt, nur darf man es getrost ignorieren und den Blick auf den mittelalterlichen Rundling lenken. Über 1333 m erstreckt sich die begehbare, in der Nacht illuminierte **Stadtmauer,** die den Wohlstand schützte. Heute schlägt ein ringförmiger Boulevard als Einbahnstraße einen Zirkel um das Prachtstück, dessen Steinquader sich hier und da im alten Wassergraben spiegeln. Zugang gewährt im Norden die **Porte Vannetaise,** von der eine historische Straße Richtung Vannes verläuft. Aus Richtung der Salinen findet man zusätzlich Einlass durch die **Stadttore Saillé, St-Michel** (darin heute ein Escape Room mit dem Namen *Les Secrets de Guérande*) und **Bizienne.** So kam die frische Salzware an der Südseite in die Stadt hinein, um nach Norden hin ausgeführt zu werden. Doch nur teilweise, denn es existierte ehemals auch ein Hafen mit eigenen Handelsschiffen, der jedoch verlandete.

Jean-Luc Bannalecs eindringlicher Tipp: Spazieren Sie nicht in der Mittagshitze, sondern bei Sonnenauf- oder -untergang über den Mauerring. Gebaut wurde der steinerne Kranz 1343–1488 und ergibt ein kleines Carcassonne, wie man hier sagt, nur dass es in Guérande echtes Mittelalter und nicht nachempfundenes aus dem 19. Jahrhundert ist. Es gab ältere Befestigungen, es gab auch frühchristliche Aktivitäten. Aber erst nach dem Ende des Erbfolgekrieges 1341–64 ließ es sich hier am Handel mit Wein und Salz verdienen. Die Mönche in der Gegend, die ihren Messwein brauchten und gern ein Zusatzschlückchen tranken, siedelten hier außerdem Reben an. Die Revolution aber setzte Kloster und Weinbau ein Ende, während dem Salz erst die vertrackten Konserven den Boden entzogen. Wenn hernach noch jemand vorbeischaute, waren es ab 1870 Urlauber aus La Baule, die zu Fuß in zwei Stunden zur imposanten Festung am Salzrand gelangten.

Solcher Pioniergeist ist mittlerweile erstickt, längst hat die Moderne den Besucherstrom anschwellen lassen. Man shoppt, isst und trinkt rings um den Place St-Aubin mit der gotischen Stiftskirche Collégiale St-Aubin, deren Turm einen Rundumblick bietet. Mittwochs und samstags schaut man gar hinab auf das Markttreiben, das sich von 8 bis 12:30 Uhr um die Kirche legt. Ein klassisch klassenloser Ort für alle ist gerne schon am frühen Morgen das zentrale *café du coin: Chez Lucien.*

Dupins spezielle Empfehlung
Gwen Ran – das weiße Land

Salz überall, am Boden, in der Luft, im Mund. Gwen Ran (daher Guérande), das weiße Land aus den vier Elementen, die die Alchemie des Salzes ausmachen: Meer, Sonne, Erde und Wind. Eine große Meeresbucht einst, dann eine Lagune, ein Watt, Schwemmland, das sich geschickte Menschenhand schon im frühen Mittelalter zunutze gemacht hat, gelegen auf einer Halbinsel, die der tosende Atlantik zwischen Loire und Vilaine schuf. Das mittelalterliche Guérande markiert die nördliche Ausdehnung der Salzgärten, im Süden verlieren sie sich in das verbliebene Stück der Lagune, auf deren anderer Seite das bezaubernde Hafenstädtchen Le Croisic liegt. Im mächtigen Rhythmus der Gezeiten versorgt der Atlantik die Lagune mit Wasser und führt es den feinen Kapillaren der Salzgärten zu. Ein unendlich verzweigtes, ausgeklügeltes System von Kanälen, Speicherbecken, Vorwärmbecken, Verdunstungsbecken, Erntebecken, das ursprünglich nur einen Zweck hatte: das durch Schleusen eingefangene Meer so langsam es ging auf eine Reise zu schicken, auf der Sonne und Wind es beinahe restlos verdunsten ließen, bis sich die ersten Kristalle bildeten. Das Salz war die reine Essenz des Meeres.

Lassen Sie Ihr Auto am Rande der angrenzenden Dörfer stehen, laufen Sie in Richtung Lagune und verlieren Sie sich in dieser Welt! Verirren Sie sich auf den schmalen Sträßchen und grasigen Wegen in dieser verrückten, bizarren, einzigartigen Gegend. Sehen und riechen Sie das Salz, das beste Salz der Welt, von den besten Küchenchefs genutzt. Geradezu mystisch wird es im Gwen Ran bei Sonnenuntergang, dem großen Farb-Exzess, der sich überall in den Becken spiegelt.

Die großen Salzgärten

Wie ein Emmentaler mit besonders großen Löchern – etwa so sieht die Lagune aus der Luft aus. Was man sich da so löchrig vorstellt, erweist sich am Boden als eine Art nasses Weideland mit wenigen Fixpunkten, darunter die *salorges*, die Holzschuppen, in denen die Salzernte lagert. Saillé und Pradel heißen die beiden Ankergemeinden auf dem wässrigen grün-weißen Teppich, dem das bretonische Gold entnommen wird. Im einen Ort macht die Info- und Ausstellungsstätte Maison des Paludiers (http://maisondespaludiers.fr) mit dem uralten Handwerk der Salzgewinnung vertraut, im anderen erledigt Terre de Sel (www.terredesel.com, im Krimi *Centre du Sel* genannt) die gleiche Aufgabe, nur offenkundig von einem kräftigeren Finanzpolster aus. Das Salzzentrum von Saillé derweil ist auf seine Art »pur«, betrieben von der Kooperative der unabhängigen Salzbauern. Diese Schieflage lässt Konflikte vermuten, die den Kommissar dann auch durch den Fall begleiten.

Vor Ort nimmt sich die Situation weniger spektakulär aus. Ob Maison oder Terre, hier wie dort haben gestandene Salzveteranen ihre Besuchergruppen im Schlepptau und berichten wortreich – mitunter auch in deutscher Sprache – von einem Traditionsgewerbe, das an Wissenschaft grenzt. Der fiktive Salzbauer Guy Jaffrezic fasst das für den Kommissar schulmeisterlich zusammen:

»Die wichtigste Unterscheidung ist die zwischen Gros Sel und Fleur de Sel. [...] Die ›Blume des Salzes‹ ist das feinste, das edelste aller Salze der Welt, auch das seltenste. – Wussten Sie,

dass es bis in die Achtziger für die Konservierung von Sardinen eingesetzt wurde und allgemein eher als minderwertig galt? [...] Direkt nach der Ernte hat es ein Veilchenaroma und einen leicht rosigen Schimmer. Nach dem Trocknen ist es strahlend weiß! [...] Es bildet sich nur bei perfekten Wetterverhältnissen. Auf wahrhaft alchimistische Weise. Viel Sonne, geringe Luftfeuchtigkeit und ein beständiger Wind, der weder zu stark noch zu schwach sein darf. [...] Der leichte Wind bläst die feinen, nahe der Oberfläche schwebenden Salzkristalle zusammen, was eine eisähnliche Schicht erzeugt. Fleur de Sel schwimmt auf dem Wasser! [...] Ist der Wind zu kräftig oder wird das Wasser im Erntebecken unvorsichtig bewegt, sinkt das Fleur de Sel zu Boden und ist verloren. [...] Ordinäres Salz, das sogenannte ›Speisesalz‹, besteht zu über 99 Prozent aus reinem Natriumchlorid. Eine Zumutung! Unsere Salze zu nur 91 Prozent, der Rest aus verbliebener Feuchtigkeit, reinem Meerwasser also, wir nennen es die ›Salzmutter‹, und vor allem aus zahlreichen lebenswichtigen Mineralien und Spurenelementen. [...] Sechzig verschiedene! [...] Das macht seinen einzigartigen Geschmack aus! [...] Das einzige Salz mit einem Bouquet! [...] Feinschmecker auf der ganzen Welt verehren unser bretonisches Fleur de Sel! Ein Teil des kulinarischen Erbes der Menschheit. [...] Sehen Sie, das ist das normale Gros Sel. Das wird unser Sel Moulin. – Es bildet sich anders als das Fleur de Sel, die Salzkristalle setzen sich auf den Tonböden des Erntebeckens ab. – Wenn Wind und Sonne wollen! Die Böden geben dem Salz die besondere hellgraue Farbe.«
Bretonisches Gold, Auszug aus Seite 86–89

Sel de Guérande und *Fleur de Sel de Guérande*, das grobe und das feine Meersalz, erhielten 2012 das Gütesiegel IGP, das die Herkunft verbürgt und die hochwertigen

Produkte gegen billige Importe schützt. Während der Klimawandel vielfach katastrophale Folgen hat, profitiert Salz gar noch von trockenen Sommern.

Was Bannalec für dieses Land noch anfügen möchte: Der Legende nach kamen die typisch bretonischen *Crêpes* mit süßem und *Galettes* mit herzhaftem Belag aus der Guérande. Von Galettes spricht man aber nur im Norden, im südlichen Finistère dagegen von *crêpes au blé noir*, zubereitet aus Buchweizenmehl. Serviert wurde das früher als einfacher Pfannkuchen mit Resten vom Vortag, doch mittlerweile ist die Präsentation der Crêpes auf dem Teller fast zu einer Kunstgattung geworden.

»Eine kleine traurige Königstochter verlor eines Tages alle Lust am Essen und begann zu hungern – ein findiger Koch kam auf die Idee, ein Essen herzustellen, das man in der Pfanne hin und her werfen konnte – sie fand es ein Spektakel, aß und war gerettet!« *Bretonisches Gold, Seite 236*

Gwendal Gourves
Fesseln der Freiheit

Ein wackliger Holztisch und ein Stuhl genügen Gwendal Gourves, um das Leben zu genießen. Das wettergegerbte Gesicht zur Sonne und zum Salz gerichtet, wühlt er sich durch den krümeligen gräulichen Haufen auf der Tischplatte, trennt einen ganzen Nachmittag lang Steinchen von Meersalz. Nein, langweilig finde er das überhaupt nicht. Er sei ja an der frischen Luft und immer von Vögeln umschwirrt, ein Paradies. Gwendal hat Rückendeckung: Wenige Meter hinter ihm steht sein Geschäftspartner an der Straße nach La Turballe und verkauft von einer provisorischen Theke aus Salzprodukte an Durchreisende. Es sind Bilder aus einem archaischen Frankreich, dessen Tage gezählt sein dürften. Denn wie lange noch genehmigt Brüssel

Speicherhütte (salorge) in den Salinen

solche unkonventionellen Handelswege? Wie lange ernährt das Geschäft seinen Betreiber bzw. in diesem Fall sogar noch einen Mitstreiter? Kaum denkbar, dass sich eine nächste Generation von solchen Perspektiven locken lässt.

Dabei ist Salz generell ein unverwüstlicher Dauerbrenner und das Salz der Guérande ein begehrtes Spitzenprodukt. Gwendal aber führt sein Geschäft als »unabhängiger« paludier. *Das klingt nach Freiheit, entpuppt sich allerdings als ein Mehr an Mühsal und Unsicherheit. Zwölf Salzbecken besitzt er, jedes etwa sieben mal zehn Meter groß – zwei weitere würde er benötigen, um Mitglied der Kooperative werden und ihr den Salzverkauf über das* Maison des Paludiers *überlassen zu können. Das aber wird wohl ein Traum bleiben, denn die Parzellen sind teuer und begehrt. Also muss Gwendal schuften und sein Lebenswerk im Alleingang meistern.*

Zu den Salinen von Mesquer

»Sobald der letzte Paludier abends die Salinen verlassen hat, gehören die Salinen nicht mehr uns Menschen. Sie merken es sofort. [...] Dann gehören die Salinen ihnen, und sie kommen hervor, die Zwerge: zehn, hundert, tausend. Mit Schubkarren in Blau – in Blau, wie ihre Fässer. Sie haben früher nachts die Salinen des Mikaël bestellt, dem es zu viel Arbeit war, bis sie eines Nachts einen gigantischen Salzberg aufgeschüttet hatten, der alle Salinen unter sich begrub, fünfzig Meter reinstes Salz.« *Bretonisches Gold, Seite 90*

Gold. Echtes Gold. Auch diesen Traum hat es in der Guérande gegeben. 1852 zogen Glücksritter an die Mündung der Vilaine, um bei Pénestin nach dem Edelmetall zu suchen. Der Strand *Plage de la Mine d'Or,* wo heute Gleitschirmflieger von der Steilwand starten, bewahrt im Namen noch eine Erinnerung an das gescheiterte Unternehmen. In dieser Gegend, am anderen Flussufer bei der Pointe du Moustoir, endet Dupins dritter Fall mit einer Festnahme. »Weißes Gold« gibt es derweil nur diesseits der Vilaine-Mündung, vor allem im Bassin de Mès an der Bucht von Mesquer. Dies sind Europas nördlichste Salinen, 350 ha groß und damit ein Zwerg gegen die 1650 ha messenden Salzfelder beim Ort Guérande. Sie haben aber den Vorteil, dass dort weniger Autoverkehr herrscht, man also geruhsamer durch die Landschaft radeln kann, bevor der Ausflug im Badeort Mesquer-Quimiac endet, vielleicht am *Plage de Sorlock*. Nicht weit von dort wurde an der Landspitze *Pointe de Merquel* für die Verfilmung von »Bretonisches Gold« ein Leichenfund inszeniert.

Die Ruhe der Grande Brière

Gleich neben dem weißen Land schlummert nahezu unbekannt das »schwarze Land«: La Brière. Eine magische Welt aus schwarzem Torf, Mooren, Wäldchen, reetgedeckten Steinhäusern – und vor allem Teichen, kleinen Seen und zahllosen Kanälen, Bächen, Flüssen. Eine unberührte Wasser- und Märchenwelt, der Zeit und dem Raum entrückt. Still, völlig still, bis auf das Gezwitscher der vielen Vogelarten, die unendliche Konzerte geben. Inmitten der Wasserlandschaft: sieben legendäre Inselchen. Eine Landschaft und zahllose Legenden. Menhire und Dolmen zeugen von der besonderen Aura, die man hier wohl immer schon spürte. Zum Besuch gehört ein lautloser Ausflug mit einer *chaland,* der typischen Barke der Brière, am besten bei Sonnenaufgang.

Mit 40 000 ha ist der Parc Naturel Régional de Brière eines der größten Feuchtgebiete Europas, einst gestaltet durch den Torfabbau. Längst wurde dieses Handwerk aufgegeben, auch Schilf und Binsen für die Dächer der traditionellen Häuser schneidet hier keiner mehr. So kämpft der Naturpark gegen Verlandung, aber auch gegen das Vordringen einer fremden Fauna. Paradebeispiel ist die Nutria (Biberratte), letztlich eine Zuwanderin aus Südamerika. Von der *chaland* aus, dem Kahn, den man am Port de Bréca besteigt, sieht man sie inzwischen häufiger als den heimischen Fischotter. Motorlärm würde die Idylle allzu sehr stören, deshalb wird das Boot von einem Ortskundigen gestakt, der seine Fahrgäste zugleich mit vogelkund-

La Grande Brière

lichem Wissen versorgt. Während man selbst bei so einem Ausflug schnell die Orientierung verliert, verlässt sich der Bootsmann auf seine Erfahrung und auf die Position der acht deutlich unterschiedlichen Kirchtürme, die über den Horizont lugen.

Mit Kerhinet existiert im Park ein Museumsdorf, in dem man der traditionellen Lebensweise nachspüren kann. Achtzehn der einst verfallenen Schilfdachhäuser sind restauriert, im 19. Jahrhundert lebten in ihnen fünfzehn kinderreiche Familien. 1973, als Kerhinet an die Parkverwaltung verkauft wurde, waren nur noch zwei Personen verblieben.

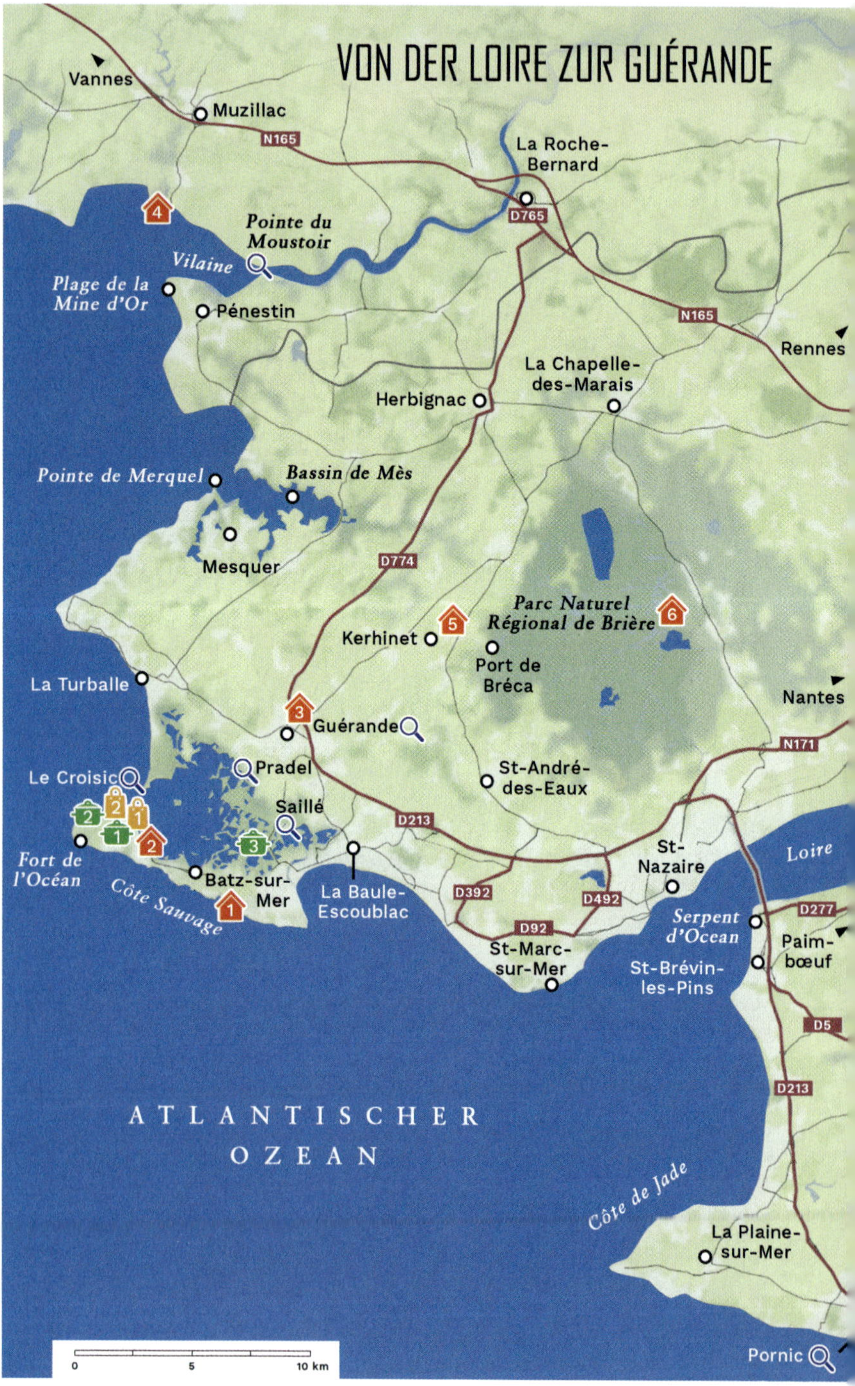
VON DER LOIRE ZUR GUÉRANDE
Vannes
Muzillac
N165
La Roche-Bernard
D765
Pointe du Moustoir
Vilaine
Plage de la Mine d'Or
Pénestin
N165
Rennes
La Chapelle-des-Marais
Herbignac
Pointe de Merquel
Bassin de Mès
Mesquer
D774
Parc Naturel Régional de Brière
Kerhinet
Port de Bréca
La Turballe
Nantes
Guérande
N171
Le Croisic
Pradel
St-André-des-Eaux
Saillé
D213
Fort de l'Océan
Batz-sur-Mer
La Baule-Escoublac
St-Nazaire
Loire
Côte Sauvage
D392
D492
D92
Serpent d'Ocean
D277
St-Marc-sur-Mer
St-Brévin-les-Pins
Paimbœuf
D5
D213
ATLANTISCHER OZEAN
Côte de Jade
La Plaine-sur-Mer
Pornic
0
5
10 km

Tipps für Genießer

Unterkunft

1 Le Lichen de la Mer: *Wo die Felsküste in Sandstrand übergeht, steht das Herrenhaus mit Traumblick. Ein Garten ist vorhanden, die Straße vor der Tür zumeist ruhig, Restgeräusche werden von Schallschutzfenstern geschluckt. Beim Sparpreis erhält man leider nur ein Zimmer ohne Meerblick, was nicht einmal das halbe Vergnügen ist. Also Augen zu und durch – bis man vom Zimmer aus genüsslich in die Ferne schauen kann. Britisches Flair mit Kamin und Billardtisch besitzt die hauseigene Bar.*

4, Route de la Govelle, Batz-sur-Mer, www.le-lichen.com, DZ ohne Frühstück ab 75 €

2 Au Fin Gourmet: *Gebaut wurde das Haus in zentraler, aber ruhiger Lage in Le Croisic zu der Zeit, als noch der Sonnenkönig regierte. Jedes Detail kündet von den alten Tagen, was aber auch bedeutet, dass man mit engen Räumen leben muss. Sehr persönlich geführt. In einem hauseigenen Café mit Terrasse erhält man Snacks.*

1, Place du Pilori, Le Croisic, www.fingourmetcroisic.fr, DZ ohne Frühstück ab 90 €

3 La Guérandière: *Das stattliche Haus von 1870 steht im Ortskern bei der mittelalterlichen Porte Vannetaise. Ein großer Wintergarten, der auch als schattiger Frühstücksraum dient, weist in den hauseigenen Park mit seinen hundertjährigen Baumriesen hinaus. Im Kaminzimmer steht eine Bibliothek bereit. Jeder Gast kann gegen Zahlung von 10 € eine Stunde lang den Wellnessbereich nutzen und erhält dort gegen weitere 60 € eine Thai-Massage.*

5, Rue Vannetaise, Guérande, www.guerandiere.com, DZ ohne Frühstück ab 85 €

4 Domaine de Rochevilaine: *Kommissar Dupin ist ungewöhnlich wortkarg, was dieses Haus an der Landspitze Pen Lan angeht. »Ein exzellentes Restaurant«, mehr steht nicht im Krimi, der auch darüber schweigt, dass es ebenso ein exzellentes Hotel ist, allerdings auch ein wenig abseits der Salinen am rechten Ufer der Vilaine. Die Zufahrtstraße vorbei am steinernen Torbogen ist eine Sackgasse. So genießt man in aller Ruhe die Traumlage über den Klippen, streift durch den Park, rekelt sich am luxuriösen Innen- oder Außenpool. Die ältesten Teile des Herrenhauses stammen aus dem 13. Jahrhundert.*

Pointe de Pen Lan, Billiers, www.domainerochevilaine.com, DZ ab 212 €, Menü ab 48 €

5 **Auberge de Kerhinet:** *Für die hier fehlende Strandnähe entschädigt die himmlische Stille im Museumsdorf. Die reetgedeckte Herberge besitzt offenes Balkenwerk, Bruchstein, einen üppig blühenden Garten und ein Restaurant mit Spezialitäten der Brière – was auch auf Aal und Frösche hinauslaufen kann.*

10, Kerhinet, St-Lyphard, www.aubergedekerhinet.com, DZ 90 €, Menü ab 35 €

6 **Le Mare aux Oiseaux:** *Diese Adresse hat es dem Kommissar angetan:* »Das beste Restaurant der Gegend. Da kocht ein ganz Junger, der einer der ganz Großen wird.« *Éric Guérin, der »ganz Große« mit Michelin-Stern, serviert seine Speisen in einem fernöstlich inspirierten Saal, der für sich schon ein Erlebnis ist. Viel lässt sich schwärmen, allein über das Tomaten-Potpourri als Vorspeise, doch auf gehobene Preise muss man gefasst sein. Dem Restaurant mindestens ebenbürtig ist der Hotelbetrieb, auch hier überzeugt die geschmackvolle Gestaltung der 15 sehr unterschiedlichen Zimmer. Ein Wellnessbereich rundet die Sache ab.*

223, Rue du Chef de l'Île, St-Joachim, www.mareauxoiseaux.fr, DZ ohne Frühstück ab 161 €, Menü ab 95 €

Essen

1 **La Criée:** *Frisch und urig. Auch wenn der Name es andeutet, handelt es sich nicht um die Fischauktionshalle. Aber die Fänge wandern hier direkt aus dem Meer in die Küche. Das Platzangebot kann mit der Beliebtheit dieser Adresse nicht Schritt halten, deshalb sollte vor Hummer, Austern, Jakobsmuscheln, Seebarsch oder Fischplatte unbedingt die Reservierung stehen.*

10, Quai du Lénigo, Le Croisic, https://restaurantlacrieelecroisic.fr/, Menü um 27 €

2 **Le Neptune:** *Das eher rustikale* Neptune *bietet Meerblick, Herzlichkeit und gute Fischküche. Begleitet wird mit Weinen von der Loire.*

11, Avenue de Port Val, Le Croisic, www.restaurant-leneptune.fr, Menü ab 30 €

Einkauf

1 **Maison Georges Larnicol:** *Darauf würde Nolwenn wetten: Der Zuckerbäcker und Chocolatier Georges Larnicol, der es sogar in Paris zu was gebracht hat, ist Bretone. Der Stammsitz Melgven liegt keine 10 km von Concarneau entfernt. Eine Niederlassung gibt es auch in Le Croisic.*

5, Quai d'Aiguillion, Le Croisic, https://larnicol.com

2 **Comptoir de la Mer:** *Was aus dem Meer kommt, was zum Meer gehört, was man am Meer tragen möchte und was an Meer erinnert: Das Comptoir hat es unter einem Dach versammelt.*

1, Rue Traversière Mail de Broc, Le Croisic, www.comptoirdelamer.fr

Feste

Les Nuits Salines: *Mitte Juli erleben Batz und seine Salinen den Festrausch mit Ausflugsfahrten in Pferdekutschen, Marktgeschehen, Kulinarik, Konzertprogramm und Feuerwerk. https://lesnuitssalines.bzh*

Les Celtiques de Guérande: *Trachten, Musik, Tänze und Gesänge – die Paludiers der Guérande haben ihre Traditionen, von denen sie zumindest behaupten, sie seien keltischen Ursprungs. Mitte August wird eine Woche lang ausgiebig das Erbe des Städtchens Guérande gefeiert. www.lesceltiquesdeguerande.bzh*

Mehr Infos

Office de Tourisme:
*6, Rue du Pilori,
44490 Le Croisic,
www.tourisme-lecroisic.fr*

Office de Tourisme:
*1, Place du Marché au Bois,
44350 Guérande,
www.labaule-guerande.com*

Maison du Parc: *Kerhinet, www.parc-naturel-briere.com; mit Fahrradverleih und einem Shop, der traditionell gefertigte Produkte der Gegend verkauft*

GOLFE DU MORBIHAN UND QUIBERON

»*Mor bihan* bedeutete ›kleines Meer‹ auf Bretonisch: ein Binnenmeer, lediglich durch eine schmale ›Passage‹ mit dem ›Großen Meer‹ – dem *Mor braz* – verbunden, durch die der Ozean täglich mit Macht ein- und ausströmte. Durchsetzt von Hunderten Inseln und Inselchen – je nach Tidenstand – in den fantasievollsten Formen, lediglich zwanzig davon bewohnt. Ein flaches Meer, ein paar Meter tief nur bei Flut. Bei Ebbe war es in großen Teilen bloß noch Zentimeter tief oder gänzlich verschwunden. Dann gab das Meer kilometerweit sandigen, schlickigen oder steinigen Meeresboden frei, mit großen und kleinen Prielen, lang gezogenen, blendend weißen Sandbänken sowie Austern- und Muschelbänken.« *Bretonisches Gold, Seite 41*

Halbinsel Rhuys

Die Fahrt dauert, und doch sind es von St-Armel am östlichen Ende der Presqu'île de Rhuys bis zur westlichen Spitze am Port Navalo kaum 20 km. PKW-Fahrer müssen am Ende der Reise unweigerlich umkehren, denn die Fähre von Port Navalo nach Locmariaquer nimmt nur Fußgänger und Radler mit. Locmariaquer? Trägt Dupins Vorgesetzter nicht diesen seltsamen Namen? In der Tat – und er ist wahrlich ungewöhnlich als Familienname, denn er bedeutet »Dorf der heiligen Maria«, was wiederum kaum dazu passt, dass dort einer der großen Schätze der Steinzeit ruht (s. S. 67/68).

Warten wir es ab und bleiben erst mal auf der Halbinsel Rhuys. Sie riegelt den Golfe du Morbihan gegen den offenen Atlantik ab, ihre flache Nordküste erinnert bei Ebbe an ein Wattenmeer, während sich im Süden Sand mit steilen Felsen abwechselt. Nennenswerte Erhebungen gibt es nicht, aber am westlichen Ende den Tumulus de Tumiac, einen 15 m hohen Grabhügel aus der Jungsteinzeit. Man nennt ihn auch *Butte de César* und behauptet, Caesar habe dort oben gesessen, um die Seeschlacht seiner Marine gegen die keltischen Veneter zu verfolgen. Gut, in solcher Lage sitzt es sich wirklich wie in einem riesigen Amphitheater, geflutet, um nach allen Regeln römischer Kunst Schiffe zu versenken. Das Aufbegehren der Veneter ist das Körnchen Wahrheit, das im *Asterix*-Comic steckt, wenn vom Widerstand gegen die Besatzer die Rede ist. Von Erfolg gekrönt war er nicht, die Flotte der Veneter erlitt wegen Flaute eine Schlappe gegen die wendigen römischen Galeeren.

Markt in St-Gildas-de-Rhuys

Das also ist Rhuys, ein Schauplatz prähistorischer und antiker Ereignisse, der außerdem mit einer mittelalterlichen Kriminal- und Liebesgeschichte Furore machte. Protagonist war ein gewisser Pierre Abaelard, kein Unbekannter in der Welt der Philosophie. Als Theologe hatte er Erfolg in Paris, eckte aber wiederholt mit seiner fast aufklärerischen Neigung zur Vernunft an. Zum Verhängnis wurde ihm die Liebesbeziehung zu seiner Schülerin Heloïse. Ihr Onkel beargwöhnte das Verhältnis und ließ Abaelard schließlich entmannen, während Heloïse ins Kloster gehen musste. Und damit begann der abstruse Teil im Leben des unglücklichen Philosophen. Er wurde Mönch und schrieb massenhaft Briefe an seine ferne Geliebte, die er sich selbst beantwortete, weil ihr das Briefeschreiben nicht gestattet war. Abaelard wurde Vorsteher der Abtei St-Gildas-de-Rhuys und entwickelte dort einen Verfolgungswahn, über dessen Ursache bis heute Unklarheit besteht. Vielleicht war es tatsächlich so, wie er behauptete: dass seine Mitbrüder mehrfach versuchten, ihn zu vergiften.

Abaelard hegte eine tiefe Abneigung gegen die Halbinsel, die ihm wie das bitterste Ende der Welt erschien. Für Lilou Breval hingegen, fiktive Journalistin der *Ouest-France*, ist das Städtchen Sarzeau mit der *Pointe de l'Ours* im Dorf Brillac ein angenehmes Fleckchen Erde, und auch Dupin ist geneigt, dem zuzustimmen:

»Der Garten war ein Paradies, bei Flut grenzte er direkt ans Wasser, ein wirklich wilder Garten mit wüst durcheinanderwachsenden Bäumen, Sträuchern, Farnen. Magnolien, Kamelien, Rhododendren, Lorbeer, Sanddorn, besonders beeindruckt war Dupin von einem Zitronenbaum und einem großen Orangenbaum gewesen. Ein verwunschener Garten. Nicht von dieser Welt.«
Bretonisches Gold, Seite 43

Lilou, die am Schreibtisch ihres Hauses auf der Halbinsel Recherchen zu Grünalgen, Salz und dem bretonisch-amerikanischen Krieg um Cola betrieb, widerfährt zuletzt jedoch das, was Abaelard nur befürchtete: Sie wird am Golf ermordet.

Vannes und die Inseln

Georges Simenon schrieb als 35. Band der Romanserie um seinen berühmten Ermittler »Maigrets Memoiren«, in denen die – erfundene – Titelfigur über sich selbst berichtet und darüber, wie sie zu ihrem Schöpfer steht. Dieser Sim, wie Simenon sich anfangs nennt, erklärt seinem Kommissar daraufhin, wie ein Schriftsteller mit Fakten und Wahrheit umgeht und wie er seinem Protagonisten erst allmählich Kontur verleiht. Ganz ähnlich entwickelt Bannalec seinen Dupin, der nicht gleich im ersten Band wie in Stein gemeißelt vor dem Leser steht. Vielmehr nähert man sich ihm von Mordfall zu Mordfall – und nun auch bei dieser bretonischen Reise.

Was uns in Vannes mit seinen 53 000 Einwohnern unterschwellig gewahr wird: Kommissar Dupin macht gerne einen Bogen um größere Städte. So erhält Vannes nur ein paar Kurzbesuche vom Kommissar. Dabei putzte sich die einstige Römersiedlung im Mittelalter heraus und war in Krisenzeiten Ausweichadresse für das bretonische Parlament. Die Stadtmauer steht in Teilen noch und schließt hübsche Gassen mit altem Fachwerk ein. »*Vannes et sa Femme*« heißt die Holzschnitzerei an einer Fassade, die zur Fototrophäe wurde. Während die neue Markthalle Frischware anbietet, hängt in der alten, *La Cohue,* heute bretonische Kunst, dient sie doch als *Musée des Beaux-Arts.* Vor dem Barocktor *Porte St-Vincent* am südlichen Ende der Altstadt breitet sich der Hafen aus. Stadtnah schaukeln Jachten auf den sanften Wellen, weiter hinten geht es zu den Fähren und Ausflugsbooten, die den Golf erschließen.

Fassadenfiguren in Vannes

Wenn Dupin in »Bretonisches Gold« zur Île aux Moines übersetzt, dann legt er allerdings von Port-Blanc ab und meidet damit zweierlei: die Stadt und eine allzu lange Bootsfahrt, denn das Schwanken ist auch nicht sein Fall. Dabei ist ihm bewusst, dass der Golf nicht viel Seetauglichkeit abverlangt:

»Der Golf war eine eigene Welt. Der Atlantik verlor hier seinen Schrecken, alles Raue, Ungestüme und Gewaltige, und wurde zum beschaulichen Stillleben. Das sanfte Land, das ihn umarmte, schien ihn ruhig werden zu lassen. Dennoch war das Meer ganz da. Und bestimmte alles. Es herrschte ein besonderes Klima, ›mediterran‹ oder ›subtropisch‹ nannten die Bretonen es stolz. Viel Sonne, eine reiche Flora und Fauna, mild, fruchtbar. Dupin

hatte besonders geliebt, dass es ein großes Reservoir für Seepferdchen war (die er verehrte, fast wie Pinguine); das Seepferdchen war auch das Wappen des Nationalparks und Bioreservates, als das der Golf seit Jahren geschützt wurde.«
Bretonisches Gold, Seite 41/42

Traurige Feen hätten mit ihren Tränen den Golf gefüllt, sagt man, die Inseln seien Staub aus ihrem Haar. Demnach kann die Île aux Moines nur eine von fast unzähligen Inseln sein, aber sie ist – außer Arz – die einzige, die Urlauber besuchen dürfen, allerdings nicht mit dem Auto. Dupin startet die Visite wie gewohnt mit einem *café* und wählt dafür das Restaurant *Le San Francisco* am Hafen der Insel (s. S. 63). Sie ist mit dem wärmsten Klima der Bretagne gesegnet. 2200 Sonnenstunden im Jahr, fast so viele wie Nizza (2600) und unendlich viel mehr als das traurige Paris (1300), außerdem nur 600 mm Niederschlag und selbst im Januar eine Durchschnittstemperatur von 9,2 Grad. Das üppige Grün des Bois d'Amour beim Fähranleger kündet vom günstigen Klima. Die Mönche, von denen der Inselname herrührt, haben dort einst sogar Wein angebaut. Ihr Kloster ist inzwischen Geschichte, dafür gibt es reichlich Zeugen einer viel älteren Epoche, vor allem auf der südlichen Hälfte der etwa 6 km langen Insel. Prominenter Auftakt ist der *Cromlec'h des Kergonans,* mit 100 m Radius Frankreichs größter prähistorischer Steinkreis.

Cromlec'h, Menhir, Dolmen – die Nomenklatur im Stein-Reich ist durchaus verwirrend und zumeist auf bretonische Begriffe gestützt. Denn die Bretagne hat einen entscheidenden Anteil an Europas Megalithkultur. Zweiundsiebzig Steine ergeben den Kreis auf der Mönchsinsel, einige von ihnen stehen auf Privatgelände, weil man beim Verkauf von Land keine Rücksicht auf die Relikte nahm. Sie galten zunächst gar nicht als sonderlich alt und wurden falschen Epochen zugeschrieben. Wenn Obelix mit Begeisterung Hinkelsteine trägt, dann deutet das schon auf eine irrtümliche Zuordnung hin. Solche *Menhire* (»lange Steine«) wurden nämlich, ebenso wie *Dolmen* (»Steintische«, meist Grabstätten), nicht von den Kelten errichtet, sondern standen bereits lange vor ihnen in der Landschaft. Allerdings hatten die Kelten einen Hang dazu, die Steine in ihren Sagenschatz aufzunehmen, sie zu verehren und ihnen Leben einzuhauchen. Mal sind sie von Feen bevölkert, dann wieder können sie wandern, Totentänze vollführen oder Menschen beschützen. Die Christen, die erst Jahrhunderte nach den Römern in der Bretagne zu missionieren begannen, beargwöhnten diese kultische Verehrung. Deshalb sieht man häufig Menhire, denen ein Kreuz eingemeißelt wurde. Es sollte ihren Zauber bannen, doch so ganz gelang das nie: Noch heute kursieren teilweise abstruse Mythen über die Steine. So soll der *Dolmen von Pen Hap* am südlichen Ende der Île aux Moines das Grab Caesars sein, der angeblich in einem goldenen Sarkophag unter den Steinen ruht. Darin steckt Symbolik: Der große Eroberer ist letztlich also auf die Gnade seiner bezwungenen Feinde angewiesen.

Die Präsenz von Megalithdenkmälern auf der Île aux Moines wird als Hinweis darauf gedeutet, dass die Insel einst mit dem Festland verbunden war. Von der Mönchsinsel gab es noch in historischer Zeit eine Landbrücke zur Île d'Arz, die aber bei einer Sturmflut weggespült wurde.

Madame Laurent, die fiktive Chefin von *Le Sel* in »Bretonisches Gold«, besitzt auf Arz ein Haus nahe der Cale de Béluré, es liegt im Norden der Insel, wo die Fähre ab Vannes anlegt. Von dort kann man eine Rundwanderung unternehmen, die je nach Route 10–15 km lang ist.

Dupins spezielle Empfehlung

San Francisco am Mittelmeer

Auf der erhöhten Terrasse des San Francisco *sitzen, einen ganzen langen Mittag! Direkt am kleinen Hafen der Île aux Moines.* Der Golfe *im Sommer: ein Meer aus Booten, ein Kobaltblau mit Hunderten Farbtupfern. Die Boote gemächlich tändelnd, die ganze Insel döst entspannt in der Sonne, alles wirkt schwerelos, luftig, leichtfüßig. Ein surreal makelloses Blau am Himmel. Ein ganz leichtes Lüftchen. Palmen, Feigen, Zitronen- und Orangenbäume, Eukalyptus, Olivenbäume, Kamelien, Mimosen, Agaven – alle eigentlich am Mittelmeer beheimatet.*

Neben dem zweistöckigen Steinhaus mit hundertjähriger Patina (das San Francisco *ist auch ein wunderbares kleines Hotel, http://lesanfrancisco.com) steht tatsächlich ein Kiwibaum! Hier herrscht echte, flirrende Mittagshitze, wir befinden uns in der wärmsten Gegend der Bretagne. Ein Stück Méditerranée, unbedingt, aber dann doch nicht ganz, hier und dort zeigt sich schmunzelnd, aber selbstsicher der Atlantik. Das Schönste: einfach schauen, sich verlieren in der Stimmung und Schönheit des Golfs. Und Köstliches dabei essen!* Palourdes *zum Beispiel, eine sehr beliebte Muschelart, direkt aus dem Golf, mit Yuzu-Butter gegrillt. Oder ein Frikassee aus kleinen Muscheln* (coques) *mit Estragon oder ein Thunfischtatar mit Avocado-Mousse und Himbeere.*

Außerdem unerlässlich: einmal um die Insel zu wandern, eher zu schlendern. Also lieber gleich einen Tagesausflug planen. Und Badesachen mitnehmen, denn es wartet feiner weißer Sand. La douceur de vivre *nennt man die besondere Stimmung an leichtfüßigen, unbeschwerten Sommertagen, die »milde Süße des Lebens«.*

Am Auray

Wenn man nun die Wasserwelt des Morbihan verlässt und ganz profan wieder ins Auto steigt, ist ab Port-Blanc ein großer Bogen zu schlagen. Denn im Westen ergießt sich der Fluss Auray in einem weiten, unüberbrückbaren Trichter in den Golf. Echte Dupin-Enthusiasten nehmen Larmor-Baden und die Austernbänke von Locmiquel mit, denn dort wird die Leiche der Journalistin Lilou angespült. Anzuraten wäre aber der direkte Weg nach Bono, weil sich dort bei der Hängebrücke (1840) über den gleichnamigen Fluss ein verwunschener Schiffsfriedhof befindet. Die zerfallende Flotte von Fischerbooten, teils noch mit bunter Bemalung, teils nahezu völlig verwittert, erinnert an die ehemalige Austernzucht in Bono, genauer: an die Zucht der *huîtres plates*. In »Bretonischer Stolz« (Seite 164) klärt ein Züchter auf:

»Die Huîtres plates – sind die indigenen, die ursprünglichen Europäischen Austern. Fast ausgestorben. Sie sind flacher, runder, glatter, kleiner im Durchschnitt. [...] Und die Creuses – die sind, wie der Name sagt, tiefer, länglicher, gewölbter. Ursprünglich eine Pazifische Auster. Die Creuses machen den Löwenanteil auf dem Markt aus, überall in Europa, auf der ganzen Welt.«

Zwischen 1930 und 1973 erlebte Bono den reinsten Austern-Boom, weil die heimische Art als größere Delikatesse galt. Aber zwei Epidemien löschten die Bestände aus, eine dritte befiel dann auch die *creuses*. Den Züchtern blieb nichts anderes übrig, als ihre überflüssig gewordenen Boote auf dem Fluss faulen zu lassen.

Keine Frage, in dieser Not hat St-Goustan, der Schutzheilige der Seeleute und Fischer, kläglich versagt. 5 km weiter ist ihm am linken Ufer des Auray dennoch ein Flusshafen gewidmet. Dieser Port St-Goustan mit Fachwerk- und Granithäusern, Kopfsteinpflaster und einer alten Brücke wirkt wie die Urheimat der Seebären. Kneipen und Restaurants an der Uferpromenade sind so einladend, dass man den Platz fürs Abendessen möglichst früh reservieren sollte. Neben dem heiligen Goustan erscheint unter den Namen der Lokalitäten auch Franklin. Gemeint ist der amerikanische Gründervater – und Erfinder des Blitzableiters – Benjamin Franklin. Er war beteiligt am Entwurf der Unabhängigkeitserklärung der Vereinigten Staaten und sollte in Paris ein Bündnis mit Frankreich gegen England aushandeln. Auf dem Weg nach Nantes zwang ihn am 4. Dezember 1776 ein Sturm zum Zwischenstopp im Hafen St-Goustan. Damit erschöpft sich aber auch schon der bretonische Anteil am amerikanischen War of Independence.

Auray, der Ort hoch über dem Hafen, hat noch weniger mit der Sache zu tun. Er blieb die moderne Beigabe mit ein paar schönen Blicken auf St-Goustan und einer Zufahrtsstraße ins 6 km entfernte Ste-Anne-d'Auray. Das schmunzelnde Kopfschütteln, mit dem Kommissar Dupin so manches bretonische Schauermärchen über sich ergehen lässt, müsste hier in ein polterndes Lachen umschlagen. Denn nach bretonischem Glauben ist Anne, die Großmutter Jesu, eine Bretonin, die auf verschlungenen Pfaden ins Heilige Land gelangte und dort ihre Tochter

Port St-Goustan

Maria gebar. Im Anschluss zog sie zurück in ihre Heimat und blieb Jahrhunderte stumm. Bis sie am 26. Juli 1623 dem Landarbeiter Yves Nicolazic erschien und ihm den Auftrag gab, eine Kapelle zu bauen. Daraus wurde im Laufe der Jahrhunderte die heutige *Basilique Ste-Anne,* in der sich die Reste einer Statue befinden, die Yves aus einem Acker geborgen haben soll. Ein Strom an Wallfahrern zu diesem meistbesuchten Pilgerort der Bretagne hinterließ zahlreichliche Votivgaben. Nachdem Königin Anna von Österreich ihren Sohn, den späteren Sonnenkönig, zur Welt gebracht hatte, stattete sie die Kirche mit einer angeblichen Reliquie der heiligen Anna aus (www.sainteanne-sanctuaire.com). Nun führt diese Eskapade weit weg von Dupin und Mordgeschichten, doch lohnt ein Besuch wegen der eigenartigen Atmosphäre in Sainte-Anne d'Auray, wo sich Klerus, Komödianten, Kirchgänger und Kunstexperten die Klinke in die Hand geben.

Und nun weiter zu einem jener Superlative, die Nolwenn so sehr liebt: Europas zweitstärkste Meeresströmung wird zwischen der Pointe de Kerpenhir und dem nur 900 m entfernten Port Navalo (s. S. 55) gemessen:

»Der große Atlantik – rechts – lag spiegelglatt vor ihm, genau wie das kleine Meer – links –, beide ganz friedlich, aber dazwischen kräuselte sich das Wasser heftig. Weiße Schaumkronen tanzten wild umher. Man konnte sie sehen: die Gewalt, den Druck der einströmenden Wassermassen, die Wucht der chaotischen Strömungen, bis zu zwanzig Stundenkilometer schnell. Dreihundert Millionen Kubikmeter Ozean strömen bei jedem Gezeitenwechsel ein oder aus.« *Bretonisches Gold, Seite 108*

Die eben beschriebenen Strömungen gab es hier, um die Pointe de Kerpenhir, auch schon zur Jungsteinzeit, als ab etwa 4500 v. Chr. im nahen Locmariaquer gleich drei bedeutende Megalithbauten entstanden. Neben zwei Grabanlagen mit rätselhaften Steinritzungen ist es der *Men-er-Hroëc'h*, ein mächtiger Block aus Orthogneis. Die Maßangaben schwanken, gut 20 m Länge sind es und etwa 350 t Gewicht. Dieser größte Monolith der Bretagne muss einst aufrecht gestanden haben, liegt heute aber in vier Stücke geborsten am Boden. Erdbeben und Blitzschlag wurden als Grund für seinen Sturz vermutet, nur spricht die Form der Bruchkanten gegen diese Annahme. Nach einem weiteren Erklärungsversuch brachten schon Siedler des Neolithikums den Klotz zu Fall, um Baumaterial zu gewinnen, oder sie schafften es überhaupt nie, ihn erfolgreich aufzurichten. Da aber unter den Bruchstücken gallorömische, also weitaus jüngere Funde gemacht wurden, ist auch das nicht schlüssig. Bleibt die Theorie, dass frühe Christen den Sturz herbeiführten. Dabei dürfte der Brocken weniger kultische als vielmehr sehr praktische Aufgaben erfüllt haben. Nachweisen lässt es sich nicht, aber er hätte auf seiner erhöhten Position in Verbindung mit der enormen Größe recht gut als eine Art Leuchtturm dienen können, um Booten auf offener See die Einfahrt in den Golf anzuzeigen.

Wie dem auch sei, für den Monolithen wurde enormer Aufwand betrieben. Das verwendete Gestein lässt sich nämlich in der nahen Umgebung nicht finden, die nächsten Steinbrüche liegen in 10 km Entfernung. War der Block dort erst einmal mühsam aus seinem Felsbett gebrochen, folgte der Transport. Moderne Experimente haben belegt, dass man es mit Schlitten, Rollen und gut organisierter Muskelkraft schaffen kann: Zweihundert Männer können einen Brocken von gut 30 t pro Tag 100 m weit bewegen. Allerdings wog dieser *Men-er-Hroëc'h* ja mehr als das Zehnfache. Und das Aufrichten verlangte dann erneut Tüftelei, Kraft und Präzision. Wo wir gerade darüber stolpern: Die bretonische Schreibweise »c'h« macht viele ratlos bezüglich Sinn und Aussprache. Falsch wäre die Annahme, man müsse die beiden Konsonanten durch Zungenakrobatik voneinander trennen. Vielmehr trägt das Konstrukt der Tatsache Rechnung, dass das Wort je nach Dialekt unterschiedlich ausgesprochen wird und man die vorhandenen Varianten adäquat darstellen möchte. Damit aber wollen wir uns hier nicht eingehender beschäftigen.

Carnacs steinerne Rätsel

Nachdem wir schon angemerkt haben, dass Dupin selten in die größeren Städte gerufen wird, bleibt zu ergänzen, dass auch die bretonischen Orte mit hohem Tourismusaufkommen nur ausnahmsweise den Beistand des Kommissars benötigen. Carnac, ein Zentrum europäischer Megalithkultur und damit auch Liebling von Reisenden, macht da keine Ausnahme. Wer allerdings Krimis der Mysterien wegen liebt, sollte mal vorbeischauen, denn Rätsel geben die Steinsetzungen allemal auf – und das schon seit Langem. Im alten Rom hatten Christen den Priester Cornelius 251 zum Bischof der Stadt gewählt, der aber möglicherweise schon zwei Jahre später in Civitavecchia den Märtyrertod starb. Ungereimtes um seinen Tod und den Verbleib des Leichnams führte an mehreren Orten Europas zu Legenden, so auch in Carnac. Denn bis dorthin sollen ihn seine römischen Verfolger getrieben haben, dann griff Cornelius zum Zauber und verwandelte die feindlichen Soldaten in Menhire.

Auch wenn das Heer jeweils in der Weihnachtsnacht angeblich wieder zum Leben erwacht, steht es ansonsten doch stumm am alten Platz: beim Weiler Le Ménec, nicht weit von Carnac-Bourg. 1099 Soldaten, nein, Steine sind es. Dass sie in den 1990er-Jahren eingezäunt wurden, entspringt nicht der Furcht vor ihrer Flucht. Vielmehr will man die Steinreihen, *alignements* genannt, vor ihren Besuchern schützen, denn unter dem massenhaften Andrang drohte ihnen der ungewollte Umsturz. Ihre Einbindung in die Legende des Cornelius verrät wieder einmal den

Versuch von Missionaren, uralten Mächten den Boden zu entziehen. Derweil kann mit wissenschaftlichen Methoden nachgewiesen werden, dass die Steine lange vor Cornelius aufgerichtet wurden, wohl um die Mitte des 5. Jahrtausends vor Christus. Wen die Umzäunung stört, der hat in Carnac auch Gelegenheit, andere, frei zugängliche Stätten aufzusuchen. Insgesamt besitzt der Ort etwa 2800 Menhire. Nur 500 m östlich von Le Ménec sind es die *alignements* von Kermario, die man vom Turmstumpf einer ehemaligen Mühle aus überblicken kann. Dort wie auch beim nahen Ganggrab Mané Er Groez sind vereinzelt Gravuren zu entdecken. Ihre Bildsprache gehört zu den großen Rätseln der Jungsteinzeit. Wobei man ergänzen muss, dass schon früh Deutungsversuche vorgelegt wurden, die aber eher den Übereifer ihrer Entdecker als wissenschaftliche Präzisionsarbeit dokumentieren. Offenkundig ist lediglich, dass die Erbauer jener Grabanlagen bereits ihre Toten ehrten und demnach vielleicht an ein Jenseits und eine höhere Macht glaubten.

Darauf deuten auch die *alignements* in Kerlescan hin. Solche Steinreihen, hier aus der Zeit um 2000 v. Chr., wurden stets von Nordost nach Südwest ausgerichtet und ermöglichten so, die Punkte von Sonnenauf- und -untergang zu fixieren, um einen Kalender für Saat und Ernte zu erstellen. Am westlichen Ende der Anlage befindet sich aber ein Halbkreis, *Cromlec'h* genannt, von dem ein gepflasterter Gang zu einem Grab aus gleicher Bauzeit verläuft. Ein Pilgerweg entlang der Steinreihen zum Heiligtum und weiter zu den Toten?

Man kann viele Stunden in Carnac verbringen, mit dem Fahrrad zwischen den uralten Stätten hin und her

Ginster bei den Steinreihen von Carnac

pendeln, sich an ihrer Lage zwischen alten, knorrigen Bäumen erfreuen und die Maserungen, Bruchkanten und Positionen ihrer Steine studieren, die letztlich ja vom Gestaltungswillen und dem absolut nicht primitiven Wesen unserer Urahnen künden. Eine Fahrradtour könnte auch nach Carnac-Plage führen, dessen Sandstrand 1903 über Salzgärten gebreitet wurde und in dem heute Europas modernstes Thalassotherapiezentrum zu finden ist.

Das bretonische Sonnenwunder: Die Ferienhalbinsel Quiberon

Quiberon ist die Sonnenseite des bretonischen Lebens. Die kinderfreundlichen Strände locken vor allem Familien an. Im Sommer kann es daher eng werden – und das schon an der Zufahrt. Ein Flaschenhals verbindet die Halbinsel mit dem Festland, chronisch von *bouchons* geplagt. Das sind eigentlich Korken, aber auch Staus, weshalb man den Zug ab Auray, der den Autoverkehr entlastet, auch *tire-bouchon* (Korkenzieher) nennt. An der engsten Stelle wurde vor Jahrhunderten das Fort de Penthièvre errichtet, das auch heute noch mit Militär besetzt ist. Am 27. Juni 1795 wollten sich dort Tausende königstreue *chouans* versammeln, um gegen die Republikaner zu Felde zu ziehen. Das Unternehmen scheiterte allerdings an kuriosen Diskussionen über die Strategie. Nicht weit von der Festung erinnert das Musée de la Chouannerie an das Ende der Konterrevolutionäre und ihres berüchtigten Anführers Georges Cadoudal (www.musee-vendee-chouannerie.com).

So verlockend der *Grande-Plage* im Hauptort Quiberon auch sein mag, ist er für Dupin-Fans doch nur ein weiterer von vielen herrlichen Stränden der Bretagne. Man achte an der Landspitze aber auf das historisierende *Château Turpault* von 1904, denn dort beginnt ein 12 km langer, gut markierter Wanderweg entlang der Côte Sauvage auf der Westseite der Halbinsel. Bis zu 40 m ragen die kargen, zerfurchten Granitklippen über der tosenden Brandung auf, ein hinreißendes Naturschauspiel, das die

Wandernden über gut zwei Stunden hin und weitere zwei Stunden zurück begleitet. Eine Ruine markiert den Wendepunkt an der *Pointe du Percho*.

Dupins spezielle Empfehlung

Vor dem Kamin im Austernpark

Schwer zu finden, aber jeden Irrweg wert, ein atmosphärisches und gastronomisches Kleinod: das Calypso *mitten in den Austernparks an der Anse du Pô (www.calypso-carnac.com). In der tatsächlichen Arbeitswelt der Austernbauern und umgeben von verrückten, weitläufigen Gezeitenlandschaften, wie die Austern sie lieben. Mal ist ringsum Wasser, dann wiederum sieht man es vom Restaurant aus kaum. Ein altes, steinernes Fischerhaus, in dem sommers wie winters der Kamin brennt, denn darin wird das Essen zubereitet: Fisch, Meeresfrüchte, Fleisch, alles gegrillt – Sie können zuschauen! –, mit einem einzigartigen Geschmack. Das ist die Spezialität des Hauses:* Turbot *(Steinbutt),* sole *(Seezunge),* rouget *(Meeräsche),* barbue *(Glattbutt),* lotte *(Seeteufel),* homard *(Hummer) – alles kommt auf den Rost. Und vor dem Essen oder danach lockt ein Spaziergang entlang der Austernparks.*

Tipps für Genießer

Unterkunft

1 Maison de la Garenne: *Dicht am Zentrum von Vannes, dabei mit weitläufigem Garten samt Pool. Das geschmackvoll eingerichtete Haus stammt aus dem späten 19. Jahrhundert. Tropischen Regen und karibischen Sturm kann man unter der Dusche im Wellnessbereich auf Knopfdruck bekommen, sich dort aber auch massieren lassen.*

2, Rue Sébastien de Rosmadec, Vannes,

www.maisondelagarenne.com, DZ mit Frühstück ab 99 €

2 Port de St-Goustan: *Für Selbstversorger eignet sich das große Apartment am alten Hafen. Von der Terrasse blickt man auf Garten und Fluss.*

15, Place St-Sauveur, Auray, über die gängigen Buchungsportale zu mieten, DZ ab 143 €

Essen

1 Le Kerstéphanie: *Wilder Wein klettert am Naturstein des ehemaligen Bauernhofs empor, den ein baumreicher Park umgibt. Raffinierte Speisen werden fantasievoll angerichtet. Die Weinkarte übertrifft viele andere in der Bretagne. Für Vegetarier gibt es ein Überraschungsmenü.*

Route du Roaliguen, Sarzeau, www.lesjardinsdekerstephanie.com, Menü ab 52 €

2 La Gourmandière: *Im 19. Jahrhundert war dies ein Bauernhaus vor den Toren der Stadt. Der Ort ist gewachsen, das Gehöft wurde zu einer Gourmetadresse. Leider ist das Restaurant mittlerweile geschlossen. Doch auch, wenn nicht mehr an dem Ort gegessen werden kann, an dem Dupin saß, kann man sich noch von demselben Koch verwöhnen lassen. Olivier Samson ist Vannes treu geblieben und hat dort ein neues Restaurant eröffnet, das Teil eines Hotelkomplexes ist:* Le Domaine Duliziec. *Er hat es sich zur Aufgabe gemacht, nicht nur den Michelin-Stern seines vorigen Restaurants zurückzuerobern, sondern gleich noch einen zweiten hinzuzugewinnen.*

20, Route de Rennes, Vannes, https://ledomaineduliziec.com/fr/, Menü ab 95 €

3 Le Chaudron: *Hier isst man abseits vom Rummel des Port St-Goustan. Der Service ist top, die Küche deutlich meerlastig bis hin zu einem ganzen Hummermenü.*

3, Route du Bono, Auray, www.facebook.com/LeChaudronAuray, Menü ab 25 €

4 La Chebaudière: *Hier hat ein junges Paar eine sehr zeitgemäße, freundliche Atmosphäre geschaffen, die auch einen Gartenbereich mit Bambus und Palmen umfasst. Die Speisekarte wechselt alle zwei Monate, besonders oft stehen kunstvoll angerichtete Speisen mit Fisch und Meeresfrüchten auf dem Plan. Die Desserts kann man getrost als göttlich bezeichnen.*

16, Rue du Jeu de Paume, Auray, https://restaurant-lecasier.fr, Menü mittags ab 28 €, abends ab 44 €

Einkauf

1 Conserverie La Belle-Iloise: *Von Quiberons Bedeutung für den Sardinenfang kündet die 1932 gegründete Konservenfabrik* Belle-Iloise. *Bis heute wird hier manuell gearbeitet.*

Zone artisanale Plein Ouest, Quiberon, www.labelleiloise.fr

2 Maison d'Armorine: Niniches *isst man am Strand von Quiberon, weil das Tradition hat. Die kleinen Lutscher stammen ursprünglich aus Royan, doch ihr Erfinder siedelte 1946 nach Quiberon um. Inzwischen gibt es neben abenteuerlich vielen Karamellvarianten auch* niniches *mit Fruchtgeschmack. Die Confiserie mit kleinem Museum zählt außerdem eine gesalzene Karamellcreme namens* salidou *zu ihren Spezialitäten.*

1, Rue des Confiseurs, Quiberon, www.maison-armorine.com

Mehr Infos

Office de Tourisme:
Quai Éric Tabarly, 56000 Vannes, www.golfedumorbihan.bzh

Office de Tourisme:
74, Avenue des Druides, 56342 Carnac, www.ot-carnac.fr

Office de Tourisme:
14, Rue de Verdun, 56174 Quiberon, www.baiedequiberon.de

Foto rechte Seite: Côte Sauvage auf Quiberon

Foto nächste Seite: Der Hafen von Sauzon

BELLE-ÎLE

»Nach zehn Jahren Bretagne kannte Dupin das Phänomen, aber es war jedes Mal aufs Neue spektakulär anzusehen. Der Nebel war aus dem Nichts aufgetaucht. Die gesamte Fahrt über hatte der bretonische Himmel sein makelloses atlantisches Blau zur Schau gestellt. Erst als sie zum Hafen hinuntergefahren waren, hatte sich der Nebel gezeigt: ein eigenartiger hellweißer Dunstschleier, der unmittelbar über dem Meer schwebte. Dupin schätzte die Sicht auf vielleicht zehn Meter, darüber hinaus vermochte man bloß noch Silhouetten und Konturen zu erahnen, Boote, Kähne, Felsen, Bojen. Dann verlor sich alles im wabernden Nichts. Die Grenze war scharf gezogen: Wo das Meer endete, endete auch der Nebel.« *Bretonische Idylle, Seite 14*

Erst mal ankommen

Fünfundvierzig Seiten dauert es, bis Georges Dupin zur Aufklärung seines zehnten Falls per Boot auf die Belle-Île wechselt. Offenkundig drückt sich da jemand vor den Elementen und gibt auch zu, dass ihm ein Helikopterflug lieber gewesen wäre. Dabei kann der Kommissar von Glück sagen, noch ein Polizeiboot erwischt zu haben. Der einfache Tourist muss die Fähre ab Vannes, Locmariaquer, Port Navalo, La Turballe oder Le Croisic nehmen und für die Hin- und Rückreise ab achtunddreißig Euro zahlen (www.navix.fr). Die »schöne« ist mit 84 km² zugleich die größte Insel der Bretagne und Frankreichs zweitgrößte nach Korsika. Anders gesagt und von Riwal auch so betont: 17,5 km lang und 9 km breit. Für Tagesausflügler sind das ungünstige Distanzen: zu kurz fürs Auto, zu lang für spontane Spaziergänge. Deshalb starten die meisten der jährlich fast 400 000 Inselbesucher beim Fahrradverleih in Le Palais. Man könnte im Ort aber auch erst einmal die Zitadelle anschauen, die sich über den Hafen reckt.

Die Sternform ihrer trutzigen Wehrmauern kennt jeder, der schon einmal auf Sébastien Le Prestre de Vauban gestoßen ist. Der Festungsbaumeister des Sonnenkönigs war in Le Palais für dessen Finanzminister Nicolas Fouquet tätig, der seit 1658 im Besitz der Insel war. Über ihre Schönheit hinaus besaß die Belle-Île den Vorzug von Süßwasservorkommen, aus denen sich Kapital schlagen ließ, weil vorbeiziehende Segelschiffe Proviant benötigten. Allerdings liefen die Transaktionen nicht immer friedlich ab. 1761 staunten die Bellilois nicht schlecht, als sie sich plötzlich mitten im Weltgeschehen wiederfanden. Zwischen den europäischen Großmächten tobte der Siebenjährige Krieg, England besetzte die strategisch bedeutende Insel, ihre bretonischen Bewohner flohen. Nach zwei Jahren schlossen Frankreich und England einen Frieden, bei dem sie Land auf mehreren Erdteilen tauschten. Aus Acadia, der französischen Kolonie im Osten des heutigen Kanada, zogen Vertriebene damals auf die Belle-Île.

Riwal fabuliert von deren »Utopie eines goldenen Zeitalters«, in das sich die Neubürger aufmachten, aber die Etymologie legt da eine zweifelhafte Fährte. Das Wort »Acadia« dürfte nämlich indianischen statt griechisch-mythologischen Ursprungs sein und schlichtweg auf fruchtbaren Boden verweisen. Und was die Acadier zu jener Zeit aus Amerika mitbrachten, erwies sich allemal als nahrhaft: die Kartoffel. Aber seien es nun Kartoffeln, Acadier oder berühmte Künstler wie Monet, die die Insel besuchten – über alles informiert das Museum, das sich heute mit einem luxuriösen Hotel die Mauern der Zitadelle teilt.

Von Waterkant zu Waterkant

Eine komplette Inselrunde ist den meisten Besuchern zu lang, zumindest ohne Auto. So wird es dann oft nur eine Hälfte, nämlich die landschaftlich dramatischere im Westen. Aber Auftakt oder Schluss ist gern der windgeschützte Badestrand Plage des Grands Sables östlich von Le Palais, wo auch Dupin seine Ermittlungen aufnimmt, nachdem er auf dem Weg erste Inselatmosphäre getankt hat:

»Die Fahrt ging durch Hunderte Grüntöne, intensiv, grell, durchsetzt vom Lila der Heide und vom Knallgelb des Ginsters. Es ging auf und ab, die Straße schmiegte sich harmonisch an die hügelige Landschaft. Rechts und links der Straße waren kleine verwachsene Kiefernwäldchen zu sehen, manchmal führte sie mitten durch sie hindurch. Linker Hand zeigte sich immer wieder der Atlantik in spektakulären Ausschnitten. Verrückte Kontraste, das Grün, dann das leuchtende Blau. Die Insel war viel weniger dicht besiedelt, als Dupin es sich vorgestellt hatte, viel ländlicher auch, immer wieder passierten sie dichtes Gestrüpp und Buschwerk, Senken, in denen Bäche flossen. Wiesenblumen säumten die Straße. Ab und an war ein Felsen zu sehen. Dupin roch Thymian, Rosmarin, Kiefern, alles, was blühte. Dutzende Gerüche vermengten sich. Und immer war dabei auch das Meer zu riechen.«
Bretonische Idylle, Seite 58/59

Knapp neunhundert Einwohner hat Locmaria im Osten der Insel, zudem eine Kirche mit romanischen Anteilen aus der Zeit der frühen Besiedlung. In so einer einsamen Gegend treiben sich außer Schafen gerade mal ein paar Wanderer herum. *Agneau du large* nennt man hier die Schafe von den Salzwiesen, die sich »beim Fressen selbst würzen«.

Nach Le Palais und Locmaria ist Bangor die dritte Inselgemeinde, die Dupin besucht, und sogar das Zentrum des Geschehens in »Bretonische Idylle«. Von einem Weiler Islonk mit der *Bar-Destillerie Goulou* ist die Rede, beides existiert nicht, weil ein realer Name die Intimität der Weiler stören würde. Aber die Aiguilles Rocheuses de Port-Co-

ton als große Attraktion bei »Islonk« sind keine Erfindung (s. S. 84/85). Claude Monet, der vom 12. September bis zum 25. November 1886 auf der Belle-Île weilte, malte die Felsnadeln mehrfach und machte eine Ikone aus ihnen. Der Ruhm ist berechtigt, doch bleibt zu ergänzen, dass nun entlang der Côte Sauvage noch viele weitere Stellen zum Verlieben folgen, etwa der Strand an der Anse du Vazen (»sicher dreihundert Meter feiner, zart rosa schimmernder Sand«) oder der Plage du Port-Donnant (»In jeder Bucht, auf jedem Strand der Insel hatte Dupin bisher gedacht: Schöner geht es nicht. Und so war es auch dieses Mal«).

Was den Kommissar nicht tangiert: Mit diesem Fleckchen Erde ist ein mysteriöser Vorfall verbunden, der den Insulanern bis heute nicht ganz aus dem Kopf gegangen ist. In der Silvesternacht 1978 verschwand hier die fünfundzwanzig Jahre alte Apothekerin Danielle Judic samt ihrem Austin Mini. Eigentlich war eine Familienfeier auf dem Festland ihr Ziel, aber dann ließ sie sich von einem Unbekannten zu einer Party einladen. Dort gab es Streit, jemand zog ein Messer. Man hat allerdings zum Tathergang kaum verlässliche Zeugen finden können. Später wurde Danielle im Disput mit einer anderen Person gesehen. Aufgebracht verließ sie den Ort Richtung Goulphar, das liegt etwa dort, wo man das fiktive Islonk vermuten könnte. Ihr Wagen parkte eine Stunde später kurzzeitig in Le Palais. Die Kleidung, die sie zur Silvesterfeier getragen hatte, lag in ihrem Zimmer. Sie selbst und ihr Auto wurden nie wieder gesehen. Es existiert ein Polizeidossier über den mysteriösen Fall, aber den Angehörigen ist immer noch die Einsicht verwehrt.

Sollte das Rätsel nicht gelöst werden, mutiert es unter bretonischer Fabulierfreude bald ganz gewiss zur schillernden, gruseligen Mär. Beim Bardensohn Jean und der armen Schäfertochter Jeanne war es ja auch nicht anders. Sie trafen sich gegen den Willen der Druiden, die sie zur Strafe in Menhire verwandelten und so aufstellten, dass sie einander sehen, sich aber niemals berühren konnten. Doch sie hatten die Rechnung ohne eine Fee gemacht, die den Steinen für kurze, seltene Momente das Leben wiedergibt, was Jean und Jeanne dazu nutzen, sich einander millimeterweise zu nähern. Manch einer erforscht allen Ernstes, ob Bewegungen nachzuweisen sind. Immerhin steht hier etwas auf dem Spiel: Treffen sich die Menhire Jean und Jeanne, die man derzeit noch mit reichlich Abstand an der Inselstraße D25 sieht, geht, so die Bretonen, die Welt unter.

Dupins spezielle Empfehlung

Monets Felsnadeln

Alle wollen sie sehen, die berühmten Felsnadeln, die Monet verewigt hat. Eine erhabene, wild-romantisch zerklüftete Steilküste, die typische Landschaft im Süden der Belle-Île, der »paar Hektar im Meer«, wie die Bellilois sagen. Die Insel ist wie ein Konzentrat der Bretagne. Immer hat man das Gefühl, irgendwo anders zu sein. In Irland, in Cornwall, an der Côte d'Azur, auf einer Karibikinsel, Kanalinsel, auf den Balearen, in der Normandie, in der tiefsten französischen Campagne. Eigentümlich, aber wahr: ein Ort, dessen Besonderheit die Empfindung ist, irgendwo anders zu sein als dort, wo man ist: être ailleurs.

Parken Sie beim Plage de Donnant und folgen Sie dem steinigen Pfad an der Küste entlang auf ein Plateau zu. Unwillkürlich werden Sie ab und an innehalten: Denn das Plateau gleicht einem von der Natur geschaffenen Theaterbalkon, vor dem schwindelerregende Unendlichkeiten dargeboten werden. Das Ganze hat etwas Feierliches, Ehrfurchtgebietendes, ohne dabei zu ängstigen. Mit einem Mal ragen dann wild-bizarre Felsen aus dem Meer, beinahe so hoch wie das Plateau, dessen Teil sie einst waren, bis Meer, Fluten, Stürme und endzeitliche Regenfälle es am Rand brüchig werden ließen. Die Felsen sehen aus wie fantastische Skulpturen, manche 20, 30, 40 m hoch. Spitz und scharf. Manche eng nebeneinander, wie zu Gruppen arrangiert. Manche allein stehend, wie ein Fanal. Surreale, lang gezogene, auseinandergezogene Gestalten – in einigen Formen meint man tatsächlich Figuren zu erkennen, wie aus Legenden, Sagen, Märchen, Träumen, auch aus Albträumen. Oben hell, ein strahlendes Schiefergrau, in das sich ein Gelb, Orange, Braun und Rot mischen – Flechten, alles Flechten! Dann, nach unten hin, gerät das lichte Grau dunkler und dunkler bis zu einem tiefen Schwarz.

Die Gischtschlieren um die Felsen herum sehen aus wie rätselhafte, ins Meer geschriebene Zeichen. Und auch die steil aufragenden Felsnadeln selbst – Menhire des Meeres – wirken wie kryptische Symbole. »Les pyramides de Port-Coton, mer sauvage«, nannte Monet eines seiner Bilder von 1886, »Die Felspyramiden von Port-Coton, wildes Meer«. Hier haben Sie das reale Sujet vor Augen, so fantastisch wie das Abbild Monets. Und wieder geht es um zwei Wunderdinge der Bretagne: Licht und Farben. Es scheint hier mehr Licht zu sein als anderswo. Das für uns sichtbare Farbspektrum zwischen Rot und Violett scheint ungleich breiter gefächert, als würde es feiner zerlegt. Wie bei einem fotografischen Set: Auf allen Seiten sind Scheinwerfer und Spiegel aufgebaut, um eine spektakuläre Inszenierung, eine höchstmögliche Intensität zu erzeugen.

Bei Sarah am Westende

Monets Felsnadeln sind der eine, die Landspitze Pointe des Poulains der andere Angelpunkt des Krimigeschehens. Dupin zeigt sich dort sehr vom Lokalkolorit ergriffen:

»Es war unfassbar, wie hier, zwischen den kargen, unwirtlichen Felsen, plötzlich urwaldartig dichtes Grün hervorspross, farnartige Pflanzen, größer als Dupin. Ein irres Grün, das einen Kontrast zu den sich nun immer weiter auffächernden Türkistönen der Lagune bildete, ihrem blendend weißen Sand unter dem Pastellblau des Himmels. Dieser Ort hier gehörte zu den schönsten, die Dupin in der Bretagne gesehen hatte. Überhaupt. Je.«
Bretonische Idylle, Seite 227

Mit diesem hochgelobten Fleckchen Erde hat es seine besondere Bewandtnis für die Insel, denn es steht dort eine Festung, in der einst ein Paradiesvogel wohnte. Die legendäre Schauspielerin Sarah Bernhardt (1844–1923) war es, die sich das damals verfallene Fort als Residenz herrichten ließ und dort die Boheme empfing, während ihr Sohn Maurice die benachbarte Villa des *Cinq Parties du Monde* bewohnte. Die Reputation des Weltstars Bernhardt reicht so weit, dass das eher unscheinbare Ensemble aus Fort und Villa heute als musealer Espace Sarah Bernhardt dient (www.ccbi.fr/lespace-sarah-bernhardt). Was immer die Schauspielkunst der Diva angeht, ihre Schönheit, ihren Einsatz für die Soldaten an der Front – Nolwenn beharrt heftig auf einer Kehrseite der Bernhardt, die zwar achtundzwanzig Jahre auf der Belle-Île lebte, aber letztlich Pariserin war:

»Madame Bernhardt fand exotische Tiere todschick, die ›berühmteste Schauspielerin der Welt‹, lächerlich. Auf der Belle-Île hat sie quasi in einem Zoo gewohnt, mit einem Panther, Löwen, Affen, einer Boa, einem Alligator, einem Krokodil. Beim Ausgehen trug sie immer ein Chamäleon auf der Schulter und wurde von mehreren Foxterriern begleitet. Stellen Sie sich das mal vor, Ende des neunzehnten Jahrhunderts, als die meisten Menschen ihr ärmliches Dasein als Fischer oder Bauern fristeten. Und dann die Bernhardt mit ihrem Zoo und ihren extravaganten Freunden, Königen, Prinzessinnen, was auch immer.«
Bretonische Idylle, Seite 86

Lassen wir Nolwenn weiterschimpfen und wenden uns in Richtung Meer. Das *Smart-Island-Projekt*, von dem Riwal seinem Vorgesetzten erzählt, ist keine Fiktion. Vielmehr haben sich *Renault, Morbihan Énergies* und weitere Partner 2018 formiert, um unter dem Dach einer EU-geförderten Initiative der Insel die Energiewende zu bescheren. Wenn Dupins Mietwagen auf der Belle-Île ein alter *Citroën Méhari* mit Zwei-Zylinder-Boxermotor ist, dann steht das für eine gewisse Weltfremdheit, aber auch für Dupins Hang zum Citroën. Nolwenn betrachtet die Marke als bretonisch, aber Firmengründer André *Citroën* stammte aus Paris, baute dort ab 1919 sein Unternehmen auf und eröffnete erst 1961 ein großes Werk in einem Vorort von Rennes. Nun soll gemäß *Renault*-Wunsch die insulare Zukunft der Elektromobilität gehören. Solarenergie von den Dächern öffentlicher Gebäude, lokale Speicherung und intelligentes Laden zählen zum Konzept. Die Pläne des Staates umfassen darüber hinaus einen schwimmenden Windpark. *Floating Offshore Wind* heißt das im Jargon und wird sich von Sarahs Paradies aus in Richtung der Insel Groix erstrecken – nur um Pionier für weitere solcher Parks in der Bretagne zu sein. Allemal würde genügend Strom abfallen, um die Ferienhäuser der Belle-Île preiswert beheizen und die bisher aus Kostengründen eng gefasste Urlaubssaison ausdehnen zu können.

Ein Klacks von kaum 4 km ist es nun nach Sauzon: Das Städtchen ist ein heiteres Gewimmel aus Tupfern in kräftigem Ocker, Rosa, einem gedeckten Rot, einem tiefen Gelb, alles übertönt vom Weiß der Fassaden. Die adretten Häuser folgen wie in Le Palais dem Verlauf des Flussbetts, alles befindet sich direkt am Wasser. Ohne Zweifel würde Sauzon jeden Wettbewerb um die Auszeichnung »Das schönste Hafenstädtchen« für sich entscheiden. Und das, ohne dabei *zu* pittoresk zu sein, ohne arrangiert zu wirken. Es ist Kommissar Dupins liebstes Städtchen der Insel. Und Riwal teilt die Meinung, liegt doch das Haus seiner Schwester, das er in den Ferien und an Wochenenden nutzt, nicht weit entfernt.

Der Ort ist schnell durchschritten, gegenüber der Kirche *St-Nicolas* fällt eine stattliche Linde auf, die einer Bar ihren Namen verleiht: *Le Tilleul.* Machen wir es wie Dupin, der zwei *petits cafés* und zwei Croissants bestellt und von der Terrasse den Blick auf Bucht und Hafen genießt. Brot und Kuchen im *Tilleul* sind hausgemacht, das wechselnde Tagesgericht ist stets sehr preiswert. Doch für das Abendessen sieht der Kommissar eine andere Adresse vor: das *Restaurant du Phare.*

Dupins spezielle Empfehlung
Ein Abend unterm Leuchtturm

Bei rechtzeitiger Reservierung gelingt es, im Restaurant du Phare *einen Tisch direkt auf dem Quai im Hafen von Sauzon zu erhalten (www.hotelduphare-belle-ile.fr). Eine ebenfalls traumhafte Alternative ist die zweite Terrasse in der oberen Etage. Vor Ihnen erhebt sich der Leuchtturm, der in jedem Bretagne-Bildband glänzen würde. Strahlend weiß, 8 m hoch. Oben eine schmiedeeiserne grüne Balustrade. Die hübsche Kuppel und die vertikalen Verstrebungen um das 360-Grad-Glas sind in derselben Farbe gestrichen. Auf der Terrasse sind hübsche Tische großzügig gruppiert, daran gemütliche Stühle mit blau-weiß karierten Kissen. Neben den Tischen Ensembles von großen roten und blauen Boxen mit in der Sonne schimmernden, grünlich-transparenten Fischernetzen und pinken Bojen. Hier wird gearbeitet, ein paar Meter entfernt liegen die Küstenfischerboote. Man hat das Gefühl, auf dem Deck eines Bootes zu sitzen. Empfehlenswert sind der geröstete Ziegenkäse mit Birne und Cidre-Vinaigrette, zudem der Rochenflügel mit Kapern, Petersilie und dem hausgemachten Püree aus Belle-Île-Kartoffeln. Oder das Tatar vom Pollack mit Pata-Negra-Schinken wie auch das Insel-Salzlamm mit gegrillten Auberginen.*

DINGLE IRELAND

Ein Nachschlag bei den Nachbarn

Mit Houat und Hoëdic (»Entchen« und »Ente«) besitzt die Belle-Île zwei Trabanteninseln, eine davon, Houat, sucht Dupin per Polizeiboot auf. Für Touristen stehen Fährverbindungen bereit, mit *Navix* vom Festland aus (www.navix.fr), mit der *Compagnie du Golfe* auch von der Belle-Île (www.compagnie-du-golfe.fr). Je eine Festung ist auf den Inselchen zu sehen, dazu wilde Zwergrosen und eine endemische Narzissenart. Die Königin von Houat aber heißt *Treac'h-ar-Goured,* der Riwals ganze Liebe gehört:

»Eine riesige Lagune, sichelförmig, fast zwei Kilometer feinster, strahlend weißer Sand, eine Sandzunge, die sich ins flache Meer streckt. Alle Blau- und Türkistöne, die Sie sich wünschen, Chef, und noch mehr. Nur langsam wird es tiefer. Lupenreine Karibik.«
Bretonische Idylle, Seite 248

Tipps für Genießer

Unterkunft

1 Le Grand Large: *Tagestourismus prägt die Insel, ausländische Gäste bleiben selten über Nacht. Krimileser, die es dennoch probieren möchten, sind bei den Felsnadeln gut aufgehoben. Nicht direkt davor, jedoch ganz in der Nähe beschert das* Grand Large *den Meerblick vom beheizten Pool aus. Die hochpreisigen Suiten liefern obendrein eine Terrasse, die einfachen Zimmer nur die Sicht aufs Inland.*

Marie-Galante, *das hoteleigene Restaurant, stapelt preislich eher tief und empfiehlt sich für ein Abendessen mit Sonnenuntergang oder den Brunch am Sonntag.*

Goulphar, Bangor, www.hotelgrandlarge.com, DZ ab 90 €, Menü ab 44 €, Brunch 33 €

Einkauf

1 Fluïd: *Claire hat es ihm aufgetragen, da kann sich Dupin kaum aus der Affäre ziehen und muss am Südrand von Le Palais im Vallon de Bordilla vorbeischauen (www.fluid.coop): Verlassen Sie die Insel nicht ohne ein Einzelstück aus der Glasbläserei. Aus einhundert magischen Farben können Sie sich eine aussuchen, das Glas wird vor Ihren Augen hergestellt. Jedes ein klein bisschen anders und alles aus geschmolzenem Sand. Ein magischer Vorgang. Ein Glas für ein ganzes Leben und für alles, was sich trinken lässt: Wasser, Saft, Wein, der Whisky der Insel. Schöner, sinnlicher können Gläser nicht sein. Die ganze Glasbläserei, von engagierten jungen Bretoninnen und Bretonen geführt, ist ein Erlebnis.*

2 La Bien Nommée: *Gleich neben* Fluïd *besteht Gelegenheit, eine erlesene Keksfabrik in Augenschein zu nehmen. Dupin probiert das Gebäck allerdings in der Boulangerie* Le Fournil *(17, Avenue Carnot, Le Palais), wo er außerdem wichtige Hinweise zur Aufklärung seines Falls bekommt.*

3 Distillerie de Belle-Île-en-Mer: *Einst in Sauzon ansässig, ist die Brennerei (www.kaerilis.org) heute Nachbar der* Boulangerie Le Fournil *in Le Palais. Sie kommt im Krimi nicht namentlich vor, wohl aber ihr Whisky* Les Six Reines de Belle-Île, *dessen Produktion das Buch ins fiktive Dorf Islonk verlegt. Statten Sie dem Geschmackskünstler und Alchemisten Fabien Mueller und seiner Destillerie einen Besuch ab! Es gibt Kaerilis-Whisky und -Rum, beides in diversen Varianten und beides absolut vorzüglich. In seinem Whisky – flüssiges Sonnenlicht für die Kelten – schmecken Sie die Insel und den Atlantik, garantiert!*

4 La Palantine: *Gut bestückt geht es nun noch zu den Kreationen von Schokoladenmeister Patrick Thomas. Dupin probiert sie ebenfalls im* Fournil, *aber Thomas besitzt im Ort auch eine Chocolaterie, die er nach dem Fischerboot seines Vaters benannte.*

Feste

Anfang Mai, mitunter auch erst im Juni, brechen etwa fünfhundert Segelboote zur Tour de Belle-Île *auf und sprenkeln die Bucht von Quiberon mit Farbtupfern (www.tourdebelleile.com).*

Mehr Infos

Office de Tourisme: *Quai Bonnelle, 56360 Le Palais, T 02 97 31 81 93, www.belle-ile.com*

Foto rechts: Das Maison de Nichtarguer auf der Île de St-Cado

ZWISCHEN ÉTEL UND BÉLON

Am Étel

Zwischen Vannes und Étel pendelte 2017 »Eine bretonische Liebe«, der Film über ein Paar, das fürchten muss, Bruder und Schwester zu sein. Bei allem Reiz der ausgeklügelten Geschichte war es auch die bretonische Landschaft, die das Publikum begeisterte. Viele Aufnahmen entstanden am Fluss Étel und in der gleichnamigen Kleinstadt an dessen Ufer. Dieser Ort fiel mit dem Niedergang seiner Thunfischflotte in einen tiefen Schlaf, der Hafen beheimatet jetzt vorwiegend Freizeitkapitäne. Deren große

Herausforderung ist die Wandersandbank *Barre d'Étel,* die sich in die Mündung schiebt. An die Thunfischära erinnert ein Museum, vor allem aber der bizarre Schiffsfriedhof am anderen Ufer des Étel in Le Magouër.

Die größte Attraktion befindet sich allerdings weiter nördlich und gehört schon zur Nachbargemeinde Belz: die Île de St-Cado. Alles an dieser Insel mit ihren alten Fischerhäuschen und der romanischen Kapelle St-Cado ist malerisch, aber den schönsten Anblick bietet das Haus mit blauen Fensterläden, das einsam auf dem vorgelagerten Felsrücken Nichtarguer steht. Wer es von der Steinbrücke aus sieht, die das Festland mit der Insel verbindet, beneidet sogleich die Bewohner um ihre Traumlage. Doch das Haus, das einst einem Austernzüchter gehörte, ist heute unbewohnt und nur noch Motiv für Postkartenansichten. Geblieben sind die Austern in der *Ria,* eine jener schmalen Meeresbuchten, die im Unterschied zu Fjorden nicht von Gletschern gebildet wurden, sondern überflutete Flusstäler sind und sich wegen ihrer geringen Tiefe gut für die Muschelzucht eignen. *Ria* sagt man im Süden der Bretagne, *Aber* hingegen im Norden.

Häfen der Kolonialzeit

Man könnte Flüssen unterstellen, stets den kürzesten Weg zum Meer nehmen zu wollen. Der Blavet ist da von ganz anderer Natur: Statt von der Quelle in Bourbriac aus über 40 km nach Nordosten bis St-Brieuc zu fließen, wälzt er sich 150 km durchs Hinterland nach Süden bis Port-Louis. Der Ort mit heute etwa 2600 Einwohnern trug ursprünglich den Namen des Flusses, wurde dann aber nach König Ludwig XIII. umbenannt. Solche Ehre für so ein unscheinbares Nest? Man versteht es nur, wenn man die Geschichte einige Jahrhunderte zurückspult, zur Ära des Sonnenkönigs. Dessen absolutistische Herrschaft verlangte ein schlagkräftiges Heer und eine zuverlässige Beamtenschaft, die bezahlt werden wollte – so, wie auch die Prunksucht des Königs eine volle Staatskasse erforderte. Mit dem Merkantilismus entwarf Ludwigs Finanzminister Jean-Baptiste Colbert ein neuartiges Wirtschaftssystem, das den kostspieligen Apparat in Gang halten sollte. Ein Baustein darin war Frankreichs Beteiligung am Asienhandel, mit dem es bislang nicht sonderlich gut geklappt hatte, weil der Erzfeind England mit seiner starken Flotte immer wieder die Nase vorn hatte. Trotz langer Küstenlinie fehlte den Franzosen ein wirklich tauglicher Hafen am Atlantik. Eben diese Rolle sollte nun Port-Louis an der geschützten Bucht des Blavet übernehmen. Colbert gründete dort eine Ostindienkompanie und schützte ihren Sitz mit einer Zitadelle. Etwa ein Jahr benötigten die Schiffe von dort bis zu ihrer wichtigsten Faktorei Pondicherry an der indischen Südostküste. Die Unterwasserwelt entlang der Route ist Thema des *Musée de la Marine*, während das *Musée de la Compagnie des Indes* den Indienhandel beleuchtet. Beide Museen befinden sich in der Zitadelle und sind gute Gründe, einen Halt in Port-Louis einzulegen (www.musee-marine.fr).

Die Stadt, die man auf der anderen Seite des Blavet sieht und mit der Fähre von Port-Louis aus erreicht, bie-

einstigen U-Boot-Bunker), im *Grand Théâtre,* im Fischereihafen *Keroman,* in der Uni oder im Festzelt in *Kergroise.* Höhepunkt des gesamten Festivals ist die *Grande Parade des Nations Celtes,* die über mehrere Kilometer durch die Stadt zieht.

Ansonsten besitzt Lorient besonderen Reiz für geübte Taucher, denn vor der Küste liegt eine ganze Armada versenkter Schlachtschiffe am Meeresgrund. Ein ungleich bequemer zu erreichendes Pendant wäre der malerische Schiffsfriedhof von Kerhervy im Vorort Lanester. Für Bretonen haben Schiffe eine Seele, man gönnt ihnen also eine letzte Ruhestätte, anstatt sie brachial auszuschlachten. So liegen dann auch dort am Blavet seit dem frühen 20. Jahrhundert die erschöpften Recken einer vergangenen Ära. Ende Juni sind sie Kulisse eines Festivals (http://festival.kerhervy.com). Aber auch eine literarische Vorgängerin von Dupin, Kommissarin Mary Lester, war mit den hölzernen Gerippen vertraut. »Les Bruines de Lanester« heißt der Krimi, mit dem der bretonische Autor Jean Failler 1992 eine lange Romanserie um Mary Lester eröffnete.

Gwennyn Louarn
Legenden singen

Ein geschlossenes keltisches Volk oder gar eine Nation hat es wohl nie gegeben, vielmehr nur einzelne, weit über Europa verstreute Stämme mit verbindenden Kulturelementen, darunter die Sprache. In Frankreich hat der zentralistische Staat das Bretonische gezielt unterdrückt, bis nur noch im Finistère Enklaven blieben. In den 1960er-Jahren erstand ein Verein namens Diwan, *der sich um Wiederbelebung bemühte und die Gründung von Vorschulen mit ausschließlich bretonischem Unterricht forderte. Auch die Eltern der Sängerin Gwennyn Louarn gehörten der Bewegung an. »1974 wurde ich in diese Entwicklung hineingeboren. Bretonisch war meine erste Sprache, Französisch kam erst später hinzu. Meine Schulerziehung begann bei Diwan in Rennes.« Damit ist Gwennyn zweifellos eine besonders authentische keltische Musikerin. Für ihre weitaus besser bekannte Kollegin Nolwenn Leroy hat sie 2012 das bretonische Lied »Ahès« geschrieben und später mit »Avalon« eine CD publiziert, die komplett auf keltischen Legenden beruht. »Während meiner gesamten Kindheit hat meine Großmutter mir diese Legenden erzählt. Für mich wurden sie damit zur Historie. Imaginäres und Reales verschmelzen, man weiß nie, ob etwas noch Wahrheit ist oder nicht mehr.« Dass ihre bretonischen Texte von den meisten Zuhörern gar nicht verstanden werden, erachtet Gwennyn als unerheblich. »Es ist die Musik, die zählt. In meinem Fall eine Musik zum Hineinhorchen. Gefühle passieren vor der Sprache. Außerdem ist Bretonisch eine melodiöse Sprache, die sich gut in die Rhythmen schmiegt.« Spektakuläre Auftritte von Gwennyn gab es bei den* Vieilles Charrues *in Carhaix-Plouguer, bei den* Tombées de la Nuit *in Rennes und 2017 beim* Festival Interceltique *in Lorient, als dort auch die Britin Amy Macdonald auftrat.*

Île de Groix

Ab fünfzehn Euro legt man auf den Tisch des Hauses *Escal'Ouest* (www.escal-ouest.com), dann ist der Deal perfekt: eine 45-minütige Überfahrt mit dem Schnellboot vom Gare Maritime in Lorient zur Insel Groix, Rückfahrt inbegriffen. Und was gibt es dort zu sehen? Nur 8 mal 2,5 km misst die Insel, man kann sie vom Fähranleger Port Tudy auf einem 25 km langen Wanderweg umrunden. Unterwegs trifft man auf ein Schutzgebiet für Seevögel an der Pointe de Pen-Men, dann auf den imposanten Felseinschnitt Trou de l'Enfer und an der Pointe des Chats auf ein weiteres Schutzgebiet, das aber nicht Vögel, sondern Mineralien behütet. Plage des Grands Sables heißt schließlich der bilderbuchschöne Strand am Ende der Wanderung. Was Dupin immer wieder anmerkt: Die Bretonen haben den Hang zum Superlativ und Alleinstellungsmerkmal und pochen hier darauf, dass dies Europas einziger konvexer Strand sei – was dem Besucher allerdings keine Vorteile verschafft. Zurück in Port Tudy, kann man am Kirchplatz täglich bis 13 Uhr den Fischmarkt erleben und nach der Wetterfahne hoch oben auf der Kirche Ausschau halten. Sie stellt ausnahmsweise keinen Hahn dar, sondern einen Fisch, der daran erinnert, dass von Port Tudy einst die Thunfischfänger ausliefen. Die ehemalige Fischkonservenfabrik beherbergt heute ein Museum zur Inselgeschichte. Dass auch Claude Monet ein Kapitel dazu beigetragen habe, beruht auf einer Verwechslung. Denn es war Monets Zeitgenosse Henry Moret, der impressionistische Gemälde der Insel hinterließ. Seinen Sujets ist man bei der Inselrunde begegnet, nur die Thunfischflotte, die auch der Kollege Paul Signac malte, gibt es nicht mehr.

Gauguins Zuflucht an der Laïta

»Es war Viertel nach zwölf, als Dupin in Le Pouldu ankam, er hatte die Strecke in siebenundzwanzig Minuten geschafft, er hatte Riwals knallroten Renault schon von Weitem gesehen, er stand genau neben dem Ortsschild, so nah, dass es aussah, als habe er das Schild gerammt. ›Le Pouldu‹, darunter der keltische Name: ›Poull du‹, schwarzes Meer. Und in ebenso großer Schrift: *Der Weg der Maler.* Das war der Marketing-Spruch geworden, für den man, Dupin erinnerte sich genau, über eineinhalb Jahre einen Wettbewerb ausgeschrieben hatte; die Bretagne hatte beschlossen, mit breiterer Brust auf ihr künstlerisches Erbe hinzuweisen – da nun aber sehr viele Maler in der Bretagne an sehr vielen Orten gewesen waren, war das Schild jetzt folglich sehr viel zu sehen.« *Bretonische Verhältnisse, Seite 265*

Nach unserer Station auf der Belle-Île kommen uns Begegnungen mit berühmten Künstlern fast alltäglich vor. In Le Pouldu würde man ein solches Rendezvous dennoch nicht erwarten. Zu weit abseits der Hauptrouten liegt der Ort westlich der ihrerseits schon kaum besuchten Laïta-Mündung. Doch genau diese Abgeschiedenheit war für Paul Gauguin der Grund, sich im Oktober 1889 dort für einige Monate in der *Buvette de la Plage* einzuquartieren.

Gauguins Pension in Le Pouldu

Pont-Aven, das er bei früheren Aufenthalten in der Bretagne ruhiger erlebt hatte, war ihm zu betriebsam geworden (s. S. 117 ff.). Für Kommissar Dupin ist diese Buvette am Strand der zentrale Bezugspunkt bei seiner Suche nach einem Gauguin-Gemälde, das in einem nahen Schuppen versteckt sein soll.

Die Originalpension, in der Gauguin und seine Malerkollegen Paul Sérusier, Meyer de Haan und Henry Moret wohnten, ist heute ein Café. Das *Maison-Musée* wenige Meter weiter an der Straße wurde exakt einhundert Jahre nach Gauguins Einzug in die benachbarte Buvette mit Nachbildungen des einstigen Inventars als Museum hergerichtet (10, Rue des Grands Sables, https://maisonmusee gauguin.blogspot.com). Weil den Malern das Geld für

Kost und Logisfehlte, beglichen sie ihre Rechnungen mit Gemälden. So kam die Pensionsinhaberin Marie Henry (1859–1945) in den Besitz von Bildern, die später ein Vermögen wert waren. Während Marie mit Gauguin nicht allzu gut klarkam, verliebte sie sich in Meyer de Haan, der sie aber vor der Geburt einer gemeinsamen Tochter verließ. Im April 1891 reiste Gauguin nach Tahiti ab, wo er seinen Lebenstraum verwirklichen wollte. Drei Jahre später veranlasste ihn der gestiegene Wert seiner Arbeiten zur Rückkehr in die Bretagne mit dem Plan, jene Gemälde, die er allzu leichtfertig hergegeben hatte, wieder in seinen Besitz zu bringen. Einen Rechtsstreit gegen Marie Henry verlor er jedoch. Lange nach Gauguins Tod, um 1924, ließ Marie den Großteil ihrer Sammlung durch ein Pariser Auktionshaus versteigern.

Riec-sur-Bélon mit dem Bistrot de Rosbras

Die schnellere Reise von Lorient Richtung Westen hätte über Quimperlé geführt, das außer hübschem Renaissancefachwerk noch eine gotische und eine romanische Kirche zu bieten hat. In bezaubernder Umgebung an verträumten Wasserläufen rings um den Ort stehen weitere Kirchen, Abteiruinen und Kapellen, denen man eine eigene Tagestour widmen könnte. Beschränken wir uns hier auf ein Exempel: die Abbaye St-Maurice-de-Carnoët. Diese Abtei am idyllischen Unterlauf der Laïta, 7 km nördlich von Le Pouldu, war 1177 von Zisterziensern gegründet und erst kurz vor der Revolution verlassen worden. In den wilden Jahren nach 1789 diente sie als Steinbruch, aber die Blessuren sind nach denkmalpflegerischer Hochleistung inzwischen zu einem großen Teil beseitigt und die Abtei von einem herrlichen Park umgeben (https://abbayesaintmaurice.blogspot.com).

Austern am Bélon

»›Sie wissen nicht viel über die Austernzucht, oder?‹, die Frage war nicht hämisch formuliert gewesen, Kolenc seufzte jetzt dennoch hörbar.
Dupin hatte nicht die allergeringste Ahnung von Austernzucht; sicher hatten ihm in den letzten fünf Jahren etliche Leute etliche Male etwas darüber erzählt, aber er hatte ebenso sicher oft nicht zugehört; allgemein war das eine seiner größten Stärken: das mehr oder weniger elegante Nicht-Zuhören, wenn ihn etwas nicht interessierte.

›Sie müssen die Reproduktion, die Zucht und die Veredelung unterscheiden.‹
›Ja?‹
Dupin wollte vor allem das mit der Veredelung verstehen.
›Die Reproduktion findet nur in wenigen Gebieten statt, in der Bretagne zum Beispiel in Cancale oder in den Parks zwischen dem Couesnon und der Loire. Dann weiter unten am Atlantik, im Arcachon-Becken. – Die Creuses kommen mit achtzehn Monaten zur Zucht zu uns, einschließlich der Veredelung. Das dauert noch mal achtzehn Monate. Die Plates holen wir, wenn sie ausgewachsen sind – nur noch zur Veredelung. Zur richtigen Veredelung.‹« *Bretonischer Stolz, Seite 143*

Wir unterbrechen Mr. Kolenc an dieser Stelle, denn was er über Austern zu berichten hat, gerät ins Wissenschaftliche. Wichtig für die Allgemeinheit ist auch eher, dass zwei Fraktionen wohl für alle Ewigkeit bestehen werden: die einen, die von der Austernspeise nicht genug bekommen können, und die anderen, die es schon beim Anblick ekelt. Auch Dupin hat da seine Anlaufschwierigkeiten, aber »er fand das Äußere des Schalentieres sehr hübsch, die dunkle, schrundige, scharfkantige Schale in aparten Grautönen, die die Austern wie bizarre Steine aussehen ließen. Die Schale von innen war noch hübscher, das schillernde Perlmutt«. Diese Diskrepanz zwischen Äußerem und Innerem spiegelt auf erstaunliche Weise das Wesen der Orte, die von der Austernzucht leben. Mögen sie auch eine beliebte Delikatesse in die Welt hinaus befördern, präsentieren sie sich doch äußerlich in genau dieser »schrundigen Schale in aparten Grautönen«.

»Port Bélon lag in der Mündung des Bélon, der hier, nur noch ein paar Hundert Meter vor dem offenen Atlantik, bereits sehr breit war. Bei Flut schob der Atlantik sein Wasser kilometerweit ins Land hinein. Von der anderen Seite, vom Land, kam der Bélon, der als Bach durch bilderbuchartige Wiesen und Wälder floss, über dunkle, nährstoffreiche Böden, von denen er immer ein wenig mittrug. Bei Le Guily, wo es noch acht Kilometer bis zum Meer waren, floss er als kleiner Bach unter einer malerischen Brücke hindurch und war auf der anderen Seite jäh ein Fluss, ein Meeresfluss. Süße und salzige Wasser mischten sich in immer wechselnden Verhältnissen. Und etwas Einzigartiges entstand.«
Bretonischer Stolz, Seite 35

Ansonsten wäre über Port Bélon zu sagen, dass es zur Gemeinde Bannalec gehört, die uns wegen ihrer Namensgleichheit mit dem Autor Jean-Luc Bannalec auffällt. In der Verfilmung von »Bretonische Geheimnisse« taucht kurz ein Straßenschild Richtung Bannalec auf, das aber real nicht an dieser Stelle stehen kann. Dupin fährt telefonierend an der Kirche von Tréhorenteuc vorbei, die sich im Wald von Paimpont befindet (s. S. 349), passiert aber noch während des Gesprächs das Schild, das eine Kommunalstraße markiert. Solche C-Straßen sind indessen kurz und queren keine Departement-Grenzen, was in diesem Fall erforderlich wäre.

Doch zurück zum Austernhafen: *Vedettes Aven Bélon* bieten von der Mole in Pont Bélon aus Minikreuzfahrten Richtung Pont-Aven an, die man sich nicht entgehen lassen sollte (www.vedettes-aven-belon.com). Der Landweg führt derweil etwa 2 bzw. 4 km nach Süden zu den Stränden Kerfany-les-Pins und Trenez, Nebenschauplätze des vierten Bandes, weil Inspektor Kadeg dort Sandräubern nachstellt. Auch im echten Leben werden an vielen Küsten, nicht nur Frankreichs, Sand und Kies für die Bauindustrie gestohlen, der weltweite Bedarf beläuft sich auf immerhin 40–50 Mrd. Tonnen. Wie betrüblich es wäre, wenn die Strände durch illegale Machenschaften ihrer Pracht beraubt würden, können Badeurlauber leicht nachempfinden. Noch aber steht die *Auberge de la Mer*, ein kleines Traditionsrestaurant in Traumlage am Strand von Kerfany, das mit seiner Südwestausrichtung den perfekten Rahmen für ein Abendessen bei Sonnenuntergang liefert. Dupin hat allerdings andere Prioritäten:

»Obwohl ganz Port Bélon berückend schön war, so war die direkt in den Fluss gebaute Terrasse des *La Coquille* vielleicht der berückendste Platz hier. Man saß auf Barhockern entlang einer Theke aus Holzplanken, an deren Ende ein echter Schiffsmast emporragte und stolz die bretonische Flagge trug; im überdachten Teil der Terrasse waren die beiden Meerwasserbecken eingelassen. Man blickte auf den Bélon, seine allerletzte Strecke vor dem offenen Atlantik, die sich kein Maler pittoresker hätte ausdenken können: Von beiden Seiten fielen dicht bewaldete Hügel sanft zum Fluss hinab, gleichmäßig, symmetrisch nahezu. Jede einzelne Baumspitze zeichnete sich scharf vor dem Himmel ab. Eine perfekte Inszenierung der Natur. Dahinter begann das gewaltige Meer. Dupin blickte Richtung Westen, die Sonne stand noch deutlich über dem Horizont, hatte aber bereits angefangen, den Himmel um sie herum einzufärben. Die orange Stunde hatte begonnen.« *Bretonischer Stolz, Seite 50/51*

La Coquille ist mehrfach Schauplatz in Dupins viertem Kriminalfall, doch vor Ort sucht man dieses Restaurant vergebens, denn das Haus am anderen Ufer des Bélon trägt in der Realität den Namen *Chez Jacky* (s. S. 115). Gar nicht weit vom Haus, nahe der Landspitze Pointe de Penquernéo, wird in »Bretonischer Stolz« die erste Leiche gefunden. Weil der Fundort aber nicht exakt beschrieben wird und der Tote auch gleich wieder verschwindet, lohnt die Suche nicht weiter. Wenden wir uns lieber den greifbaren Objekten zu, etwa dem *Château de Bélon,* das im Buch beschriebene Herrenhaus aus dem 18. Jahrhundert. So wie es etwa im Bordelais die Weinschlösser gibt, ist dies seit 1864 quasi ein Austernschloss. Dort ist man herzlich zum zünftigen Probieren an Holztischen mit Blick auf den Bélon eingeladen (https://belon.bzh). Adresse all dieser Schauplätze ist **Riec-sur-Bélon,** der Hauptort gleich nördlich der Flussmündung, wo sich am Kirchplatz Nadège und Julien Le Quintrec einen beachtlichen Ruf als Bäcker erworben haben. Aus ihrer *Petite Boulangerie,* die auch Dupin kennt, ist mittlerweile die Holding

Terrasse des Château de Bélon

N&J mit Niederlassungen in anderen Orten Frankreichs erwachsen. Zugleich hat der einst verträumte Stammsitz in Riec sein nostalgisches Flair verloren. Auch die Fromagerie von Isabelle und Patrick Baratte, wo laut Dupin »die allerbesten Käse Frankreichs verkauft« wurden, hat ein neues Kapitel aufgeschlagen. »Man hat ja gar nicht mitbekommen, wie die Zeit verging. Unsere Kunden brachten ihre Kinder mit, dann ihre Enkelkinder«, so erzählten die Barattes 2018 in der *Ouest-France,* als sie in Rente gingen. Dabei passte ihr Familienname so glänzend zu ihrem Gewerbe: *Beurre de baratte* ist handgeschlagene Rohmilchbutter

Dupins spezielle Empfehlung

Der Welt schönster Platz, um Austern zu essen

Fluss und Meer, Süßwasser und Salzwasser, Land oder: ganz Ländliches, Küste oder: kräftig Atlantisches – alles mischt sich auf diesem Spaziergang von Port Bélon bis zur Bélon-Mündung. Hin und zurück sind es vielleicht zwei Stunden, immer am Bélon entlang. Bei Flut strömt der Atlantik kilometerweit ins Land, bei Ebbe plätschert der Fluss in einer schmalen Rinne bis zum Meer. Eine typische Landschaftsform der Bretagne: diese weit ins Landesinnere reichenden Meeresarme, fjordartig, aber anderen Ursprungs. Mit steigendem Meeresspiegel hat sich der Atlantik in den letzten paar Tausend Jahren immer tiefer in Bach- und Flusstäler gefressen und solche Rias geschaffen. Meist sind sie flach, anders als Fjorde.

Allenthalben am Bélon zu entdecken: krass gelb blühender Ginster, lila Heide, alle Grüntöne, die es gibt. Ein Spaziergang wie durch einen wilden botanischen Garten. Der Weg windet sich hin und her, auf und ab, bis Sie die Mündung erreichen. Dort ist dann alles purer Atlantik, die gigantische Brandung rollt gegen die Steilküste. Sie stehen 20, 30 m über dem Meer, die Felsen sind ideal für ein Picknick, vorzugsweise mit Brot aus der Bäckerei N&J *in Riec-sur-Bélon* *(s. S. 111)**. Wenn das Wetter es will, reicht der Blick bis zu den Glénan! Wer außer uns Menschen den Bélon innig liebt: die Austern. Hier vermischen sich grünes und blaues Plankton, grüne und blaue Aromen. Das macht die Austern überaus speziell. Und weltberühmt. Zurück in Port Bélon nehmen Sie Platz an den einfachen Holztischen des* Château de Bélon *und genießen eben jene besonderen Austern (unbedingt die* plates*). Der Blick von dort folgt dem Funkeln des Bélons bis zur Mündung. Unvergesslich, alles!*

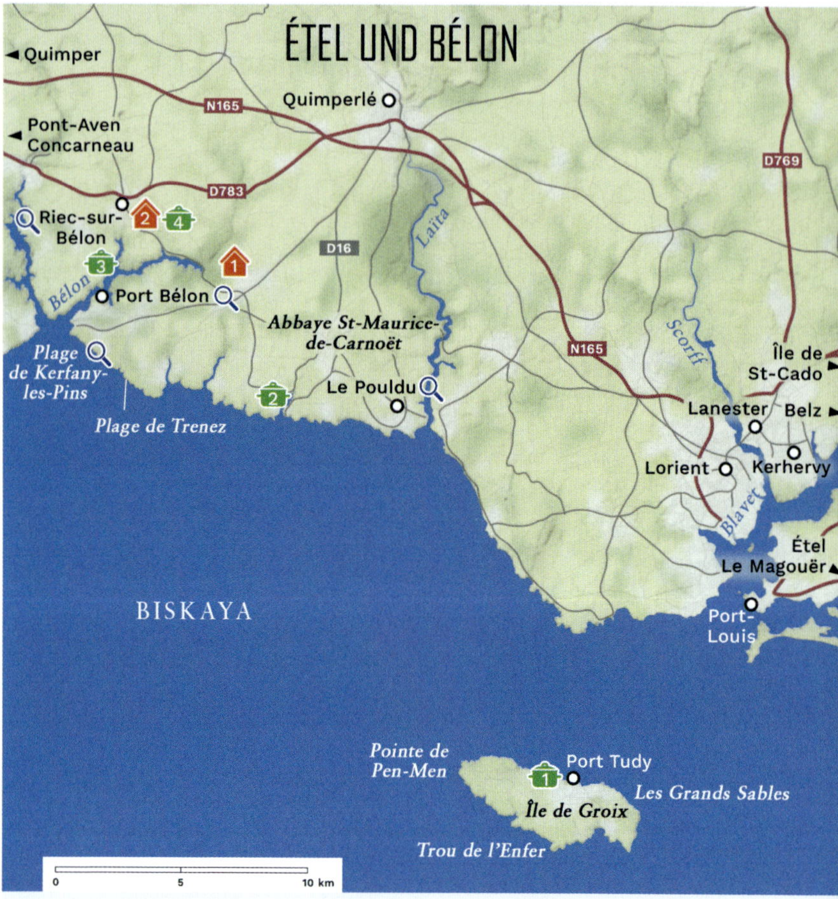

Tipps für Genießer

Unterkunft

1 Manoir de Kertalg: *Ganz exakt beschreibt Dupin den Weg zur Lichtung im Eichenwald nicht, aber er erwähnt die Pont de Guily, die Brücke über den Bélon. Davor und dahinter gebe es Abzweige in den Wald hinein, in dem sich heutige Druiden auf das Festival* Interceltique *in Lorient* *(s. S. 98–100)* *vorbereiten. Ein Hinweisschild an der D24 führt zum mitten im Wald gelegenen* Manoir de Kertalg, *ein traumhaftes Herrenhaus aus dem 17. Jahrhundert mit Park.*

Le Guily, Route de Riec, Moëlan-sur-Mer, www.manoirdekertalg.com, DZ ohne Frühstück ab 178 €, bei drei Übernachtungen ist die dritte Nacht gratis

2 Ty Ru: *Eine adrette Bleibe im Zentrum von Riec mit Garten, moderaten Preisen und einem ordentlichen Restaurant.*

10, Rue François Cadoret, Riec-sur-Bélon, www.letyruriec.fr/, DZ ohne Frühstück ab 70 €, Menü ab 28,50 €

Essen

1 Les Fumaisons: *An Holztischen mit Blick auf den Hafen von Groix gibt es ausschließlich Geräuchertes: Lachs, Thunfisch, Makrelen.*

Quai de Port Tudy, Île de Groix, www.fumaisons-iledegroix.fr, Probierteller ab 16 €

2 Le Trois-Mâts: *Die Terrasse des Hauses verbindet Gemütlichkeit mit einem herrlichen Blick über die Bucht und auf den kleinen Ort mit seinem grün-weiß gestrichenen Leuchtturm. Man hat die Wahl zwischen Bar und Restaurant, Tapas gibt es in beiden, Livemusik nur in der Bar. Rumpsteak oder Seeteufel nach kambodschanischer Art in Kokosmilch zählen zu den Freuden im Restaurant.*

Port de Rive Droite, 4, Place de la Coopérative, Clohars-Carnoët, www.letroismats29.fr, Menü ab 32 €

3 Chez Jacky: *Die Lage am Bélon ist unschlagbar, wie Dupin berichtet. Wenn er dem Rat seiner Mitarbeiterin Nolwenn folgt und sich zur Austernkur entschließt, kostet ihn das in diesem Restaurant 60 € täglich: morgens, mittags und abends je ein Dutzend Austern der teureren Sorte* plates. *Auch der Rest der Speisekarte ist gut gefüllt mit Meeresfrüchten, die dem Wasser gleich vor der Nase entstammen. Fisch gibt es auch, aber nur den Fang des Tages. Da spielt der Zufall mit.*

Rue du Port de Bélon, Riec-sur-Bélon, www.chez-jacky.com, Menü ab 45 €

4 Le Welcome: *Mal ganz ohne Chichi geht es in diesem Haus zu, das alle Qualitäten eines britischen Pubs aufweist und obendrein eine Terrasse am hübschen Kirchplatz von Riec besitzt.* Frites uniques, *schwärmt manch ein französischer Gast und bezieht sich darauf, dass die Pommes in Rinderfett statt Palmöl frittiert werden. Seltsam, vom vorzüglichen Entrecote spricht Dupin gar nicht.*

12, Place de l'Église, Riec-sur-Bélon, www.facebook.com/le.welcome.riec.sur.belon, Menü ab 23 €

Feste

Festival Interceltique: *Musiker, Tänzer, Schauspieler, Poeten und allerlei andere Künstler treffen sich in der ersten Augusthälfte zu einem zehntägigen Fest der keltischen Kultur. Lorient wurde erst in den 1970er-Jahren Austragungsort, während ein Vorläufer des Fests schon 1927 in Riec-sur-Bélon stattfand. www.festival-interceltique.bzh*

Mehr Infos

Office de Tourisme:
45, Boulevard Cosmao Dumanoir, 56100 Lorient, T 02 97 84 78 00, www.lorientbretagnesudtourisme.fr

Office de Tourisme:
3, Place Charles de Gaulle, 29300 Quimperlé, T 02 98 39 67 28, https://www.quimperle-lesrias.bzh

Foto rechte Seite: Gauguin-Denkmal im Zentrum von Pont-Aven

PONT-AVEN UND UMGEBUNG

Nafea faa ipoipo. Ohne es zu ahnen, ohne Kunstkenner zu sein, stolpert Kommissar Dupin 2012 mit seinem ersten Fall »Bretonische Verhältnisse« mitten hinein in das Werk eines der größten Künstler der Belle Époque. Paul Gauguin, der sich zu Lebzeiten mit seinen Gemälden nur eben so über Wasser halten konnte, landete 2015 den bis dahin gewichtigsten Coup der Kunstgeschichte, als sein Porträt zweier Polynesierinnen für geschätzte dreihundert Millionen Dollar ins Emirat Katar wechselte. Gauguin hatte es nach der Rückkehr von seiner ersten Südseereise einem Pariser Händler für 1500 Franc in Kommission gegeben. Der Titel des 1892 gemalten Werks: *Nafea faa ipoipo: Wann heiratest du?* Kunstexpertin Marie Morgane Cassel liegt also sicher nicht falsch, wenn sie einen bislang unbekannten Gauguin auf vierzig Millionen Euro taxiert.

Gastauftritt einer Lichtgestalt

»Pont-Aven war die reine Idylle. Der letzte Mord in dem pittoresken – für Dupins Geschmack viel zu pittoresken – Dorf, das Ende des 19. Jahrhunderts durch seine Künstlerkolonie, vor allem natürlich durch Paul Gauguin, ihr prominentestes Mitglied, weltweit berühmt geworden war und sich nun in jedem Reiseführer Frankreichs und jeder Geschichte der modernen Kunst wiederfand, musste Ewigkeiten zurückliegen.«
Bretonische Verhältnisse, Seite 15

Es trifft zu, was der strafversetzte Kommissar Dupin über das bretonische Dorf am Aven denkt. Die Idylle dort reicht aus, um mit wenigen Umbauten wichtige Episoden aus Gauguins Leben leinwandgerecht hinzubiegen. Nur den Touristen müsste man für die Dauer der Dreharbeiten Hausverbot erteilen, denn der Eintrag »in jedem Reiseführer Frankreichs« hat seine Konsequenzen. Wer es geruhsamer mag, kommt in der Nebensaison.

Zweierlei wird heute gern verklärt, wenn man sich das Pont-Aven zur Zeit Gauguins ausmalt. Zum einen ist es das Bild eines damals verwaisten Dorfes, zum anderen die Idee, dass dort nur die Crème de la Crème der Kunstszene ans Werk ging. Als Gauguin im Juni 1886 erstmals anreiste, hatte er dreizehn unspektakuläre Malerjahre hinter sich, während der Ort selbst bereits vor Suchenden wie ihm überquoll. Türöffner der Künstler war der 1863 vollendete Bahnhof von Quimper. Von dort schwärmten sie in Scharen aus, keineswegs alle ins 35 km entfernte Pont-Aven. Und viele mit der profanen Absicht, gefällige

Genreszenen und Landschaften für den Massenverkauf daheim zu produzieren. Weil dieses »daheim« für viele Besucher in Amerika lag, sprachen die Bretonen kurzerhand von »*les américains*«.

Tummelplatz Gastronomie

Place Paul Gauguin heißt heute der ehemalige Place Municipale, auf dem eine Büste des berühmten Künstlers steht. Kommissar Dupin treibt bei seinem ersten Fall ein kleines Verwirrspiel, indem er abweichende Namen für Hotels, Pensionen und Personen vergibt:

»Das *Central* lag am Place Paul Gauguin, dem kleinen hübschen Hauptplatz des Ortes, es war ein schönes, strahlend weiß gestrichenes Gebäude, vom Ende des 19. Jahrhunderts. Man sah ihm in allem an, dass es die ganzen Jahrzehnte über liebevoll und sorgfältig gepflegt worden war. Es lag direkt neben dem deutlich größeren *Hotel Julia*, dem berühmten Hotel der Julia Guillou, das später zur Bürgermeisterei geworden war und in dem sich seit einigen Jahren ein Teil des Kunstmuseums von Pont-Aven befand.« *Bretonische Verhältnisse, Seite 39*

Vor Ort verhalten sich die Dinge etwas komplizierter. Pension Gloanec ist noch auf einem betagten Haus dicht bei der Granitbrücke über den Fluss Aven zu lesen. Mittlerweile dient das Gebäude als *Maison de la Presse* dem Verkauf von Büchern und Zeitschriften. Atmet schon der gut sortierte Laden im Erdgeschoss Geschichtsschwere, so gewährt die erste Etage Zugang zum Künstlerleben im 19. Jahrhundert, denn dort befanden sich die Zimmer, in denen die Künstler schliefen. Mit ihren wenigen Betten war die 1860 eröffnete Pension des Ehepaars Gloanec als Unterkunft nur bedingt tauglich. Aber die Kochkünste von Marie-Jeanne – Gloanec lautete ihr Nachname im richtigen Leben, Pennec heißt sie bei Dupin – machten die Adresse bekannt für gutes und preiswertes Essen, an dem sich die Künstler an einem langen Tisch selbst bedienten. Die Wände von Wohnküche und Speisesaal im Erdgeschoss waren gespickt mit Zeichnungen und Gemälden, die als Bezahlung oder zumindest Pfand akzeptiert wurden. Wer Bargeld besaß und Glück bei der Reservierung hatte, zahlte 60 Francs im Monat für Unterkunft

In dieser Pension wohnten die Maler

und zwei Mahlzeiten täglich – womit sich ermessen lässt, was die erwähnten 1500 Francs für Gauguins *Nafea faa ipoipo* bedeuteten. Andere Gäste wohnten über das Dorf verstreut, hatten aber zwei Vorzugsadressen: die Amerikaner und Briten das *Hotel des Voyageurs*, die Franzosen das *Lion d'Or.*

Marie-Jeanne, die gute und geschäftstüchtige Seele, hatte 1892 mit ihren laienhaften Kunstspekulationen genügend auf der hohen Kante, um wenige Schritte entfernt ein neues Hotel am heutigen Place Julia zu bauen. Mittlerweile trägt es den bereits legendären Namen Ajoncs d'Or und ist Vorbild für das *Hotel Central* im Krimi. Gauguin hat sowohl in der Pension wie später auch im neuen Hotel gewohnt. Denn er kam 1888 ein zweites Mal nach Pont-Aven, 1889 bis 1891 ein drittes und 1894 ein viertes Mal. Der letzte Aufenthalt war allerdings schwer belastet, weil der Maler einen Knöchelbruch zu kurieren hatte. Als ewiger Hitzkopf war Gauguin in Concarneau verprügelt worden (s. S. 148). Da ans Verkaufen der eigenen Bilder in diesem Zustand kaum zu denken war, nutzte er diese erneut, um Rechnungen zu begleichen. Und damit stellt sich die Schlüsselfrage für Dupins ersten Fall: Wäre es denkbar, dass unter den vielen Bildern, die die Künstler vor über einem Jahrhundert im *Ajoncs d'Or* zurückließen, auch ein Werk schlummert, für das es sich zu morden lohnt? Die heutigen Hotelinhaber Le Louët wiegeln auf diese Frage hin lächelnd ab. Aber es empfiehlt sich eine Mahlzeit im Haus, allein um die ausgehängten Werke zu begutachten. Das gelingt übrigens nicht im *Hotel Les Mimosas* am Quai Botrel, das für die TV-Verfilmung zum *Hotel Central* hergerichtet wurde.

Museale Träume

Der Aliasname Pennec für Marie-Jeanne und Mordopfer Pierre-Louis hat Vorzüge. Denn so zerreißt sich nicht gleich ganz Pont-Aven das Maul, wenn ein Familienmitglied feststellt, das Musée des Beaux-Arts de Pont-Aven sei »drittklassig und wird es immer bleiben«. Schließlich investierte manch eine bemühte Seele reichlich Herzblut in den Versuch, genau das zu vermeiden. Man muss wissen, dass die Erinnerung an Pont-Avens große Zeit nicht durchgängig lebendig war, sondern in den Weltkriegen verblasste. Die einst florierenden Hotels erlebten eine Flaute, als Bretagne-Reisen danach eher ans Meer führten. Tatsächlich war es erst Gauguins 50. Todestag, mit dem 1953 der Schatz des Dorfes neu gehoben wurde. Besonderes Augenmerk richtete man damals auf das erwähnte *Hotel des Voyageurs*. Grundlagen für den einstigen Boom des Ortes hatte 1864 der amerikanische Maler Henry Bacon geschaffen. Bekannter und nachhaltiger wurde der Besuch Robert Wylies und seiner Schüler 1866. Elf Jahre später starb Wylie, er liegt nun neben Marie-Jeanne Gloanec auf dem Dorffriedhof. Da sich dort auch der große (kostenlose) Parkplatz für Touristen befindet, bietet sich ein kurzer Streifzug zu den Gräbern an.

Doch zurück zum *Voyageurs:* Richtig bekannt wurde es als *Hotel Julia*. Denn Inhaberin Julia Guillou (1848–1927) zog die Sache nach allen Kunstgriffen der Tourismusbranche auf. Sie erweiterte ihr Unternehmen schrittweise in Nachbargebäude, unterhielt ein Nobelrestaurant, organisierte für die Künstler Ausflugsfahrten per

Kutsche oder Boot und richtete ihnen eine Dependance in Port Manec'h (s. S. 131) her. Auch Pierre-Auguste Renoir war Gast bei Julia.

Ihr Imperium bestand über ihren Tod hinaus bis 1938, das *Hotel des Voyageurs* wurde später zur Bürgermeisterei und zeigte beste Eignung, 1985 auch Heimat des Kunstmuseums zu werden. Ein Museum ohne Werke, wie der *Figaro* vermerkte. Tatsächlich war in Pont-Aven herzlich wenig vom immensen Schaffen all der Künstler geblieben, sodass nun fleißig angekauft werden musste. Rund 3500 historische Postkarten finden sich heute im Bestand des Museums, dazu etwa tausend Grafiken und über vierhundert Gemälde. Flaggschiffe sind Gauguins Pastellzeichnung »Deux têtes de bretonnes« von 1894 und Sérusiers »Portrait de Marie Lagadu« von 1889. Im Jahr 2012, als »Bretonische Verhältnisse« erschien, begann vor Ort die Modernisierung des Museums. 2016 feierte man die Neueröffnung, verbunden mit dem Wunsch, die Besucherzahl von etwa 50000 auf 100000 jährlich zu steigern. Eine Nachbildung des Dorfes zu Gauguins Zeit hält hier noch die Anfänge der großen Bewegung wach (www.museepontaven.fr).

Talisman zwischen Keksen

Über das immense Gästeaufkommen im späten 19. Jahrhundert und die immerhin vierzig Wirtshäuser und Pensionen zu damaliger Zeit kann man trotz allem nur staunen.

Gauguin veranlasste dieser Trubel zum Umzug nach Le Pouldu (s. S. 104–106). Bei Gründung des Museums besaß Pont-Aven zwei Dutzend Galerien, mittlerweile ist es fast die dreifache Zahl. Dazwischen buhlen Konserven- und Keksmanufakturen um Käufer, bewahren alte Häuser entdeckungswürdige Erinnerungen an ruhmreiche Tage.

Gauguin kam im Übrigen als Impressionist nach Pont-Aven und ging als Synthetist. Die neue Stilrichtung – eine Fraktion des Symbolismus – hatte Gauguin gemeinsam mit dem Zimmergenossen Émile Bernard entwickelt. Um der Komposition willen verzerrte er Räume, versetzte Gebäude oder fügte Figuren aus anderem Kontext in seine Szene ein. Durch flächigen, kräftigen Farbauftrag und scharfe Kanten löste er sich von der naturnahen Bildwirkung und legte den Fokus auf die Formen. Das Schlüsselwerk dieses Stils malte allerdings nicht Gauguin selbst, sondern im Oktober 1888 Paul Sérusier nach dessen Anweisung: »Le Talisman.«

Dupins spezielle Empfehlung
Kunst und Genuss

Abseits der Hochsaison und allabendlich, wenn die Tagesgäste wieder fort sind, zeigt sich Pont-Aven als großartiger, wunderschöner, ja idyllischer Ort mit sehr hübschem Hafen und gewaltiger Kunstgeschichte. »Le droit de tout oser«, das Recht, alles zu wagen, hat Gauguin dort für die Kunst der Gegenwart reklamiert. Das örtliche Museum zeigt exzellente Wechselausstellungen, während Pont-Aven dank der Maison de la Presse Gloanec, *einst Pension der Maler, und der schon legendären Buchhändlerin Marie-Jo Le Gall inzwischen auch ein literarisches Zentrum ist.*

Profaneres gibt es in der Boutique de Pont-Aven *(Place de l'Hôtel de Ville), darunter ausgezeichnete Fleur-de-Sel-Mischungen: mit Piment d'Espelette, Pfeffer oder Ingwer (hervorragend für Fisch). Ebenso die* Épices Rœllinger *aus Cancale, Gewürze, die mit dem Seehandel in die Bretagne kamen und hier zu neuen Mischungen komponiert werden.*

Verlassen Sie den Ort nicht, ohne bei Marie und Lionel im Chez Émile *gegessen zu haben. Dieser Stammsitz an der Rue Émile Bernard schließt jeweils im Sommer, um den Betrieb ins* Bistrot de Rosbras *am Unterlauf des Aven zu verlegen. Bis tief in die Nacht sitzen Sie dort und träumen, vielleicht bei den* ravioles des langoustines, *die Marie zubereitet. Dupin schaut vorbei, wann immer er Zeit hat.*

Hinaus ins Grüne

Gewiss, nun möchte man sehen, wo einst die Maler ihre Motive auflasen – und muss dazu nicht weit gehen. Dass plötzlich so eifrig in der Natur statt im Atelier gemalt wurde, hing mit der Erfindung verschraubbarer Zinntuben 1841 zusammen. Sie ermöglichten es, Ölfarben wohldosiert und frisch vor Ort einzusetzen. Idyllische Sujets gab es vor der Haustür. Gleich gegenüber dem *Ajoncs d'Or* führt eine schmale Gasse zum Aven und dem Felsenmeer Poche-Menu. Über eine Brücke gelangt man ans rechte Flussufer mit einer Parkanlage entlang der hinreißenden Promenade Xavier Grall. Mordopfer Pierre-Louis Pennec nahm bei seinem täglichen Spaziergang den längeren Weg »die Hauptstraße hoch, dann rechts wieder runter zum Fluss und dann auf der rechten Seite des Ufers entlang. Am Ende des Ortes beginnt …«, berichtet Inspektor Kadeg in »Bretonisches Vermächtnis« und wird dann jäh unterbrochen. Es beginnt ebendiese herrliche Promenade, die mit ihrem dichten Bewuchs einen ganzen Vormittag erheitern kann. Namensgeber Xavier Grall (1930–1981) war ein bretonischer Journalist und Schriftsteller, ein echter Schwärmer mit Hang zu keltischem Erbe. »Rires et pleurs de l'Aven« heißt seine 1978 erschienene Hommage an das Künstlerdorf. Zu den *pleurs* (Tränen) wird er den Sänger Théodore Botrel (1868–1925) gezählt haben, Urgestein von Pont-Aven, auch er heute auf dem Dorffriedhof begraben. Nach Gralls Ansicht zeichnete der Chansonier in seiner »abgrundtiefen Idiotie« ein viel zu ärmliches Bild der Bretagne. Doch immerhin hat Botrel 1905 mit dem

Das Felsenmeer Poche-Menu

Fête des Fleurs d'Ajonc das erste Folklorefest der Bretagne organisiert (s. S. 138/139). An Grall erinnert derweil eine Gedenkplakette, darauf eine Tierfigur, die wegen zahlreicher Berührungen keinen Grünspan ansetzen kann. Dargestellt ist das weiße Hermelin, Wappentier der bretonischen Herzöge, das »sich eher töten lässt, als sein makelloses Fell zu beschmutzen«. Gilles Servats Lied »La Blanche Hermine« ist für viele Bretonen die inoffizielle Nationalhymne. Denselben Namen tragen zahlreiche bretonische Restaurants wie auch ein heimisches Bier. Für Dupin durchstreift ein Hermelin den Band »Bretonische Geheimnisse«, wo ab Seite 383 die Mystik um das Tier erläutert ist.

Parallel zur Promenade verläuft die Rue du Bois d'Amour und mündet nach einem knappen Kilometer ins romantische Herzstück der Flusslandschaft, den Bois d'Amour. Der »Liebeswald« mit seinen gealterten Baumriesen war für die Maler ein Magnet und ist es noch heute für Spaziergänger. Man schwärmte morgens aus und rückte die Staffelei vor das Motiv des Tages, wo dann hoffentlich kein ungebetener Kollege auftauchte. Gauguin entdeckte bei so einem Ausflug den – inzwischen markierten – Abzweig zur Renaissancekapelle von Trémalo und darin einen bäuerlich-naiv geschnitzten Christus aus bemaltem Holz. Diesem »Gelben Christus« aus dem 17. Jahrhundert, er hängt immer noch dort, fügte er in einem Gemälde von 1889 eine Szene mit betenden Frauen hinzu, die er an einem gänzlich anderem Ort porträtiert hatte. Das war die Methode des Synthetismus, quasi eine Vorahnung von Photoshop.

Nun ist es allerdings nicht der »Gelbe Christus«, den man – alternativ zu Sérusiers »Talisman« – als synthetistisches Schlüsselwerk erachten könnte, sondern ein älteres Gemälde von Gauguin: die »Vision nach der Predigt«. Für Dupin wird dieses Werk zum zentralen Rätsel.

Der Hafen und die Mühlen

»Das kleine Pont-Aven zerfiel auf erstaunliche Weise in zwei Teile. Den oberen Teil und den unteren am Hafen – genauer: in den Fluss und das Meer, die, obwohl sie so nah beieinanderlagen, ganz gegensätzliche Landschaften, Eindrücke und Stimmungen erzeugten. Er war sich sicher, dass auch dies die Künstler fasziniert hatte.« *Bretonische Verhältnisse, Seite 50*

In den Liebeswald geht es flussaufwärts, was viele Besucher lockt. Flussabwärts wandern nur wenige. Nicht weit von der alten Granitbrücke, die einstige Keimzelle von Pont-Aven, erstreckt sich am rechten Ufer über 320 m die Kaimauer des Hafens. In unseren Tagen dient er gerade noch als Liegeplatz für Freizeitboote, war aber mal ein bedeutender Umschlagplatz, insbesondere für Mehl, mit dem auch die Städte Nantes und Bordeaux versorgt wurden. Steuerbeamte, Händler und Müller wohnten direkt am Hafen, wo die ältesten Häuser des Ortes stehen – ganz wenige sogar noch mit dem traditionellen Reetdach. Doch warum das viele Mehl?

Auf seiner Schussfahrt Richtung Meer baut der Aven zwischen Granitblöcken mächtigen Wasserdruck auf. Das gab Energie für vierzehn Mühlen auf einer Strecke von nur 2 km – willkommene Sujets für die Maler. Aktiv waren die Wassermühlen bis ins frühe 20. Jahrhundert, die letzte schloss 1925. Holztafeln im Dorf erinnern an die Standorte. Ein einziger Betrieb, die modernere *Minoterie Le Dérout,* hält die Tradition noch aufrecht und verkauft ihr Mehl vor Ort. Mehrere Biscuiteries mit uralten

Wurzeln profitieren davon. Allein Traou Mad (»Die guten Dinge«) – der gleichnamige Hersteller hat seinen Sitz am Hafen – ist aus der Bretagne nicht wegzudenken, ein dicker, handgemachter Butterkeks, der mit Gauguin-Gemälden auf der Verpackung zum Superstar wurde.

Wilder Fjord des Aven

Mit dem Auto muss man sich landeinwärts halten, zu Fuß oder per Fahrrad aber kann man dicht am Ufer des Fjords entlang zum offenen Meer gelangen (ca. 12 km). Kommissar Dupin, der den Wagen nimmt, kennt auf halber Strecke ein verschwiegenes Fischerdorf, Kerdruc.

»Kerdruc war malerisch gelegen, die flachen Hügel entlang des Aven fielen hier sanft ab, die Straße schlängelte sich zum Fluss hinunter, schöne alte Steinhäuser, auch ein paar prachtvolle Villen standen eher vereinzelt in üppiger Vegetation. Palmen, Zwergpalmen, Lärchen, Pinien, Zitronenbäume, Rhododendren, Buchen, Hortensien, hochgewachsene Buchenhecken, Bambus, Kakteen, Lorbeer, buschige Lavendelsträucher wuchsen wild durcheinander, und typischer konnte keine Vegetation sein für die Bretagne.« *Bretonische Verhältnisse, Seite 235/236*

Dupins Adresse fürs Diner, *L'Auberge de l'Aven,* mit herrlicher Terrasse wurde nach Erscheinen des Krimis wegen eines (nicht gewaltsamen) Todesfalls geschlossen. Inzwischen ist das Haus als *Petite Auberge* wieder auferstanden, mit bewährter Rezeptur: kleine Karte, alles hausgemacht, moderate Preise. Man isst Steak-Frites, wenn's sein muss, sonst nach Dupins Beispiel Bélon-Austern und im Anschluss Seeteufel.

Manch einer wird es ahnen: Die Strecke am Aven entlang ist Teil des längst vertrauten Fernwanderwegs GR34, der weiterführt nach Port Manec'h. Seit 1906 stellten sich dort Sommergäste ein, einige bauten ihre stattlichen Feriendomizile mitten hinein ins ärmliche Dorfgeschehen. Gauguin war den Urlaubern zuvorgekommen, um die bretonischen Sardinenfischer und die Frauen mit ihren Spitzenhauben zu malen. In seiner Welt trugen alle Bretoninnen diese Tracht. Das stimmte schon damals nicht, verkaufte sich aber gut auf dem Pariser Kunstmarkt. Auch Julia Guillou, die versierte Gastronomin aus Pont-Aven, setzte das Ambiente von Port Manec'h in klingende Münze um. Gleich neben dem Leuchtturm verwandelte sie eine alte Festung in ihre *Villa Julia*. Außer dem Schauspieler Jean Gabin verbrachte dort auch die Leinwandikone Arletty einen Urlaub. Als ihr Meisterwerk »Die Kinder des Olymp« auf dem Schneidetisch lag, war Arletty als Kollaborateurin interniert. Sie hatte eine Affäre mit einem deutschen Soldaten gehabt – und es mutet schauerlich an, dass die Nazis auch die *Villa Julia* in Beschlag nahmen, nur um sie bei ihrer Flucht 1944 niederzubrennen. Geblieben sind dem Ort die weißen Badekabinen aus den 1920ern und selbstredend das Panorama.

Dupins spezielle Empfehlung

Wo die Seele sommerlich baumelt

Der reine Müßiggang, eine heitere sommerliche Tändelei der Seele. Drei dünne, schmale Palmen stehen auf dem feinen weißen Sandstrand von Port Manec'h, der ganze Ort eine reine Verkörperung atlantischer Sommerfrische, wie sie Ende des 19. Jahrhunderts erfunden wurde. Ein diskretes Örtchen direkt an der Mündung des Aven, mit einem eigenen kleinen Hafen und einem Strand, gesäumt von hübschen hölzernen weißen Strandkabinen. Alles versprüht den sehnsuchtsvollen Charme der grandes vacances! *Der Großteil der Häuser versteckt sich in üppiger Vegetation, es ist, als gehe man durch ein lichtes, mit ein paar Sträßchen durchsetztes Wäldchen. Gauguin, Maufra, Sérusier und die anderen Maler kamen gerne den Aven herunter bis hierher, man versteht es sofort: Licht und Farben sind exzeptionell, vor allem kurz vor Sonnenuntergang. Zu genießen ist das – und Köstliches zu essen und zu trinken – besonders gut auf der Terrasse der* Châtaigneraie *von Tonio Vieira, die auch Dupin sehr mag.*

Südsee an der Bucht von Rospico

Kaum war verbrieft, dass sich die Jardins de Rospico aus dem späten 20. Jahrhundert durch normalen Publikumsverkehr nicht kostendeckend betreiben ließen, setzten die Inhaber auf eine Zukunft als Event-Location. Hochzeiten zwischen Palmen und Euphorbien, bei Regen auch in den fantastischen Gewächshäusern, bestimmen seither das Treiben in den 5 ha großen Gärten. Aber der Höhepunkt ist *Jazz'y Krampouezh*, ein zwangloses Jazzfestival Mitte Juli, das von der Leichtigkeit der Musik und der Verträumtheit des Parks lebt (www.jazzy-krampouezh.fr).

Die mediterrane Flora der Jardins fügt sich in die Gegend, wo Anse de Rospico und Plage Tahiti mit weißem Sand aufwarten. Voilà, ein erlesener Fundort für die zweite Leiche in »Bretonische Verhältnisse«. Historischer Boden zudem, denn 1795 landeten an diesem Bilderbuchstrand zweitausend königstreue *chouans*, um im Gefolge der Revolution noch einmal, jedoch erfolglos, den Aufstand gegen die Republikaner zu proben. Nur 1 km im Hinterland lockt Kerascoët als Musterdorf mit reetgedeckten Häusern, das sich einst Bauern und Fischer teilten. 1993 hat man die kleine Siedlung liebevoll in traditioneller Manier restauriert. Außer den Dächern aus Stroh oder Schilf sind es die *mein zao*, die aufrechten Steine, die diese Bauweise in Frankreich einzigartig machen – und dieses Unikum hängt auf erstaunliche Weise mit den Mehlexporten von Pont-Aven zusammen. Denn mit der aufkeimenden Industrialisierung explodierte die Bevölkerung und die Landwirte mussten in aller Eile ihre Produktion in der Umgebung der Mühlen steigern. Hinderlich waren die Granitvorkommen auf dem Ackerland. Es entstand eine Symbiose, bei der die Fischer der Region zu Abnehmern der auf den Feldern gebrochenen Steinplatten wurden. Aufrecht nebeneinandergestellt, ergaben die Brocken robuste Wände für eigentlich bescheidene Wohnhäuser.

Das Musterdorf Kerascoët

Dupins spezielle Empfehlung

Gehobener und schlichter Genuss am Atlantik

Sonnenuntergangsmagie verzaubert das Cap Raguénez. Der Atlantik scheint die Terrasse des Ar Men Du *zu umfangen, im Glas ein bretonischer* H2B-Gin *mit Algen. Das familiäre Hotel (www.men-du.com) ist ein betörender Ort mit wunderbaren Gärten, aus denen Kräuter, Salate und Gemüse kommen, und mit einem hochklassigen Restaurant unter Leitung von Sternekoch Philippe Emanuelli. Stilsicherer Erfinder der ganzen Vision* Ar Men Du *aber ist Pierre-Yves Roué. Dupin kommt regelmäßig, er liebt das* menu homard, *denn nirgends isst man Hummer so gut wie hier. Oder er bestellt den unfasslichen, roh zubereiteten Barsch,* bar à la ligne *(mit der Schnur gefangen, nicht mit einem Netz). Ein anderer Philippe, Fischer der 5 km westlich gelegenen Pointe de Trévignon, hat den Barsch am Morgen aus dem Meer gezogen.*

An dieser rauen Landspitze Trévignon treffen Sie in der bodenständigen – also urbretonischen – Bar Le Noirot *das Jahr über die* gens du coin, *die Leute aus der Gegend. Im kleinen Hafen vor der Bar legen gegen 16 Uhr die Fischer an, um ihren Fang direkt vom Boot aus zu verkaufen. Später kehren sie bei Christine und Pascal Ollivier im* Noirot *ein und trinken frisch gezapftes bretonisches Bier. Den Hunger stillen gute Fritten und andere Snacks; im Sommer betreibt das Ehepaar eine klassische Bude. Nur einen Steinwurf entfernt befindet sich die vorzügliche Crêperie* La Marinière *von Emmanuel Charrue. Auf der hübschen Terrasse sitzt man 20 m vom Meer entfernt und bestaunt die Szenerie. Die Glénan-Inseln scheinen zuweilen so nah, dass man glaubt, hinüberschwimmen zu können. Dupins Crêpe-Favoriten:* complète poireau *oder* chèvre-miel.

Tipps für Genießer

Unterkunft

1 Les Ajoncs d'Or: *Das Eckzimmer im ersten Stock soll es sein? Das, so heißt es, bewohnte Gauguin 1894, nur blieb nach Umbauten vom alten Hotel der Familie Gloanec kaum mehr als die urige Fassade. Dahinter verbirgt sich eine Art klassische Moderne. Vor allem den Speisesaal zieren Bilder aus dem Nachlass Gloanec. Serviert werden bretonische Spezialitäten samt Meeresfrüchten wie* *auch ein üppiges Frühstücksbüfett, am besten belegen Sie dazu einen Platz auf der Terrasse. Die hauseigene Ölmassage indischer Art kostet leider kaum weniger als das Doppelzimmer.*

1, Place Julia, Pont-Aven, DZ ab 96 €, Menü 35 €

2 Domaine de Pont-Aven: *Wohlhabendes Klientel hinterließ oberhalb des Zentrums einige Villen mit guter Aussicht, so auch der Sänger Botrel. Heutige Attraktion auf dem Hügel ist die* Domaine de Pont-Aven *mit Park, Pool, Restaurant, umfangreichem Wellnessangebot und sogar einer eigenen Kunstgalerie.*

6, Rue St-Guénolé, Pont-Aven, DZ ab 125 €, Menü 37 €

3 Chaumière Roz Aven: *Eine* chaumière *ist ein Haus mit Reetdach, in diesem Fall immerhin aus dem 16. Jahrhundert und obendrein direkt am Fluss gelegen. Zur Tradition unter Holzgebälk im Stammhaus gesellt sich modernes Flair im Anbau, komplettiert durch Teestube, Garten und Terrasse.*

11, Quai Théodore Botrel, Pont-Aven, www.hotelpontaven.com, DZ ab 95 €

Essen

1 Moulin de Rosmadec: *Bis 1925 war diese letzte Mühle im Ort aktiv, davon künden zwei Mahlsteine. Später diente das verwunschene Granithaus als Crêperie und Ausstellungsraum, dann als Edelrestaurant, das 1933 als erstes im Finistère einen Stern einheimste. Kommissar Dupin war von der zweijährigen Schließung ab 2017 noch nicht betroffen. Inzwischen läuft der Betrieb wieder. Auf der Speisekarte stehen lokale Spezialitäten: Lachs aus dem Aven, Austern aus dem Bélon, Erdbeeren aus Plougastel.*

Venelle de Rosmadec, Pont-Aven, http://rosmadec.com, Menü ab 69 €

2 Le Talisman: *Auf den ersten Blick sieht man es nicht, aber die Tradition des Hauses reicht bis 1920 zurück – und das hat Einfluss auf die köstlichen Crêpes, ob süß als* froment *oder herzhaft als* blé noir. *Galettes sagt man zu der kräftigen Variante aus Buchweizenmehl in dieser Gegend nicht, zumal der Begriff in Pont-Aven reserviert ist für süßes Gebäck. Als »Talisman« steht die Spezialität des Hauses auf der Karte: ein Crêpe mit Tomaten, Champignons, Käse und Ei.*

4, Rue Paul Sérusier, Pont-Aven, Menü ab 12 €

3 NêzKfé: *»Ganz und gar unidyllisch« nennt der Kommissar das Café* Le Bulgare, *das er gleichwohl mag. Frühstück und eine kleine Auswahl an Speisen sind im Angebot. Nach einem Besitzerwechsel* NêzKfé *genannt, erinnerte der alte Name an ein Kuriosum: Man nennt die Bürger der Kleinstadt »Bulgaren«, möglicherweise deshalb, weil die zugewanderten Siedler Serben waren, die im Ersten Weltkrieg gegen Bulgaren gekämpft hatten.*

21, Place de l'Église, Névez, Tagesgericht um 15 €

Einkauf

1 Coromandel Antiquités: *Die Coromandel-Küste liegt nun wahrlich weit entfernt, nämlich im Südosten Indiens. Der Name gibt aber eine gute Vorstellung davon, was es in diesem Haus zu entdecken gibt: Kunst und Antiquitäten aus Frankreichs einstigen Kolonien in Übersee.*

5, Rue des Meunières, Pont-Aven, www.coromandel-antique.com

2 Un Souffle de Ver: *Laurent Lesiourd betreibt nicht weit vom Friedhof in Pont-Aven eine kleine Glasbläserei, in der man ihm bei der Arbeit zuschauen und schöne gläserne Handwerksstücke kaufen kann.*

23, Rue des Abbés Tanguy, Pont-Aven, www.unsouffledeverre.fr

3 Au Fil des Îles: *Ein betagtes Granithaus beim Hafen beherbergt die Boutique der Textildesignerin Isabelle Perthuis, die zeitweise auf Madagaskar lebt und dort die Motive für ihre handgefertigten Stoffe, Kleider und Dekoartikel aufliest.*

5, Rue des Meunières, Pont-Aven, https://aufildesiles.com

4 Galerien: *Auch wenn die Versuchung groß ist, das Angebot in den Kunstgalerien von Pont-Aven im Rundumschlag als Kitsch abzutun, findet sich durchaus Weizen inmitten der Spreu. Und letztlich zählt ja nur, was der eigene Geschmack sagt. Nützlich als Wegweiser: www.deconcarneauapontaven.com/decouvrir/galeries*

Feste

Fête des Fleurs d'Ajonc: *Nachdem nun so oft die Rede davon war: Ajonc d'or ist der Stechginster* (ulex), *dessen goldene Blüte schon im Frühjahr die bretonischen Küsten ziert. Da es viele Arten und Unterarten gibt, erstreckt sich der Farbzauber bis in den Spätsommer. Théodore Botrel erfand das Ginsterfest 1905, um den Sardinenfischern finanzi ell einen Ausgleich für dezimierte Fänge zu schaffen. Gefeiert wurde und wird am ersten Sonntag im August mit Musik, Tänzen, Trachten und der kapriziösen Wahl einer Ginsterkönigin.*

Fête de la Belle-Angèle: *Der August muss dann nochmals herhalten für das Fest der schönen Angèle, das sich samt Feuerwerk und Fest Noz den Tagen der Segelschiffe widmet. Etwa dreißig alte Segelschiff-Frachter liegen dann im Hafen – nur nicht mehr die »Belle Angèle«, die 2017 Schiffbruch erlitt. Ihren Namen trug sie nach Hotelbesitzerin Marie-Angélique Satre, von Gauguin gemalt, und nicht gerade zimperlich. »Wie schrecklich!«, urteilte sie über das fertige Bild.*

Mehr Infos

Office de Tourisme:
3, Rue des Meunières,
29930 Pont-Aven,
T 02 98 06 87 90,
www.deconcarneauapontaven.com

DUPINS KERNLAND: CONCARNEAU

»... die Ville Bleue, die schöne ›Blaue Stadt‹, war im Wesentlichen eines: eine Stadt am Meer. Und der Hafen ihr Zentrum; genau genommen waren es sogar drei Häfen. Der Freizeit- und Sporthafen für Amateursegler und Profis. Der legendäre Fischereihafen – nichts hatte die Geschichte Concarneaus so geprägt wie die Fischerei –, dessen Aufkommen zwar geringer geworden war in den letzten Jahrzehnten, der aber immer noch zu den bedeutendsten Fischereihäfen ganz Frankreichs gehörte. Und nicht zuletzt der Industriehafen mit seinen Werften, dem Schiffbau und den Schiffsreparaturen, der am stärksten wuchs.« *Bretonisches Vermächtnis, Seite 32*

Foto oben: Concarneau, vom Fischereihafen aus gesehen

Bollwerk auf der Insel

Ein langer Fluss ist der Moros nicht, die Quelle liegt keine 17 km entfernt bei Rosporden. An der Mündung spreizt der Wasserlauf sich weit auf und gibt Raum für die Hafenbecken. Wie ein Korken klemmt darin eine Insel, die Concarneaus Panorama und Image beherrscht, denn auf ihr steht die Ville Close, die imposant befestigte Altstadt mit mittelalterlichen und noch älteren Wurzeln.

Blau ist so vieles dort. Der Himmel, das Wasser, der Anstrich von Balkonen und Fensterläden und traditionell auch das Garn der Fischernetze, der *filets bleus*. Schließlich ist es nicht ratsam, Fischschwärme mit Netzen in weithin leuchtenden Farben wie Rot oder Gelb zu warnen. Der Name *Ville Bleue* hat sich als Markenzeichen ebenso etabliert wie *Ville d'art et d'histoire*, die Stadt der Kunst und der Geschichte. Dieser zweite Titel beruht nicht auf Selbsteinschätzung, sondern wird unter strengen Auflagen vom Staat als Label verliehen – bislang etwa zweihundertmal in Frankreich.

Den strafversetzten Kommissar hätte es schlimmer treffen können, denn im Unterschied zum flämischen Bergues (»Willkommen bei den Sch'tis«) legt einem das bretonische Concarneau die Liebe auf den ersten und nicht erst vorletzten Blick ans Herz. Man ist gut beraten, sich erst mal nach schönen Fernsichten auf die Ville Close umzuschauen, die keine 400 m lang und 100 m breit im blauen Wasser liegt. Kommissar Dupin hat da einen unverwüstlichen Tipp:

»Manchmal, wenn er nachdenken musste, spazierte der Kommissar über die Festungsmauern der Altstadt bis zu dem wilden Garten beim Hügel und der Kirche, nahm dort das Bötchen und setzte über. Nicht, um am anderen Ufer auszusteigen, er blieb auf dem Boot und fuhr einfach wieder mit zurück. Es bot sich der malerischste Blick auf die Festung, den Hafen, die Stadt und war ein wenig wie Busfahren, wie früher, mit den offenen Bussen.«
Bretonische Flut, Seite 155/156

An anderer Stelle lässt Dupin durchblicken, dass der Weg zum Ableger der Pendelfähre eine weitere Seite offenbart:

»Der Kommissar war schließlich auf den kleinen Park hinter der Kirche in der Ville Close gekommen, ein verstecktes Kleinod mit einer ganz besonderen Stimmung, der perfekte Ort für sein Vorhaben.

Mochte auf der Rue Vauban, der Hauptstraße der Ville Close, die Hölle los sein, sogar noch bis zu ihrem Ende am Place Saint-Guénolé – so wurde es plötzlich leer, wenn man Richtung Kirche und Park ging.«
Bretonisches Vermächtnis, Seite 253

Diese Rue Vauban wartet mit sämtlichen Facetten der Souvenirindustrie auf, sie besitzt malerische Häuser und Seitengassen ebenso wie schamlos herausgeputzte Softeistempel. Wer will es den Einwohnern verdenken, dass sie die Besucherschwärme nicht vorbeiziehen lassen, ohne einen Obolus zu kassieren? Letztlich ist es ja nur die moderne Fortsetzung des traditionell betriebenen Fischfangs, dem am Zugang zur Ville Close ein Musée de la Pêche gewidmet ist (www.musee-peche.fr).

Es gab grandiose Tage für die Fischer, zeitweilig war Concarneau siebtgrößter Fischereihafen Frankreichs und beim Thunfisch in fremden Gewässern sogar führend in der Welt. Auch Sardinen gingen vor der eigenen Küste in die Netze – bis sich das Drama ereignete: »Im Jahr 1902 verschwand die Sardine von einem Tag auf den anderen, spurlos – für ganze sieben Jahre« (»Bretonische Verhältnisse«, Seite 299). Die Fischer verarmten. Künstler waren es, die sich zur Unterstützung der Bevölkerung das Fest der blauen Netze ausdachten (s. S. 159/160). Aber es kamen weitere Krisen, sodass in den 1970ern ein Teil des Fischereihafens zum Ankerplatz für Jachten umgerüstet wurde. Der Ruin der meisten Fischkonservenfabriken, die es seit 1851 in der Stadt gab, ging mit dieser Entwicklung einher. Heute zeichnet sich für das Gewerbe ein Überleben ab. Conserveries wie *Burel, Gonidec* und *Courtin* belegen es.

Günter Beer
Diesseits vom Tellerrand

2016 veröffentlichten Jean-Luc Bannalec und das Ehepaar Arnaud und Cathérine Lebossé vom Amiral *in Concarneau ein »Bretonisches Kochbuch«, illustriert mit Fotos von Günter Beer. Der heute in Barcelona lebende Fotograf blickt auf einen ungewöhnlichen Werdegang zurück. Nach seinem Studium in Köln war er Mitbegründer der renommierten Fotoagentur* laif *und verfasste in den Folgejahren Reportagen, u.a. über Goldwäscher in Venezuela, den Bürgerkrieg in Nicaragua und über Gentechnik. Seit seinem Einstieg bei* Culinaria Europa *ist er hauptsächlich in der Food-Fotografie tätig und wurde in dem Zusammenhang von der Lektorin Astrid Roth für Kiepenheuer & Witsch angeworben.*

MANFRED GÖRGENS: *Lieber Günter, du hast für dieses Buch die Bretagne bereist, warst du auch mal im* Amiral *und hast dessen Koch persönlich getroffen?*

GÜNTER BEER: *Astrid und ich haben zweimal je eine Woche dort gearbeitet, wir hatten ein kleines Studio im Obergeschoss eingerichtet. Der Koch Arnaud hat alle Gerichte eigens für die Fotos gekocht, angerichtet und ins improvisierte Studio gebracht. War das jeweilige Foto fertig, durften wir direkt vom Teller essen. Das haben wir so oft gemacht, wie Platz im Magen war.*

MANFRED GÖRGENS: *Die Food-Fotografie ist bekannt dafür, dass sie mit vielen Tricks arbeitet, damit das Essen appetitlich aussieht. Hast du dich solcher Tricks bedient und viel an den Gerichten verändert?*

GÜNTER BEER: *Nein. Meine Technik war Schnelligkeit. Gut gekochtes Essen, lecker angerichtet, sorgfältig ins Licht gesetzt und so schnell wie möglich fotografiert. Nur in seltenen Fällen mussten wir wiederholen. Arnaud ist ein hervorragender Koch, alles sah immer sehr appetitlich aus. Wir haben bloß manchmal die Dekoration reduziert, Arnaud und ich haben vor jedem Bild den Teller ausgesucht und die Anrichtweise besprochen.*

Dupins spezielle Empfehlung

Das Amiral

Natürlich, es muss sein: Gehen Sie ins Amiral! *Direkt am Hafen und gegenüber der Ville Close. Dupins zweites Zuhause, hier isst er – zuweilen – morgens, mittags, abends. Insbesondere in seiner Zeit vor Claire. Beginnen Sie den Tag hier, frühstücken Sie mit einer Zeitung im* Amiral *(Presseladen nebenan), entweder draußen auf der Terrasse oder drinnen in der Brasserie, ein* grand crème *und ein Croissant oder ein Stück vom köstlichen »Frühstückskuchen« (nicht zu süß, Sie dürfen ihn tunken). Nehmen Sie sich Zeit, schauen Sie einfach dem bunten Treiben zu. Mittags gibt es drei köstliche, täglich wechselnde* plats du jour *in der Brasserie, die Dupin liebt: darunter einen Fisch und einen Salat, beides immer ausgezeichnet. Auch im Restaurant des* Amiral *regiert der kulinarische Künstler, Chefkoch Arnaud Lebossé. Wenn man draußen sitzt, auf den großen Platz blickt, auf das Meer und die Häfen, spürt man schon viel von dem Freien, das die Stadt vermittelt.*

Wie ich überhaupt auf das Amiral *kam? Durch Georges Simenon, einen meiner Lieblingsautoren aller Zeiten, aller Sprachen. Lesen Sie alles von ihm, was Sie in die Finger bekommen. Im* Amiral *spielt ein ganzer Fall für Commissaire Maigret, »Der gelbe Hund«. Ich wollte den Ort unbedingt sehen, das war so um die Jahrtausendwende.*

Die Neustadt

Die Speisekarte des Amiral, schräg gegenüber der Ville Close, weist unter *Viandes* den vielsagenden Eintrag auf: *L'entrecôte grillée du »Commissaire Dupin«*. Der Kommissar aus Paris, als den die Concarnesen ihn lange Zeit betrachteten, hat es weit gebracht, er ist Bretone geworden und wird mit dem Steak geehrt, das er als Pariser dann oft doch lieber mag als Fisch und Meeresfrüchte. Über die Jahre wuchs zwischen Dupin und dem *Amiral* eine Allianz, bei der man schon mal vergessen kann, dass die Besuche des Kommissars nur auf dem Papier der Kriminalromane stattfinden.

Bei dem belgischen Schriftsteller Georges Simenon ist die Sache etwas komplizierter. »Le Chien jaune« heißt sein Krimi von 1931, auf Deutsch »Maigret und der gelbe Hund«. Am Tatort Concarneau beginnt der Fall mit dem Attentat auf einen Weinhändler nicht weit vom *Amiral*. Im Unterschied zu Dupin wird Maigret allerdings nicht warm mit der Hafenstadt und ihrem Menschenschlag. Aus dem Krimi wurde zunächst ein Hörspiel in Deutschland, erst Jahre später ein französischer Fernsehfilm. Simenons Entscheidung für das *Amiral* lag nahe, nachdem seine Lebenswege ihn mehrfach nach Concarneau geführt hatten – und damit auch seinen Kommissar Maigret. Der *gelbe Hund*, jenes Tier, das Zeugen an verschiedenen Tatorten gesehen haben wollen, wurde Leitmotiv für ein Literaturfestival der Hafenstadt. Literarischen Ruhm erlangte sie dabei schon fast einhundert Jahre vor Simenon, als Gustave Flaubert 1847 bei einer Wanderung durch die Bretagne in Begleitung von Maxime Du Camp hier Station machte. Die beiden schrieben darüber ein Buch, »Über Felder und Strände«, von dem Du Camp die Kapitel mit gerader, Flaubert die mit ungerader Zahl schrieb.

Das damals Armselige der Region war die eine Erfahrung der beiden Dichter, die tief empfundene Freiheit die andere. Das wirkte lange nach. In den 1930er-Jahren wählten Künstler das *Amiral* zum Konsulatssitz einer freien Republik, die sie selbst ausgerufen hatten. Das war nun aber bereits die dritte Künstlergeneration in Concarneau. Die erste hatte der gebürtige Bretone Alfred Guillou 1870 gemeinsam mit Malerfreunden aus Paris begründet, sie war einst bedeutender als die Schule von Pont-Aven (S. 117 ff.), die aber mit Gauguin den klangvolleren Namen vorweisen kann. Auch Gauguin war bereits Gast im *Amiral*, er wurde allerdings vor der Tür Opfer einer unschönen Szene, die dem Mordanschlag bei Maigret gar nicht so unähnlich war. »Annah, die Javanerin« heißt ein Gemälde Gauguins von 1893, es zeigt ein sitzendes nacktes Mädchen und zu ihren Füßen den Affen Taoo. Maler, Mädchen und Affe, die damals in Paris lebten, hielten sich 1894 in Concarneau auf und wurden dort zum Gespött einiger Fischer, die Gauguin am Ende den bereits erwähnten Knochenbruch beibrachten. Gauguin kurierte sich in Pont-Aven aus, kehrte nach Paris zurück und stellte fest, dass Annah inzwischen sein Atelier geplündert hatte. Nur die Gemälde ließ sie zurück – sie erschienen ihr wertlos.

Vom *Amiral* sind es nur ein paar Schritte zu Dupins geliebtem Tabac-Presse. Mittlerweile ist aus dem 1893 gegründeten Zeitschriftenladen das moderne Le Livre et la Plume geworden, die größte Verkaufsstelle von Druck-

Galerie Gloux und Café de l'Atlantique in Concarneau

erzeugnissen im Finistère. Ein stetiger Strom von Touristen drängt in den Laden, um dort nach Dupins Gewohnheit ein Clairefontaine zu kaufen. Die Produktpalette des renommierten französischen Herstellers von Notizheften ist so groß, dass Beratung beim Kauf nicht schaden kann. Rot wäre die klassische Wahl:

»Dupin hätte sich außerdem – ein Reflex – beinahe ein kleines rotes Clairefontaine-Notizheft gekauft und ein paar BIC-Kulis dazu, die klassische Ausrüstung während seiner Fälle. Er benutzte die Hefte nicht erst, seit er – wie sein Vater viele Jahre zuvor – in Paris bei der Polizei begonnen hatte, sondern bereits seit seiner Kindheit. Was niemand wusste: Es war sein Vater gewesen, der ihm sein erstes Clairefontaine geschenkt hatte. Dupin hatte es

verwendet, um sich komplizierte Kriminalfälle auszudenken. Fantasien, die für ihn ganz und gar den Charakter der Realität besessen und ihn manchmal über Wochen in Beschlag genommen hatten. Erst im letzten Moment hatte Dupin das rote Heft ins Regal zurückgelegt und ein unauffälliges blaues genommen; natürlich wusste Claire, dass die roten Hefte Arbeit bedeuteten. Vielleicht würde er sich ja am Strand Fälle ausdenken, so wie früher, um eine Beschäftigung zu haben.«
Bretonisches Leuchten, Seite 28/29

Schräg gegenüber steht die Markthalle, deren obere Etage einst als Ausstellungsraum genutzt wurde, um der Künstlertradition von Concarneau noch ein spätes Denkmal zu setzen. Der weite Place Jean-Jaurès davor ist mit parkenden Autos gespickt, sofern nicht am Montag- und Freitagvormittag der Wochenmarkt oder am Mittwochnachmittag der Biomarkt das Blech auf charmante Weise verdrängen. Zwischen den unzähligen Masten der ankernden Sportboote zur Linken und einer ganzen Phalanx an Restaurants zur Rechten schlendert man über den Platz südwärts auf den offenen Atlantik zu. Am Weg befindet sich rechts »ein aufwendiger Holzerker, das Parterre mit einer Holzverkleidung versehen, die tiefblau gestrichen war, über der Tür in Knallrot das Logo der Zeitung: *Ouest-France* (»Bretonisches Leuchten«, Seite 48). Den beleibten Journalisten Drollec wird man dort nicht finden, die hiesige Redaktion der großen westfranzösischen Tageszeitung, die in neunundvierzig regional verschiedenen Ausgaben erscheint, ist vor allem weiblich besetzt. 200 m Richtung Meer noch, dann ist mit der Galérie Gloux eine weitere Dupin-Stätte erreicht:

»Das Haus war selbst ein Kunstwerk. 1883 war es von Françoises Vorfahren in norwegisch inspiriertem Fachwerk erbaut worden – das Dekorative befand sich in einer gelungenen Balance mit einer modernen künstlerischen Strenge –, gestrichen in einem dunklen Grün, die Holzbalken, Verstrebungen, Tür- und Fensterrahmen in Rostrot. Françoises berühmter Urgroßvater, Théophile Deyrolle, und dessen Schwager waren Maler gewesen, aber auch Unternehmer; sie hatten unter anderem mit Eis aus der norwegischen Hafenstadt Bergen gehandelt, das in gigantischen Mengen auf großen Schiffen nach Concarneau geschippert worden war und im Hafen zum Frischhalten der Fische gedient hatte.«
Bretonisches Vermächtnis, Seite 53

Bei der Station marine (www.stationmarinedeconcarneau.fr), der weltweit ältesten Forschungsstelle für Meeresbiologie, in der Flaubert 1875 bei seinem zweiten Besuch logierte, knickt die Küstenstraße nach Westen ab. Genau auf der Ecke steht das »wunderbar nostalgisch anmutende« Café de l'Atlantic, das einerseits den Krimilesern geläufig sein wird, andererseits auch denen, die das »Bretonische Vermächtnis« in der Fernsehfassung kennen. Dorthin nämlich verlegte das Kamerateam den Fenstersturz, den der Roman im Innenhof des *Amiral* ansiedelt.

Traumhaft verläuft die Corniche nun durch das Quartier La Croix, vorbei am kleinen Marinarium, einer alten Kapelle und dem ausgedienten Leuchtfeuer. Buch und Film beginnen sich dort eng zu verweben. Man entdeckt La Corniche, »die beste *sandwicherie* weit und breit« mit »vollendeten Pommes«. Man sieht ihren Schriftzug, wenn TV-Hauptdarsteller Pasquale Aleardi in »Bretonische Verhältnisse« abends nebenan sein Haus betritt. Das Balkonzimmer, in dem er aufwacht, kann man mieten (s. S. 158). Und gleich links davon steht die moderne Veranstaltungsstätte CAC – Concarneau Scènes, die im Film das Polizeipräsidium mimt und auch jene großartigen Fensterfronten mit Meerblick besitzt. Der Kai dort ist unter dem vernichtenden Namen Quai Nul bekannt, weil viel zu lange an ihm gearbeitet wurde, nur um festzustellen, dass er wegen missratener Planung seine Aufgabe verfehlt: Eigentlich sollte er es Fischerbooten ermöglichen, dort sicher anzulegen, um die Konservenfabriken ringsum zu beliefern.

Allemal aber taugt der Kai für einen halbstündigen Spaziergang, vorbei am Haus, das einmal die gemeinsame Adresse von Dupin und Claire werden soll. In »Bretonisches Leuchten« (Seite 155) beschreibt der Kommissar die Lage so: »Wenn man aus meinem Appartement kommt, dann rechts, vierhundert Meter vielleicht. … Eines der Häuser, die du so schön findest. Das hellblaue mit den riesigen Hortensienbüschen davor.« Weiter stadtauswärts befindet sich der herrliche Sandstrand Les Sables Blancs mit dem gleichnamigen Hotel, das Dupins Mutter aus ihrem Pariser Blickwinkel so hoffnungslos unterschätzt, dass Nolwenn der Unmut packt. In »Bretonisches Vermächtnis« gibt es bereits auf Seite 38 einen versteckten Hinweis darauf, dass Respekt geboten wäre:

»Ein Hund hatte sich neben ihrem Tisch niedergelassen. Ein großer Hund, langes, dreckiges Fell, schwer zu sagen, welche Farbe, gelblich irgendwie. Er lag mit der Schnauze auf den Pfoten, ab und zu hob er den Kopf und blickte den Kommissar an. Dupin sah sich nach dem Besitzer um, konnte aber niemanden entdecken.«

Trockendock am Moros

Das beiläufige Auftauchen des Tiers verweist auf den »gelben Hund«, der durch Georges Simenons Krimi geistert. Ende 1930 hatte der Autor die *Villa Ker-Jean* an der Avenue Sables-Blancs Nr. 11–15 gemietet, um dort den Maigret-Roman »Le Pendu de Saint-Pholien« zu schreiben. Mit dem Lokalkolorit machte er sich bei Spaziergängen durch die Stadt vertraut, bei denen ihn sein eigener Hund begleitete, eine Dänische Dogge, die er Olaf nannte. Das Tier schlich sich dann in den schon erwähnten Nachfolgeband »Le Chien jaune«.

Dupins spezielle Empfehlung
Concarneaus incontournables

Von den incontournables *werden Sie in der Bretagne wieder und wieder hören, es heißt so viel wie: das, was man unbedingt tun sollte, unbedingt essen sollte, das »Unabdingbare«. Dutzende solcher Dinge sind in Concarneau zu sehen, zu erleben, zu tun. Etwa bei der famosen Keramikkünstlerin* Valérie Le Roux *vorbeigehen. Decken Sie sich bei ihr mit allem ein, es gibt auch kleine Tische, gar fantastische Teppiche – Vasen, Tassen, Boules, Platten, Teller sowieso. Bestaunen Sie in der* Galérie Gloux *die jeweilige Ausstellung und lassen sich von den Inhabern Françoise und Jean-Michel die Geschichte der Galerie erzählen.*

Essen Sie auch einmal im Restaurant Le Chantier *beim Fischereihafen. Sitzen Sie draußen auf der Terrasse und probieren Sie den Pulpo-Salat oder ein Doradentatar. Rohe Fischgerichte besitzen eine unvergleichliche Frische und Reinheit und offenbaren, dass der jeweilige Fisch immer sehr unterschiedlich schmecken kann. Im* Comptoir *bekommen Sie besten Kaffee, besten Tee, beste* rillettes, *überhaupt die leckersten bretonischen Dinge. Spazieren Sie stadtauswärts über die Corniche, auf der auch Gustave Flaubert so gerne flanierte. Immer am Strand entlang und auch an Dupins und Claires Haus vorbei, gelangen Sie dann zum Hotel-Restaurant* Les Sables Blancs *und sitzen dort auf einer traumhaften Terrasse direkt über dem Meer. Nehmen Sie die »kleinste Fähre der Welt« von der Altstadtinsel rüber zum östlichen Teil der Stadt, dort finden Sie die wunderbare Crêperie* Le Pas Sage, *ein Häuschen in Rosa, das – noch unter anderem Namen – in Simenons Roman »Die Damen von Concarneau« eine wichtige Rolle spielt. Was Sie außerdem keinesfalls verpassen dürfen: bei* Hops and Cheese *den besten Käse kaufen, den Frankreich zu bieten hat. Inhaberin Katell Cadic wählt die Käse aus, liefert sie auch an Restaurants. Und sie verkauft die fantastischen Biere, die ihr Bruder Erwan in seiner* Brasserie Storlok *braut. Neben dem Käseladen hat Katell auf dem hübschen Platz eine Bar eröffnet, dort können Sie alles probieren. Ein Apéro-Dinner am besten: Aperitif und Abendessen in einem, oft bis spät in die Nacht. Dann wäre da noch die Crêperie* Ti Clémentine *an der Promenade, draußen mit Meeresblick, drinnen urgemütlich. Oder Sie setzen sich einfach, wie Dupin es ab und an tut, mit einem der famosen Sandwiches von* La Corniche *auf den berühmten Quai Nul. Besitzer des Ladens sind »Jean-Yves et Dame Nicole«, wie es auf einem Ruder eingeritzt ist, das an der Wand hängt. Die beiden servieren zur Freude des Kommissars auch sehr guten Kaffee.*

Ihr Wegweiser zu den erwähnten incontournables:
https://valerieleroux.com, https://galerie-gloux.com,
http://halles-cornouaille.com, https://restaurant-lechantier.fr,
www.lecomptoirconcarneau.com,
www.hotel-les-sables-blancs.com,
www.facebook.com/lepassage.concarneau,
www.facebook.com/HopsCheese?locale,
www.facebook.com/ticlementinekonk,
La Corniche *(ohne Website) 6, Bd. Bougainville*

Am anderen Ufer des Moros

Regisseur Claude Chabrol produzierte 1982 »Die Fantome des Hutmachers«. Es gibt in der schaurigen Komödie gar nicht so viele Außenaufnahmen an markanten Orten, man hätte fast überall in Frankreich drehen können. Da aber die Romanvorlage von Georges Simenon stammt, entschied sich Chabrol zielsicher für Concarneau (und Quimper), wo nicht nur das *Amiral* den belgischen Autor inspirierte, sondern auch eine Lokalität, die damals *Café de la Marine* hieß. Sie befindet sich am linken Ufer des Moros, beim Anleger jener Pendelfähre, die Dupin gern zwecks Kontemplation nutzt. Inzwischen ist aus diesem Café eine Crêperie namens *Le Pas Sage* geworden, deren Fassade von viel Geschichte aus der großen Zeit des Fischfangs zeugt – und der Name von einem beliebten Wortspiel: »Überfahrt« *(passage)* oder auch »nicht weise, nicht artig« *(pas sage)*. Sparer, die mit dem Auto nach Concarneau reisen, können übrigens auf dem großen Parkplatz beim *Pas Sage* kostenlos ihr Fahrzeug abstellen und dann mit der Pendelfähre zur Ville Close gelangen – es rechnet sich.

Zugleich lohnt ein Spaziergang von dort, dicht am Wasser entlang, Richtung Südosten zum Plage de Porzou und weiter zur noblen Halbinsel Le Cabellou mit traumhaftem Strand und einem Fort an der Landspitze. Ins Zentrum gelangt man dann über die D322 durch das Herz des alten Fischerquartiers Lanriec, man sollte aber nicht den Blick von der Brücke Pont du Moros verpassen:

»Wenn man über die beeindruckend hohe Brücke über dem Moros fuhr und mit einem Mal einen atemberaubenden Blick auf Concarneau hatte, befand sich der Hafen direkt unter einem. Man sah riesige Schiffe im Wasser oder in imposanten Trockendocks.« *Bretonisches Vermächtnis, Seite 32*

Die Straße am Fuß der Brücke folgt dem rechten Ufer des Moros am Industriehafen entlang und führt – nach insgesamt circa drei Stunden ab *Le Pas Sage* – zurück ins Stadtzentrum. Auf dem Weg befindet sich auch die Criée, die Fischauktionshalle (Führungen über das Office de Tourisme im Juli und August dienstags und donnerstags ab 6 Uhr).

Qu'est-ce que la Bretagne pour vous?

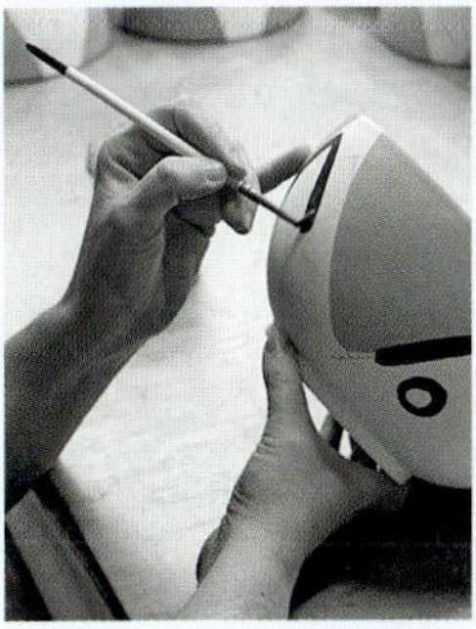

Die Bretagne, das ist zunächst einmal meine tiefe Verwurzelung, die meiner Eltern, deren Eltern, der Generationen vor ihnen; das ist das Bretonische, die Sprache der Kindheit, das sind die bretonischen Aromen, die Wege und das Spielen in den Pfützen.

Die Geschichte der Bretagne und ihre Kultur bilden einen reichen Nährboden für Kreativität, der unsere Gegenwart lebendig erhält. Die Bretagne ist authentisch, sie ist das Eis, die Lichter, die Gischt, die Düfte. Was ihre Einflüsse auf meine Sujets angeht, so gefällt mir der Gedanke, dass meine Kunden mit jedem Kauf ein Stück von ihr mitnehmen.

Valérie Le Roux, Keramikkünstlerin, Concarneau

Tipps für Genießer

Unterkunft

1 Yves Le Roux: *Dupin im TV: Den ersten Morgen in »Bretonische Verhältnisse« genießt Hauptdarsteller Pasquale Aleardi auf einem Balkon mit blauem Geländer und Meerblick. Die Wohnung befindet sich im Haus 8, Boulevard Bougainville, und wird für 110 € täglich von Jean-Yves Le Roux vermietet. Frühstück gibt's in der Bar* La Corniche *gleich nebenan.*

Buchbar über Portale wie www.gites.fr.

Essen

1 L'Amiral: Dupin verschweigt nicht, dass die Modernisierung fast gänzlich das Flair aus Simenons Zeiten verwischt hat. Aber das verwandelte Ambiente ist nur die eine Seite, die Küche unter Arnaud Lebossé die andere. Das Entrecote erachten viele Dupin-Fans als Pflicht. Entenbrust, der gegrillte Hummer oder Steinbutt wären aber nicht minder delikat.

1, Avenue Pierre Guéguin, www.restaurant-amiral.bzh, Menü ab 40 €

2 Le Chantier: An dem »famosen Blick auf das Hafenbecken und die Ville Close« kommt Dupin nicht vorbei. Dass er das Restaurant mit Terrasse und großen Fenstern erst spät entdeckt, ist plausibel, denn es steht noch gar nicht so lange. Die Lage direkt neben der Criée verspricht beste Fischgerichte und Meeresfrüchte.

20, Quai Carnot, https://restaurant-lechantier.fr, Menü ab 30 €

Einkauf

1 Guy Cotten: Nachdem schon allerlei Adressen im Zentrum von Concarneau gestreift wurden, bleibt noch Dupins Empfehlung für Guy Cotten, der 1964 die inzwischen berühmte gelbe Ölkleidung für Fischer erfand. Der Stammsitz mit Factory Store befindet sich in Concarneaus östlichem Nachbarort Trégunc.

Route de Concarneau, Trégunc, www.guycotten.com

Feste

Transat AG2R Mondiale: Nach Madeira und in einer zweiten Etappe nach St-Barth in der Karibik führt diese Segelregatta für zweiköpfige Mannschaften. Gestartet wird Mitte April, seit 2006 in Concarneau statt Lorient. Und, wie Dupin weiß, weil Inspektor Riwal es ihm gesagt hat: Alle Teilnehmer fahren den gleichen Bootstyp, eine Figaro Bénéteau.

Vieilles Coques: Seit 1975 treffen sich im Hafen von Concarneau Dutzende historischer Holzboote aus der gesamten Bretagne, und zwar Mitte Juli. Bei der Gelegenheit werden von Chören auch die Chants des Marins angestimmt, die alten Seemannslieder.

Le Chien jaune: Nach Simenons Maigret-Roman ist das Krimifestival der Stadt benannt, es findet Ende Juli statt und steht jeweils unter einem anderen Motto.

Festival des Filets bleus: Auch wenn die 100. Ausgabe des Fests der Pandemie zum Opfer fiel, bleibt *die Hoffnung auf ein Fortleben der Tradition. Das mehrtägige Festival Mitte August, das anfangs karitative Zwecke verfolgte, lockt normalerweise bis zu 80 000 Besucher in die Stadt, es bietet Folkloremusik, Tänze, Kostüme und kulinarische Spezialitäten der Bretagne.*

Mehr Infos

Office de Tourisme:
Quai d'Aiguillon, 29900 Concarneau, T 02 98 97 01 44, www.deconcarneauapontaven.com

Foto rechts: Bretonische Spirituosen

VON CIDRE UND PORZELLAN

Apfel mit Schwips

»La Forêt-Fouesnant war ein Idyll. Und dabei nicht zu pittoresk, fand Dupin, es schrammte knapp daran vorbei. Ein breiter Meeresarm zog sich bis in den Ort und bescherte ihm einen kleinen Quai. Die hübschen atlantisch bunten Holzboote der lokalen Fischer ruhten jetzt bei Ebbe friedlich auf der Seite. Sanft geschwungene, flache Hügel hoben vom Hafen an, auf denen sich der kleine Ort, der zum größeren Fouesnant gehörte, großzügig verteilte. Liebevoll restaurierte Steinhäuser in typisch bretonischer Art, gemütliche Cafés, ein großartiger Zeitungs-

laden, ein weithin bekannter Bäcker. Außerdem: ein kleines Stück des einst charakteristischen bretonischen Urwalds mit großen Eichen, Efeu, Misteln, ein druidischer Sagenwald, durch den man auf einer malerischen Straße fuhr.«
Bretonische Brandung, Seite 176/177

Cornouaille sagt man zu der Gegend zwischen Odet und Atlantik, da klingen noch Cornwall und das keltische Volk der Kornen nach. Was einst ein Königreich war, wurde später Teil des Herzogtums Bretagne, schrieb aber seine eigene Geschichte im Gefolge frühmittelalterlicher Einwanderung und Christianisierung von den britischen Inseln her. Und damit verknotete sich der Sagenschatz, in dem König Artus ein veritables Doppelleben auf Insel und Festland führt. Abgesehen von Legenden, Fischkonserven, Ringelpullovern, Töpferware und Keksen besitzt die Cornouaille mit ihrem Cidre ein Edelgetränk. So sind es neben »Eichen, Efeu, Misteln« vor allem Legionen von Apfelbäumen, die im Frühling einen duftenden Blütenteppich über das Hinterland um Fouesnant bis hin zum Seebad und Segelsportzentrum La Forêt-Fouesnant legen und ab Oktober zur Ernte rufen.

Die Apfelbäume waren kein keltisches Mitbringsel, vielmehr wurden sie im 12. Jahrhundert aus Spanien eingeführt. Bretagne und Normandie entwickelten sich zu Frankreichs Hauptproduzenten, wobei der bretonische Anteil heute mit fünfundzwanzig Prozent an zweiter Stelle hinter dem normannischen liegt. Zu wenig für einen nennenswerten Export, aber reichlich für die bretonische Gastronomie, insbesondere für deren vergorene Flüssignahrung. Der Val de Rance von der Nordküste ist ein Cidre, den man in Deutschland gerade noch kennt. Aber das wahre Edelgetränk, der Cidre Cournaille AOP, stammt aus 38 Gemeinden der Region und firmiert seit 1996 unter geschützter Herkunftsbezeichnung (AOC/AOP). Während der sortenreine Royal Guillevic aus der Gegend um Vannes sogar das Siegel *Label Rouge* trägt, kreieren die übrigen Erzeuger eine Cuvée aus zwei oder drei traditionellen Apfelsorten, die durchweg säuerlicher sind als die normannischen, demnach auch länger gären müssen und dabei mehr Kohlensäure entwickeln. Bei so einem *Cidre artisanal* wird keine Hefe zur Beschleunigung der Gärung beigegeben. Er bleibt naturtrüb und wird auf Sektflaschen mit Korken gezogen, als handele es sich um einen hochpreisigen Champagner.

Auf einer Route de Cidre kann man sich von Erzeuger zu Erzeuger hangeln (Leitfaden unter www.routeducidre-cornouaille.bzh), aber auch am Schnaps nippen:

»›Um wie viel Uhr beendete Monsieur Pennec den Tag an der Bar gewöhnlich? Trank er dann immer einen Lambig?‹ – ›Das hat Ihnen also schon jemand verraten. Ja, einen Lambig. Das ist unser Apfelschnaps! So gut wie ein Calvados, glauben Sie mir, die machen nur mehr Reklame! Pierre-Louis Pennec trank den Lambig von Menez Brug, immer nur den.‹« *Bretonische Verhältnisse, Seite 34*

So ein Lambig ist ein zweifach gebrannter Apfelschnaps mit vierzig Volumenprozent Alkohol, von dem jeder Produzent nur zwanzig Liter jährlich herstellen darf, will er nicht die AOP verlieren. Pennecs Lieblingserzeuger *Menez Brug* kann man auf der Weiterfahrt von Fouesnant ins Seebad Beg-Meil besuchen, um vor Ort zu probieren (www.cidrerie-de-menez-brug.com).

Dupins spezielle Empfehlung
Cidre von bretonischer Güte

Äpfel und famoser heimischer Cidre sind allenthalben Begleiter einer Reise durch die Bretagne. Die Cornouaille aber spielt eine herausragende Rolle für den Apfelwein. Gerade kleine Betriebe produzieren dort im Wettstreit mit industrieller Massenware und unter Einsatz von Fingerspitzengefühl und Experimentierfreude eine Vielzahl an köstlichen Spezialitäten. In den nachstehend empfohlenen Cidrerien können Sie nach einer Besichtigung die Produkte kaufen. Das sind neben dem Cidre mit der AOP Cornouaille *auch Erzeugnisse wie* Fermier *(nicht pasteurisierter Cidre eines bestimmten Bauernhofs), der Digestif* Pommeau, *der hochprozentige* Lambig *sowie Cidre-Essig und Apfelsaft.*

- Melenig, *Quenehaye, 29370 Elliant*
- Tanguy, 9, *Kerstalen, 29920 Névez*
- François Séhédic, 1, *Route de Fouesnant, 29940 La Forêt-Fouesnant*

Beim Cidre unterscheidet man in brut *(herb),* demi-sec *(halbtrocken) und* doux *(süß). Je höher der Restzucker, desto weniger dominiert die für manchen Konsumenten unbehagliche Säure, desto geringer ist der Alkoholgehalt. Mit Qualität hat dies nichts zu tun, sie ergibt sich vielmehr aus der Wahl der Apfelsorten, Abfüllung, Lagerung und vielen anderen Faktoren.*

Die Vielfalt der fantastischen bretonischen Cidresorten schreit geradezu danach, die Produkte alljährlich bei Wettbewerben durch eine Jury benoten zu lassen. Die Gewinner sind jeweils hier gelistet: www.maisoncidricoledebretagne.bzh.

Die bretonische Riviera

Nachdem wir eben bereits den wunderbar windgeschützten Sandstrand Kerleven in La Forêt-Fouesnant gestreift haben, liegt nun eines der großen Badeparadiese der Bretagne vor uns. Offiziell und sehr vollmundig wird der 26 km lange Küstenabschnitt mit der Riviera verglichen, ist aber trotz langer Tourismustradition nicht so überlaufen. Was einem an der wahren Riviera direkt ins Auge sticht, nämlich der überbordende Luxus, bleibt hier auf Miniaturen beschränkt. Auch das einstige Grandhotel in Beg-Meil war gar nicht allzu »grand«, konnte aber Erstaunliches von sich behaupten: Im Herbst 1895 logierte der Schriftsteller und Asthmapatient Marcel Proust in einem Vorgängergebäude. Er nutzte die Wochen, um mit seinem Roman »Jean Santeuil« zu beginnen. Trotz der mehr als neunhundert Seiten, die es im Laufe einiger Jahre wurden, blieb das Buch unvollendet, denn Proust verlor sich »unterwegs« in einen noch schwereren, heute berühmten Folianten: »Auf der Suche nach der verlorenen Zeit«.

»*J'étais venu passer avec un de mes amis le mois de septembre à Kerengrimen …*« Mit dieser Ankunft an einem Bauernhof in Beg-Meil beginnt das Buch »Jean Santeuil«. Unser Kommissar Dupin genehmigt sich in »Bretonisches Vermächtnis« einen unfreiwilligen Ausflug in die Weltliteratur: »Dupins vorsintflutliches Navigationssystem hatte ihn in die falsche Stichstraße geführt, Kerengrimen statt Pen Ar Roz, obwohl er es richtig eingegeben hatte.« Man muss ihn verstehen, den Mann aus Paris: Die Natur am

Qu'est-ce que la Bretagne pour vous?

Was bedeutet mir die Bretagne? Sie ist eine Region des Savoir-faire, in der man auf einem Boden voller Magie zu leben versteht, wo der Wind der Freiheit weht. Meine berufliche Tätigkeit heute: Ich bin das, was man eine Copywriterin nennt. Ich schreibe Texte, die den Wert von Produkten oder auch bretonischer Firmen zur Geltung bringen.

Cathérine Denès, Schöpferin der Bretagne Boutique, *Fouesnant*

Strand von Beg-Meil ist so betörend, dass es nicht leichtfällt, sich zu konzentrieren. Nun gibt es bei Kerengrimen weiter nichts zu sehen, denn während Dupin lediglich auf dem Holzweg war, nannte Proust reale Lokalitäten, an denen sich allenfalls sein Protagonist, nicht aber er selbst aufgehalten hat. Deshalb der Rat: Füttern Sie das Navi lieber mit dem 1 km nördlich gelegenen Roche Percée, das ist ein Strand, der seine Nachbarn mit einem dicht an der Küste gelegenen Felsbogen übertrumpft.

Und das Navi bitte nicht ausschalten, denn wer ab Beg-Meil die kürzeste Route zum Naturschutzgebiet des Marais de Mousterlin sucht, ist auf Hilfe angewiesen. Shetlandponys, Graureiher und Eisvögel sind in diesem

Sumpfland rings um einen Weiher anzutreffen. Ein 7 km langer Rundweg zwingt nahezu zum Spaziergang, bevor man westlich des Ortes Mousterlin auf La Mer Blanche trifft. Das »Weiße Meer«, besonders eindrucksvoll am Strand Letty, erweist sich als eine mediterran oder gar karibisch anmutende Lagune, deren Wasser wegen geringer Tiefe grell leuchtet. Dieser abermals gänzlich andere Eindruck erhält seinen Kontrapunkt mit dem Seebad Bénodet, wo Dupin für seinen obligatorischen *café* das Kino *Cinémarine* an der Corniche de la Plage wählt. Urlauber begeistern eher *les planches*, die Holzstege, die das Flanieren am Sandstrand enorm erleichtern. Den besten *café* der Gegend, so befindet Dupin, erhält man aber am anderen Ufer des Odet in Ste-Marines *Café du Port*. Vom Hafen aus, der im Namen angesprochen wird, kann man Ausflüge auf dem Fluss Odet unternehmen, zu den Glénan-Inseln aufbrechen oder einfach nur per Pendelfähre zwischen Bénodet und Ste-Marine wechseln. Man kann aber auch die Gelegenheit nutzen und vom *Café du Port* die paar Schritte zum schönen alten Gebäude des *Abri du Marin* gehen. Was das ist? Nolwenn klärt auf:

»Die Herbergen und Heime, die Jacques de Thézac Anfang des 20. Jahrhunderts in verschiedenen bretonischen Häfen gegründet hat, um gestrandeten Seeleuten ein Zuhause zu geben, Essen, Unterkunft, Arbeit. Um sie aus den Fängen des Alkohols zu befreien.« *Bretonischer Stolz, Seite 110*

Quimper – warum nicht mal Shopping?

Gerichtsmedizin, Autovermietung, Flughafen, Supermarkt und Kreisverkehre. Viel mehr notiert Dupin nicht über Quimper, die Präfektur des Departements Finistère, obwohl die Kleinstadt mit ihren 63 500 Einwohnern keine 30 km von Concarneau entfernt liegt. Zwei beiläufige Bemerkungen beziehen sich auf Shopping-Highlights, die für Touristen dann doch interessant sein können. Da wären einerseits die Keramik-*bols* aus einer Manufaktur in Quimper, die der Kommissar Nolwenn regelmäßig zu Weihnachten schenkt, ohne damit bei der Kollegin für allzu großen Jubel zu sorgen. Da wäre aber andererseits auch noch Dupins Garderobe:

»Dupin hatte die Polohemden der bretonischen Marke, die weltweit durch ihre Ringelpullis berühmt geworden war – das meiste der Kollektionen war jedoch glücklicherweise nicht geringelt –, irgendwann für sich entdeckt. Zweimal im Jahr fuhr er zu dem großen Geschäft in Quimper und deckte sich mit neuen Shirts ein: seine Standardkleidung für Dienst und Alltag.«
Bretonisches Gold, Seite 64

Neben den *bols* – genauer: den *bols oreillettes,* den berühmten Ohrentassen mit aufgemalten Vornamen – gibt es dabei natürlich auch noch andere, mitunter sehr kunstvolle Keramikartikel in Quimpers Vorort Locmaria. Bis 1690 reicht die Tradition zurück, wobei drei aufeinanderfolgende Manufakturen die Geschicke lenkten. Sieger im Wettstreit wurden die Faïenceries H. B. Henriot, 1791 ge-

Keramik aus Quimper

gründet, wo man in der Werkstatt bei der liebevollen Herstellung und Bemalung zusehen darf (2–4, Place Bérardier, www.henriot-quimper.com). Und die Ringelpullis? Die kennt jeder, der schon mal Klischeefotos französischer Fischer gesehen hat. 1858 wurde das Kleidungsstück mit exakt einundzwanzig Streifen in Weiß und Indigoblau Pflicht bei Frankreichs Marine. Nicht dass jemand die Ringel besonders kleidsam fand. Sie hatten nur den unschätzbaren Vorteil, dass ein Seemann, der über Bord ging, auch im Sturmesbrausen erkennbar blieb und vielleicht gerettet werden konnte. Je weniger Belang das hatte, desto mehr setzten sich für den winddichten Baumwollsweater Modeaspekte durch. Coco Chanel stattete Pablo Picasso noch mit den Blau-Weißen aus. Seit 1938 überschlägt sich die Firma Armor Lux in Quimper aber mit pfiffigeren Kreationen bei weiterhin hoher Qualität. Dupins »großes Geschäft in Quimper« dürfte, auch wenn er es nicht explizit sagt, die *Bonneterie d'Armor* sein, eine firmeneigene Boutique mit Riesenauswahl aktueller Ware bis hin zu Schnäppchen aus dem Vorjahr (21, Rue Louison Bobet, ZI de Kerdroniou Ouest, www.armorlux.com). Ein Konkurrent von *Armor Lux* im Rennen um Ringelpullis war und ist übrigens *Tricots Saint-James* – für uns nahezu belanglos, denn der Stammsitz befindet sich in der Normandie. Bleibt aber zu erwähnen, dass die Bretagne seit einer Weile großartige neue Textil- und Modelabel hervorbringt, so das 2006 an der Nordküste in Plouguerneau gegründete *Hoalen*, in das sich Dupin sofort verliebt hat.

Das Städtchen Quimper hingegen scheint ihn weniger zu inspirieren, bis sich seine Pariser Freundin Claire dort an der Klinik bewirbt, sich für eine Wohnung in der Rue de Kergariou interessiert und er auf einmal lobende Worte findet:

»Er war schon am Place Laënnec, den er so mochte, an der imposanten Kathedrale. Gleich wäre er da, Ecke Rue de Kergariou – Rue du Sallé, ein beachtlich ansteigendes Sträßchen aus Pflastersteinen; das hügelige mittelalterliche Quimper besaß einige davon – mit alten Häusern in hellen Beige-, Ocker- und Grautönen, die das Licht stimmungsvoll zum Leuchten brachten.«
Bretonischer Stolz, Seite 175

Von der Brücke Ste-Catherine beim Zusammenfluss *(kemper)* von Odet und Steir sind es nur wenige Schritte zur Kathedrale St-Corentin. Ab 1240 sollte ein gotischer Koloss mit himmelstrebenden Zwillingstürmen das vorhandene romanische Kirchlein ersetzen. Doch nach rund einhundert Jahren erfolgreicher Bauzeit bremste die Pest Elan und Gottvertrauen aus. So zog sich die Vollendung bis ins 19. Jahrhundert hin, aber getreu den ursprünglichen Plänen. Auch Teile der originalen Glasfenster haben sich erhalten, doch wer Dupins bretonische Mitarbeiter kennt, ist auf andere Prioritäten gefasst, vielleicht die Reiterstatue auf dem Dach zwischen den 76 m hohen Türmen. Das ist Gradlon, der legendäre König der Cornouaille. Wir werden ihm später noch begegnen (s. S. 219) und nun doch lieber die umliegenden Gassen mit den Fachwerkbauten aus Mittelalter und Renaissance durchstreifen, über die Stadtmauern schlendern, wo das noch möglich ist, oder Stadtgeschichte im Musée départemental breton studieren (1, Rue Roi Gradlon, http://musee-breton.finistere.fr). Im Musée des Beaux-Arts warten sogar Gemälde der Schule von Pont-Aven einschließlich Gauguin und Sérusier (40, Place St-Corentin, www.mbaq.fr).

Die *Vedettes de l'Odet* (www.vedettes-odet.com) bieten ab Quimper schließlich noch Rundfahrten auf dem Fluss an und machen auf diese Weise mit den Schlössern am Ufer und mit den Vire-Court bekannt. Über diese Flusskehren erhebt sich am rechten Ufer das *Château de Keramblеïz* aus dem 19. Jahrhundert (www.chateau-kerambleiz.fr). In der Verfilmung von »Bretonische Geheimnisse« dient es als Wohnsitz des Investors Marc Denvel.

Dupins spezielle Empfehlung
Bretonische Karibik

Die Verbindungen zwischen Bretagne und Karibik sind intensiver, als manch einer denkt. Nehmen wir den Rum, der hier liebend gern getrunken wird, seit Piraten ihn erstmals nach St-Malo brachten. Fast karibisch mutet auch manch eine bretonische Küstenlandschaft an, das gilt insbesondere für das Inselparadies der Glénan. Vermeiden Sie für die Fahrt dorthin aber die Hochsaison oder starten Sie zumindest frühmorgens mit dem ersten Boot, das Concarneau verlässt, möglichst eines mit Glasboden. Alternativ bieten kleine Unternehmen ab Concarneau oder Trévignon Ausflüge mit zodiacs *an, das sind rasante Schlauchboote für zwölf, sechzehn oder zwanzig Passagiere.*

Vor Jahrmillionen lagen die Glénan auf dem Äquator, ihre Sandmassen sind Überbleibsel tropischer Korallen. So ist es keineswegs übertrieben zu behaupten, dass man hier auf karibische Farben, karibische Lagunen, karibische Eindrücke stößt. Alles auf diesem mythischen Archipel macht trunken. Ein unerhebliches bisschen Sand, Erde, Felsen, verloren im Nichts, kaum der Rede wert, gemessen an der Gewalt der Elemente ringsum. Wenn Sie Glück haben, lässt sich sogar eine Gruppe von Delfinen blicken, die hier leben.

Îles de Glénan: Die Hauptinsel

Fehlt da nicht ein Plural-s, muss man nicht »die Glénans« schreiben? Nein, aber das ist wieder so eine bretonische Angelegenheit, die man am besten auf sich beruhen lässt. Auch die Frage nach der Anzahl der Inseln sollte man sich verkneifen, denn keine Antwort wäre zu jeder Zeit gültig. Sieben große und noch ein paar versprengte Inseln, zehn Seemeilen vor Concarneau gelegen, etwa so passt es. Hauptinsel ist St-Nicolas mit vielleicht fünfzehn Einwohnern und ein paar Hundert Metern Länge. Kein Ort für lautlose Morde. Ebenso kein Ort für architektonische Wunder. Vielmehr regieren Bescheidenheit und eine hinreißende Natur, die auch Dupin in »Bretonische Brandung« immer wieder von seinem Fall ablenkt (Seite 39):

»Nicht weit von den Austernbecken begann einer der typischen karibisch anmutenden Strände der Glénan. Das Bemerkenswerte dieses Strandes war, dass er sich bei Ebbe, also jetzt, zu einer schier unendlich langen Sandbank ausdehnte, die aus Bananec, eigentlich die kleinere Nachbarinsel von Saint-Nicolas, einen Annex der Hauptinsel werden ließ. Zwischen beiden lag nun der außergewöhnlichste Strand des Archipels, alle zwölf Stunden – und fünfundzwanzig Minuten! – neu und rein dem Meer entwachsen.«

Da gerät man schnell ins Träumen oder auch Fantasieren, sofern das überhaupt verschiedene Dinge sind. Vielleicht, ja vielleicht kann man sagen, dass Träume noch in der realen Welt verharren, während Fantastereien schon ins Jenseits huschen. Nur sieht da das keltische Erleben keine Trennlinie, sondern einen fließenden Übergang, jenen »unklaren Zwischenraum«, der im Wesen der Glénan seine Entsprechung findet. Dupin hinterlässt eine Notiz, in der er sachlich vermerkt, wie präsent die Boten aus dem Jenseits sein können:

»Die vordere Wand des Schuppens brachte etwas Skurriles in die ansonsten vollkommen stimmige Szene: ein riesengroßes Gemälde, forciert naiv gemalt, auf dem typische Landschaften der Glénan, die bekanntesten Wahrzeichen der einzelnen Inseln und auch mythische Stoffe zu einem surrealen Panoramabild vermischt worden waren. Rechts sah man den Thron der Groac'h und sie selbst als hübsche junge Königin mit einem Fischschwanz.«
Bretonische Brandung, Seite 38

Auch wenn *Groac'h* hier als gutmütige Schönheit beschrieben wird, so erscheint das Wesen in allerlei Formen, auch als reiner Giftzacken mit Walrosszähnen und übelster Gesinnung. Der bretonische Dichter Émile Souvestre machte die Glénan-Inseln 1844 zur Heimat der *Groac'h*, sie soll dort am Grund eines Sees in unermesslichem Reichtum gelebt und Männer zur Ehe überredet haben, nur um sie in Fische zu verwandeln und dem nächsten Hochzeitsaspiranten als Mahlzeit vorzusetzen.

So ein bretonisches »Soylent Green« könnte glatt ein Appetitzügler für Gäste im *La Boucane* sein. Dabei handelt es sich keineswegs um ein zweites Café auf St-Nicolas, vielmehr hat das Restaurant *Quatre Vents* aus dem Krimi inzwischen seinen Namen geändert. Dort ist »alles echt, nichts arrangiert, dekoriert, um idyllisch zu sein«. Es gibt eine kleine Auswahl einfacher Speisen und vor allem

Auf den Glénan-Inseln

den blauen Hummer der Glénan. Blau ist übrigens nur der lebende Hummer, im Kochtopf dreht er ins Rote bis Graue ab. Charlie allerdings, dem Maskottchen der Inseln, blieb solches Schicksal erspart, man ließ ihn in seinem Wrack ungestört leben.

Platz ist auf der kleinen Insel tatsächlich noch für die renommierte Segelschule *Les Glénans* (hier korrekt im Plural und inzwischen weltweit eine Institution), eine Tauchschule und seit 1974 ein überschaubares Schutzgebiet der einzigartigen Glénan-Narzisse:

»Ende April, Anfang Mai blühten sie für drei, vier Wochen und bildeten gelb-weiße Felder – die in ihrer Fülle dann doch beeindruckten, musste Dupin zugeben.« *Bretonische Brandung, Seite 223*

Îles de Glénan: Die Kammer und noch mehr

Georges Dupin hat den meisten Gästen in der Bretagne etwas voraus: Er ist Kommissar. Das gibt ihm den Freibrief, sämtliche Glénan-Inseln zu betreten, während Tagestouristen nur St-Nicolas besuchen und bei einer Bootsrundfahrt Blicke auf die Nachbarinseln werfen dürfen. Da ist Le Loc'h, größte Insel und im Krimi der Fundort dreier Leichen. Außer einer Klosterruine, einem Friedhof und einer verfallenen Sodafabrik gibt es hier einen See, auf dessen Grund *Groac'h* gelebt haben soll. Auf Drénec steht eine restaurierte Farm, auf Cigogne eine Festung, und auf Penfret ist das Wrack eines gestrandeten Schiffes zu sehen.

Und warum stehen so verdächtige Bauwerke wie Farm, Festung und Kloster hier auf verlorenem Posten? Bekannt ist, dass die Glénan einst mit dem Festland verbunden waren. Schon König Gradlon soll sie den Mönchen von St-Gildas-de-Rhuys geschenkt haben. Von dort wurde dann der Archipel christianisiert und erhielt im Mittelalter ein Benediktinerkloster. Weder die Anwesenheit von Geistlichkeit noch Säuberungsaktionen durch die königliche Marine konnten dabei verhindern, dass sich Piraten auf den Glénan etablierten, unter ihnen Jeanne de Belleville, die – laut Nolwenn – »verbürgt erste Piratin der Weltgeschichte«. Mit Süßwasservorkommen und geschützten Buchten war der Archipel idealer Stützpunkt für Überfälle aufs Festland wie auch auf Handelsschiffe. Und was nicht in Schlachten unterging, zerschellte hier vielfach an Felsen. 1724 sank die »Madeleine de Cherbourg«, ihre Ladung verflog gleichsam, denn das Schiff hatte vor allem Schnaps an Bord. Andere Fracht wechselte mehr oder weniger legal in den Besitz der Fischer der Region, für die Schiffbruch immer auch Beute bedeutete. Angesichts der Plünderungen ist die Hoffnung auf Schätze in gesunkenen Wracks gar nicht so sehr begründet, wie Dupin mutmaßt, aber auch so lockt das Unterwassererlebnis. Flora und Fauna des Meeres erkundet man am besten bei Tauchgängen rund um die »Kammer« *(la chambre)*, jener Lagune in der Mitte des Archipels.

Foto links: Die Galionsfigur des Dreimasters »Étoile du Roy«, der von St-Malo aus Ausflugsfahrten entlang der bretonischen Küste unternimmt

CIDRE UND PORZELLAN

Unterkunft

1 Bot Conan Lodge: *Glamping, die luxuriöse Variante des Zeltlagers, ist noch nicht allzu populär, kommt aber in der Bretagne schon mit beachtlichen Angeboten daher. Luftmatratze und Schlafsack waren früher, in den Zelten und Hütten der Lodge gibt es sowohl Betten als auch eine Küche. Paradiesisch aber wird es erst mit der traumhaften Badebucht Bot Conan direkt vor der Nase.*

Bot Conan, Fouesnant, www.botconan.com, ab 75 € pro Nacht

2 Ginkgo: *Im Quartier Locmaria, wo seit Jahrhunderten die Keramik von Quimper entsteht, verbindet dieses Hotel Tradition und Moderne und legt noch einen Garten dazu. Wer Goethe aufmerksam gelesen hat (»dieses Baumes Blatt, der von Osten meinem Garten anvertraut«), kennt den Ginkgo mit seinem botanisch verordneten Zusatz »biloba«. Im Fall des Hotels handelt es sich bei Biloba um den Wellnessbereich, der Gästen für 32 € zur Verfügung steht.*

1, Rue du Chanoine Moreau, Quimper, www.hotel-ginkgo.com, DZ ab 128 €

Essen

1 Le Café du Port: *»Dupin hatte die Bar und das Restaurant schon immer gemocht; alles war einfach, schlicht, aus Holz, alles in den atlantischen Grundfarben gehalten: blau, weiß, rot. Es gab hier – neben dem* Amiral *– den besten* café *der Gegend.« (Bretonische Brandung, S. 92)*
Doch auch essen kann man hier gut und vergleichsweise günstig, ein Menü bekommt man schon ab 39 €.

2, quai Jacques de Thézac, Sainte-Marine, www.lecafeduport.fr

2 Aux Viviers de Penfoulic: Dégustez sur place – *probieren Sie vor Ort, nämlich die Meeresfrüchte, die an der Bucht von Penfoulic aus dem Wasser gezogen werden:* praires *(raue Venusmuscheln, die besten, findet Dupin),* ormeaux *(Abalonen),* palourdes *(Teppichmuscheln), Krebse, verschiedene Austern. Die maßgeschneiderte Bestellung gibt man am Vortag auf, um am nächsten Abend vor der Bretterbude der Familie Bouille zu sitzen und quasi mit den Füßen im Wasser zu schlemmen. Für Bea, die Ihnen die Delikatessen serviert, ist es das »schönste Büro auf der Welt«. Stille, Einsamkeit, nur die*

sanfte Bucht und viele, viele Vögel. Es wird ein unvergesslicher Abend, sicher auch wegen des vorzüglichen Muscadet.

Route de Beg-an-Aer, La Forêt-Fouesnant, https://auxviviersdepenfoulic.jimdofree.com

Feste

Pardon de Ste-Anne de Fouesnant: *In der Bretagne geboren und gestorben: Der Maler Alfred Guillou gehört zur Schule von Concarneau, eines seiner dramatischsten Bilder zeigt die Wallfahrt auf Booten zu Ehren der heiligen Anna. Ziel dieses* pardons *am ersten Sonntag nach dem 26. Juli ist die* Chapelle Ste-Anne *am Nordrand von Fouesnant.*

Fête des Pommiers: *Das mit dem Apfel und dem Stamm wird wieder einmal wahr in Fouesnant. Am dritten Wochenende im Juli ziehen Menschen in historischen Trachten durch die Innenstadt, um mit Cidre auf Cidre anzustoßen.*

Festival de Cornouaille: *Das Ginsterfest von Pont-Aven (s. S. 138/139) war in jeder Hinsicht Vorbild, als Quimper 1923 sein eigenes Fest zu Ehren der bretonischen Kultur erhielt. Rings um die zentralen Feierlichkeiten Ende Juli ist inzwischen ein großer Veranstaltungskalender quer durchs Jahr und mit zeitgemäßen kulturellen Zutaten gewachsen; www.festival-cornouaille.bzh.*

Pardon des Glénan: *Wie muss man sich eine Wallfahrt auf einer handtuchgroßen Insel vorstellen? St-Nicolas liefert am ersten Sonntag im September ein anschauliches Beispiel. Bei schwerer Witterung weicht die Prozession allerdings aufs Festland aus – die fragilen Hauben der Frauen kann es dann aber immer noch davonwehen.*

Mehr Infos

Office de Tourisme:
8, Rue Élie Freron,
29000 Quimper, T 02 98 53 04 05,
www.quimper-tourisme.bzh

Foto rechte Seite: Abri du Marin in Ste-Marine

Foto nächste Seite: Blick auf Douarnenez

AdM
AIMEZ-VOUS LES UNS LES AUTRES
KARET AN EIL E GILE
DOUE HENOR MAC AR VRO
ABRI DU MARIN
JACQUES DE THEZAC FONDATEUR 1862 1936

DER WESTEN

Die Bucht von Audierne

Über Douarnenez nach Brest

Rings ums Pays des Abers

Argoat – ein Stück Hinterland

DIE BUCHT VON AUDIERNE

Ein Scheitelpunkt ließe sich nicht benennen, doch beschleicht einen irgendwo jenseits des Odet das Gefühl, mitten hinein in die Einsamkeit und Schlichtheit zu fahren. Ferienziele sind rar westlich der Linie Douarnenez–Quimper, aber Abgeschiedenheit hat ja auch ihren Reiz. Dupin hat in dieser Gegend ebenfalls wenig zu schaffen, sieht man vom vermissten Angler aus Île-Tudy (»Bretonische Brandung«, Seite 62) ab wie auch vom Staunen des Kommissars über den *Phare d'Eckmühl* (»Bretonisches Vermächtnis«, Seite 119/120), unser Etappenziel.

Foto diese Seite: Bucht von Douarnenez

Kopflose Kirchen

Das Baskenland heißt Baskenland, weil man dort Baskenmützen trägt? Das wäre eine abenteuerliche Erklärung, doch im Südwestausläufer der Bretagne geht die etymologische Rechnung auf: Das Pays Bigouden bewahrt seinen Namen tatsächlich wegen einer Haube, die *bigouden* genannt wird. Als Gauguin und seine Malerkollegen im späten 19. Jahrhundert die Bretagne für sich entdeckten, waren sie fasziniert von den *coiffes,* den weißen Kopfbedeckungen, die zur Tracht bretonischer Frauen gehörten. Was aber die Künstler für eiserne Tradition hielten, war erst wenige Jahrzehnte zuvor, um 1850, zur Mode geworden – und wird heute nur noch zu festlichen Anlässen getragen. Fast jede Region der Bretagne brachte damals eine eigene Form solcher Hauben hervor, an der man die Herkunft der Trägerin ablesen konnte. Im Bigoudenland wurde es eine Art weißes Ofenrohr, das höher und höher wuchs, bis es irgendwann grotesk aussah und sich angesichts der kräftigen Winde auch ziemlich absurd ausnahm. Man sagt, die jungen Frauen hätten einander im Wettstreit um die Gunst der Männer schlichtweg durch Höhe überbieten wollen. Dem bretonischen Comiczeichner Jean-Paul David bot der Kopfschmuck Inspiration für seine *Mam'Goudig,* eine putzige Matrone, die Skurriles tut, denkt, sagt und es geschafft hat, Zierde unzähliger Souvenirartikel zu werden. Sie ist heute Davids allgegenwärtiger Goliath, während im richtigen Leben einzig noch Alexia Caoudal aus Pont l'Abbé die Haube täglich und nicht nur zu Feiern trug. Der Lebensmittelhersteller

Kirche St-Jacques in Pont-l'Abbé

Tipiak aus St-Herblain bei Nantes drehte mit der betagten Dame sogar Werbespots – in denen sie kurioserweise auch Couscous aus dem Kochbeutel anpreist.

Nun also, westlich von Quimper, sind wir mittendrin im Land der Röhren. Bevor es in den Hauptort geht, lohnt in Combrit ein Besuch des Parc botanique de Cornouaille (www.parcbotanique.com). Auf 4,5 ha breitet er die Pflanzenwelt der Erde aus, nun ja, zumindest viertausend verschiedene Arten, die man auf diversen Kontinenten antrifft. Die Anlage folgt der Tradition des englischen Gartenbaus, sie ist weitläufig und durch mächtige Bäume strukturiert, zwischen denen Sträucher wie Azaleen, Rhododendren und Hortensien während der Blüte farbige Akzente setzen. Die Planer fühlten sich dem Inselnachbarn verbunden, schon weil die Landschaft – nicht das kleinere Bigoudenland, sondern die übergeordnete Region Cornouaille – vor vielen Jahrhunderten nach dem britischen Cornwall benannt wurde.

Keine 5 km südlich des Parks quert die Brücke Pont Christ einen Fluss, der sich kurz darauf in breiter Mündung zum Meer öffnet. Praktischerweise befindet sich an diesem neuralgischen Punkt die traditionsreiche *Biscuiterie de Pont-l'Abbé,* untergebracht in einer Mühle aus dem 18. Jahrhundert und am Fuß des *Château des Barons,* das nun Rathaus und Regionalmuseum von Pont-l'Abbé beherbergt (https://musee.ville-pontlabbe.bzh). Bevor man allzu schnell von der Brücke weicht – ihren Vorgänger ließ angeblich ein *abbé* (Abt) im 7. Jahrhundert bauen, heute ist sie eine der wenigen noch bewohnten Brücken Europas –, könnte man in ebenjener *biscuiterie* einen frischen *kouign amann* (s. S. 221) kaufen. Ein idyllischer Platz zum Verzehr wäre die nahe gelegene Ruine der Kirche *St-Jacques de Lambour.* Ihr Zustand ist weitgehend dem Verfall nach der Revolution geschuldet, aber für den gekappten Kirchturm muss man weiter ausholen. 1672 hatte sich Ludwig XIV. in einen Krieg gegen die Niederlande gestürzt, der zum Fiasko geriet und auch die bretonischen Küsten bedrohte. Mit Steuererhöhungen suchte der Sonnenkönig seine Schlagkraft zu stärken, brachte so aber das eigene Volk gegen sich auf. Groll löste vor allem die perfide Steuer auf das Stempelpapier aus: Urkunden hatten nur Gültigkeit, wenn sie auf einem gestempelten Papier ausgestellt waren, auf das ebendiese Steuer zu entrichten war. Den Bretonen platzte der Kragen, nur waren die Aufständischen dem Militär letztlich nicht gewachsen. Es folgten Hinrichtungen, aber auch die Verstümmelung von Kirchtürmen, denn dort oben hatten die Glocken zum Aufstand geläutet. Die geköpften Türme, so besagt eine Theorie, seien in einer Art Rückbesinnung auf den frommen Katholizismus Vorbild für die röhrenförmigen *bigouden*-Hauben gewesen.

Vorbei am *Manoir de Kérazan*, einem Herrenhaus aus dem 16. Jahrhundert, in dem zeitgenössische bretonische Kunst auf Besucher wartet (www.kerazan.fr), folgt man der D2 in den Badeort **Loctudy**. Die oben erwähnte und auf der anderen Seite der Mündung liegende Halbinsel Île-Tudy mit dem deutlich beliebteren Sandstrand erreicht man vom Jachthafen aus in wenigen Minuten mit der Pendelfähre. Unterwegs sieht man *Perdrix*, Frankreichs einzigen Leuchtturm mit Anstrich im Schachbrettmuster. Ja, den Bretonen wäre es unbehaglich ohne ihre Ticks. Wer in Loctudy bleibt, kann im Dorfzentrum mit der *Église St-Tudy* die am besten erhaltene romanische Kirche der Bretagne (12. Jh.) besichtigen.

Foto rechte Seite: Treppe im Phare d'Eckmühl

Agathe Guillemot
Man nennt sie Gazelle

Bigoudène sei sie und erst in zweiter Linie Bretonin. Agathe Guillemot aus Penmarc'h formuliert damit einen Geist, wie man ihn auch in St-Malo am anderen Ende der Bretagne, allerdings vor anderem Hintergrund, antrifft. Dort ist es der Stolz einer Bastion, die sich selbst genügte und auch autark überleben konnte, hier im Bigoudenland mehr das Bewusstsein, ganz allein vor den Herausforderungen des Atlantiks zu stehen. Guillemot, 1999 geboren, ist eine herausragende Läuferin über die Distanzen 800 m, 400 m und 400 m Hürden, aber in ihrer Heimat feiert man sie vor allem als schnellste Athletin beim Treppenlauf auf den Phare d'Eckmühl. *Das sind 290 Stufen bis zur Kuppel und noch eine Behelfstreppe bis hinaus zur*

Aussichtsplattform, von der man die ganze Wildheit der Landschaft überblickt. »Bigoudène zu sein, das bedeutet Offenheit, freiheraus zu sagen, was man im Kopf hat. Wir haben zwar auch eine trotzige Seite an uns, aber wir scheuen uns eben nicht, unsere Gedanken auszusprechen, allerdings niemals, um andere zu verletzen.« Sie funktioniere Stufe für Stufe, sagt Agathe, als sei ihr ganzes Leben ein Treppenlauf, und eine Stufe, so hofft sie, soll auch mal eine Olympiade sein. Von Kindesbeinen an habe sie sich immer im Wettstreit mit ihrem Bruder befunden, das habe ihren Willen zum Erfolg gestärkt. Ihren Leuchtturm in Penmarc'h wolle sie aber nie aus den Augen verlieren.

»Papa Poydenot« und die Treppe von Eckmühl

Hummer war es, der den Fischern von **Lesconil** vor allem in die Netze ging, aber aus dem Fischereihafen mit Werft wurde ein Anlegeplatz für Jachten. Damit verschwanden auch die einstigen Bootsnamen, die der politischen Orientierung der Seebären entsprangen: Sogar »Karl Marx« und »Friedrich Engels« schaukelten dort auf dem Wasser. Dem Meer in dieser Gegend kann man nicht nachsagen, dass es zimperlich wäre. Bei kräftig pustendem Wind türmen sich vor dem Ort majestätische Wellen auf. Ihnen verdankt Lesconil saisonalen Besuch von versierten Surfern. Wanderer schätzen dagegen einen Spaziergang entlang der Küste Richtung Westen bis zu den bizarren Felsen von *Goudoul*.

Dass Guilvinec, nebenan gelegen, als bedeutender Fischereihafen überlebte, beschert dem Küstenstrich eine wieder andere optische Facette – so auch die Gegenwart großer Trawler im Trockendock. Ein Blick unter Wasser würde das Bild zu einer ganzen Wahrheit abrunden, denn an dieser oft umtosten Landspitze wimmelt es von Wracks. Als unsinkbar galt derweil ein nur 10 m langes Rettungsboot aus Teakholz, das 1901 auf den Namen »Papa Poydenot« getauft wurde. Während heute ein Nachfolger gleichen Namens um das Leben von Seeleuten kämpft, liegt der Veteran wohlbehütet in Penmarc'h auf dem Trockenen, nur wenige Meter vom 1897 eröffneten Phare d'Eckmühl entfernt.

So ein Leuchtturm auf dem Festland könnte nicht die gleichen aufregenden Geschichten erzählen wie seine Brüder draußen auf den Inseln. Aber der Ruhm dieses 65 m hohen Exemplars liegt auch nicht in Abenteuern, sondern in der Schönheit begründet. Jährlich wollen etwa 60 000 Besucher den Turm sehen, das verschafft dem gesamten Bigoudenland Reiseverkehr. Der offenkundig weder bretonische noch französische Name des Denkmals rührt von der Schlacht bei Eggmühl (1809). Eine Marquise, deren Vater dort einen Sieg errungen hatte, wollte ein Zeichen gegen das Grauen des Krieges setzen. Aus ihrem Nachlass stammt die Hälfte der letztlich investierten 600 000 Francs. Mit diesem stattlichen Betrag konnte der Hof mit Bodenmosaiken und das Treppenhaus mit Mahagoni, Bronze, Marmor und Opalglas ausgestattet werden. Selten kann ein Leuchtturm mit so viel Prunk aufwarten, aber man muss ihn auch wirklich besteigen, um das Wunder entlang seiner berühmten Treppe würdigen zu können.

Im Hochsommer bietet die heutige Wärterin Alexandra Coatmen jeden Dienstag den Aufstieg bei Sonnenuntergang an, der einen atemberaubenden Blick über die gesamte Bucht und die benachbarten Leuchttürme ermöglicht. Bis hin zu den Glénan auf der einen und der Insel Ouessant auf der anderen Seite kann man schauen, während das kräftige Leuchtfeuer 50 km hinaus aufs Meer strahlt. Das Licht wird heute automatisch gesteuert, doch bis Oktober 2007 waltete dort einer der letzten Leuchtturmwärter Europas seines Amtes. Kurz vor seinem Ausscheiden fand im August 2007 das erste *Championnat du monde de l'ascension du phare d'Eckmühl* statt, einer der weltweit ältesten Treppenläufe. Maxime Signorino hieß der Athlet, der 2015 die 290 Stufen in knapp 47 Sekunden schaffte. 2019 starb er im Alter von nur 23 Jahren bei einem Motorradunfall. Die schnellste Frau, Agathe Guillemot, benötigte im August 2021 etwa 63 Sekunden.

Dupins spezielle Empfehlung

Spaziergang in der Gischt

Nun wird der Westen richtig wild, richtig bretonisch. Steifer Wind pustet Sie durch, klärt alles! Es ist die Einladung, bis zum Sonnenuntergang den endlos langen Strand von La Torche entlangzuschlendern. Weite, Freiheit, gigantische Wellen bei jedem Wetter – nur dass man, streng genommen, von Brandung, nicht Wellen sprechen müsste. Davor türmen sich gewaltige Dünen. Man läuft Stunden durch feinste Gischt, nach kurzer Zeit haben sich Sand und Jod überall verteilt. Man riecht, schmeckt, fühlt es. Ein Paradies für Surfer einschließlich der härtesten Profis, die hier nationale und internationale Meisterschaften austragen. Parken Sie irgendwo an der Pointe de la Torche, dann haben Sie 10, 15 km Strand vor sich.

Pointe de la Torche

(www.henaff.com). Zum Missfallen der Bretonen hat sich das Frühstücksfleisch weltweit eher unter dem amerikanischen Namen Spam durchgesetzt, ein Kunstwort aus »spiced porc and ham«. Dass Spam heute in der Computerwelt für digitalen Müll steht, erscheint wie eine gerechte Strafe. Denn die bretonische Pastete in blauer Dose hat die älteren Rechte, sie wurde schon 1914, zwölf Jahre vor Spam, als Seemannskost erfunden. Das Rezept blieb jahrzehntelang unverändert, aber geheim. Ein Museum und eine Boutique vor Ort huldigen der Speise und empfehlen auch gleich den Rundumschlag: *Hénaff* im Auflauf, *Hénaff* auf der Galette, *Hénaff* mit Fisch, *Hénaff* im Windbeutel. Wer sich danach nur noch betrinken mag: Pouldreuzic ist zugleich bekannt für Cidre mit dem ziemlich bekannten Markennamen *Kerné* (www.cidre-kerne.bzh).

Damit zurück zu den kilometerlangen einsamen Sandstränden in der Bucht von Audierne oder auch der reichen Tierwelt in den Feuchtgebieten hinter den Dünen. Die Begegnung mit dieser Natur scheint Menschen schon vor vielen Jahrtausenden fasziniert zu haben. An der Pointe du Souc'h befindet sich eine eindrucksvolle Nekropole mit sieben Dolmen aus dem Neolithikum, während in einer nahen Höhle sogar Funde aus der Altsteinzeit gemacht wurden.

Audierne: Der unaufgeregte Fährhafen

Audierne an der Mündung des Goyen breitet sich selbstbewusst in das weite Land ringsum aus. Am Hafen, wo Jachten die Fischerboote fast verdrängt haben, schlendert man gemütlich von Café zu Café, um schließlich den sanften Hang hinauf und durch hübsche Gassen zu einladenden Geschäften zu gelangen. Bei nur knapp 3700 Einwohnern plätschert das Leben hier leise dahin. Es gibt ein Aquarium, ansonsten einen Fährhafen für die Verbindung »über das Ende der Welt hinaus«, also: mit der Insel Sein, auf der Kommissar Dupin seinen fünften Fall zu lösen hat. Das beschert ihm eine denkwürdige Überfahrt (mit der Gesellschaft *Penn Ar Bed*, www.pennarbed.fr).

Dupins spezielle Empfehlung
Auf Höllenfahrt

Anfangs fährt man noch unter dem Schutz massiver Klippen, doch auf Höhe der Baie des Trépassés befinden Sie sich auf dem offensten Meer. Mächtige, chaotische Strömungen, Strudel und Untiefen. Selbst bei einem Himmel von reinstem Blau und ohne Wind schlagen die Wellen mit einem Male hoch. Die massive Fähre taumelt. Nichts scheint mehr sicher, man fühlt eine schaurige Lust. Es folgt ein Auf und Ab wie auf einer waghalsigen Achterbahn, aber es ist nicht bloß diese eine *Bewegung von Hoch und Runter, es sind* mehrere *Bewegungen, völlig unterschiedliche und – das ist das Schlimmste – sie geschehen alle simultan: ein Hin-und-her-Wiegen, ein Wanken, ein plötzliches Kippen, ein Schwanken und Schlingern. Dazu gesellt sich das Zittern des eigenen Körpers, ausgelöst durch das unerträgliche Vibrieren, das der Motor unter einem erzeugt.*

War das Wasser nahe dem Festland noch von tiefdunklem Blau, so ist es nun schwarz. Überall spritzen dichte Gischtwolken empor, die beim Brechen jeder Welle entstehen. Allein die Gischt der kolossalen Heckwelle im steifen Rückenwind reicht aus, um die Passagiere zu durchnässen. Es ist eine der wildesten, gefährlichsten Passagen. Überall schroffe Felsen. Als hätte ein tändelnder Riese auf der Pointe du Van gesessen und zum Vergnügen Felsbrocken ins Meer geworfen. Seit 1859 sind in der Gegend offiziell hundertneunundsiebzig Schiffskatastrophen verzeichnet. In Wirklichkeit müssen es mindestens dreimal so viele gewesen sein!

Nach solcher Fahrt scheint es bei der Ankunft nicht mehr mit rechten Dingen zuzugehen: Ohne erkennbaren Grund beruhigt sich jäh das Meer, als hätten Sie eine unsichtbare Zaubergrenze passiert. Dafür ragen nun Felsen in bizarren Formen aus dem

Wasser. Gefährlich spitz und dunkel recken sie sich ein paar Meter hoch gegen den sagenhaft blauen Himmel, bewacht von Möwen, die misstrauisch zur Fähre herüberstarren. Diese Insel gehört offenkundig anderen Sphären an, auch Frankreich ist fern, nicht nur die neun Kilometer weit weg, die es faktisch sind.

Der Phare de la Vieille vor der Pointe du Raz

Das bisschen Insel: Sein

»Zu den anderen prägenden Eindrücken der Insel gehörte eine eigentümliche Stille. Jegliches zivilisatorische Hintergrundrauschen fehlte – keine Autos, keine Müllabfuhr, keine Bahnen und Züge, keine Maschinen. Die paar Geräusche, die es gab, schien der Atlantik sanftmütig zu schlucken, zudem ließen sie nach ihrem Verstummen die Stille noch absoluter wirken. Vieles war hier anders, man bemerkte es sofort beim Betreten der Insel, aber es dauerte, bis man in der Lage war, sich zu vergegenwärtigen, was diese besondere Welt ausmachte.«
Bretonische Flut, Seite 94

So, dann mal durchzählen. Wer sieht sieben Gräber auf dem Cholera-Friedhof der Île de Sein? Das ist nicht gut, gar nicht gut. Jedenfalls geht auf der Insel die Mär, das siebte Grab sehe nur, wer das nächste Opfer des Sensenmannes werde. 1885 war die Seuche vom Festland übergesprungen, doch die strenge Isolierung der Infizierten und Toten konnte die Epidemie schnell eindämmen. Freilich ist das nur ein Aspekt des großen Themas, das hier draußen besonders schwer wiegt: der Tod. Von Havarien und ertrunkenen Seeleuten weiß jeder Insulaner zu berichten. Schwere Tragödien waren der Untergang des britischen Kriegsschiffes »War Song« 1918 und des Dampfers »Hélène« 1929. Im Jahr 1958 kam Alain Kaminker bei Dreharbeiten auf hoher See ums Leben. Ihn, den Bruder von Schauspielerin Simone Signoret, ehrte die Île de Sein mit einem Grab auf dem Inselfriedhof, wo sonst kein Auswärtiger liegen darf.

Speiübel wird dem Kommissar auf der Fahrt herüber. Das kann jedem passieren, deshalb sollte man den Blick auf den Horizont heften und sich nicht auf eventuelle Schwindelgefühle konzentrieren. Manchmal hilft es auch, sich in den Zauber des Meeres zu vertiefen und nach Wundern zu spähen: Kleine und Große Tümmler, Blaue und im Sommer auch Rundkopfdelfine, Orcas, Finnwale, Pottwale – es gibt sie im *Parc naturel marin d'Iroise*, der sich von Sein nach Norden bis zur Insel Ouessant erstreckt. Der Park ist als Modell für ein funktionierendes Gleichgewicht zwischen Nutzung des Meeres durch den Menschen und intakter Ökologie gedacht. Ein Schwerpunkt ist die wissenschaftliche Erforschung der Delfine, vor allem ihres hoch entwickelten Sozialverhaltens und ihrer ungeheuren Intelligenz. »Unser Parc weist die größte maritime Biodiversität Europas auf«, lässt Dupin sich berichten. Und weiter:

»Mehr als hundertzwanzig Fischarten sind hier zu Hause! Zudem beherbergt er mehrere Robben- und Delfinkolonien. Und das größte Algenfeld Europas! Mit über achthundert verzeichneten Arten, das siebtgrößte der ganzen Welt.« *Bretonische Flut, Seite 27*

Es bleibt zu ergänzen, dass auch die winzige Landmasse der Insel ein paar kleine Wunder hervorbringt. Von einem erfährt Dupin beiläufig: einer Unterart der Strand-Grasnelke *(Armeria maritima)*. Die rosa blühende Bewohnerin der Salzwiesen, die eigentlich gar keine Nelke ist, wurde einst als Medizin gegen epileptische Anfälle verabreicht. Sie hatte auf der Insel Batz (s. S. 256) überlebt, war dann aber auch auf Sein neu angesiedelt worden.

Bei allem Reichtum des Meeres hat Sein nichts zu verschenken. In der Länge misst die Insel weniger als 2,5 km, in der Breite maximal 800 m. Und wenn die Flut am höchsten steht, ragen gerade noch 2 m über den Wasserspiegel. Und auch nur, wenn das Meer nicht gereizt überschwappt, um Häuser, Ernten und auch mal Menschenleben zu kassieren. Im Angesicht solcher Gefahren, befand der Sonnenkönig, sollte wenigstens die Last durch Besteuerung entfallen. Das war Siedlungspolitik mit der Brechstange, denn hinter dem vermeintlich humanitären Akt stand der Wunsch, den strategisch wichtigen Vorposten halbwegs zivilisiert unter den Fittichen zu behalten.

Auch deswegen finden sich auf der Insel die Kirche St-Guénolé und die Einsiedelei St-Corentin. Es gibt zudem einen Abri du Marin (s. S. 167), der nun musealen und nicht mehr seelenrettenden Zwecken dient. Ausstellungsthema ist neben Inselleben und Seenotrettung die Ära der Résistance. Deutlichste zivilisatorische Zeichen des kleinen Inselreichs und auf ihre Art staatstragend sind die drei Leuchttürme Men Brial, Goulenez und Ar-Men. Dupin besteigt den mittleren, 50 m hohen:

»Eine schier unglaubliche Menge an Licht. An Klarheit. An Freiheit. Ein überwältigender Blick über den Atlantik bis in eine Ferne, die sich unendlich auszudehnen schien, sich mit dem Blick selbst streckte und streckte. Die Unendlichkeit war blau.«
Bretonische Flut, Seite 305

Leuchtturmwärter unterteilen die bretonischen Leuchttürme in Kategorien. Die auf dem Festland nennen sie »Paradies«, die Türme der Inseln, also auch *Men Brial* und *Goulenez,* sind »Fegefeuer«. Daneben existieren »Höllen«, einsam im Meer stehende Türme, auf denen der Dienst zur Qual werden konnte. Der *Ar-Men* galt dabei als Solitär – er war die Hölle der Höllen. Einmal dort abgesetzt, mussten die Wärter oft Wochen auf Ablösung warten. Vierzehn Jahre dauerte der Bau, von 1867 bis 1881, man konnte wegen der Meeresgewalten jährlich nur weniger als einen Monat arbeiten und fand bei der Rückkehr oft die zuvor gesetzten Mauern schon wieder eingestürzt vor. Seit 1990 muss niemand mehr dort ausharren, der furchterregende und zugleich so eindrucksvolle *Ar-Men* ist automatisiert und wird von Sein aus gesteuert, um die gefährliche Passage an der Insel vorbei zu sichern. Wie sich einst der Alltag in der verlorenen Weite gestaltete, beschreibt der bretonische Schriftsteller Jean-Pierre Abraham (1936–2003), der drei Jahre auf dem *Ar-Men* zugebracht hat und darüber das Tagebuch »Der Leuchtturm« (in deutscher Sprache 2010 erschienen) hinterließ. Über den Bau des Leuchtturms schrieb Henri Queffélec (1910–1992) den Roman »Un feu s'allume sur la mer«, der allerdings auf Archivmaterial beruht, denn Queffélec konnte die Sisyphusarbeit, als Zeitgenosse von Abraham, auch nur rückblickend beschreiben.

Dupins spezielle Empfehlung

Le Tatoon *am Quai Sud*

Ein weißes Haus mit einem bretonisch spitzen Dach und hellgrün gestrichenen Fensterläden: das Tatoon. *Eine hübsche Terrasse, große Keramikkübel, Olivenbäume, die Tische und Stühle aus Holz, das mit der Zeit die typische Patina gewonnen hat. Nicht sehr viele Tische, schmale Schiefertafeln rechts und links vom Eingang, auf denen die Menüs stehen – vor allem das, was die Fischer der Insel vor ein paar Stunden aus dem Meer geholt haben. Dazu gibt es unfassbar gutes Kartoffelpüree.* Lieu jaune et purée de pommes de terre maison. *Davor zu empfehlen: die Austern von der Insel, denn Marie Robert und Stanislas Jousseaume haben auf Sein die lange brachliegende Austernzucht wiederbelebt und sich auf die platten europäischen Austern spezialisiert. Je kleiner, desto delikater! Das Phytoplankton um die Insel herum weist außerordentlich starke, raue, wilde Aromen auf, heißt es. Austern schmecken wie ihr* merroir, *wunderbar.*

Foto links: Île de Sein, Quai Nord

Tipps für Genießer

Unterkunft

1 Cap Ouest: *Hafen und Strand liegen fast vor der Tür des weinumrankten Hauses aus dem 19. Jahrhundert, das durch individuell gestaltete Zimmer und einen duftenden Rosengarten begeistert.*

7, Place Dixmude, Guilvinec, www.tripadvisor.de/Hotel_Review-g735265-d3854461-Reviews-Cap_Ouest, DZ ohne Frühstück 48–75 €

2 Le Capricorne: *Auch wenn der Leuchtturm in Penmarc'h beliebtes Ziel von Ausflügen ist, wird die Gegend nicht von den großen Reiseströmen erfasst. Hotels und Restaurants besitzen noch allen Charme einer schlichten, aber herzlichen Gastlichkeit. Musterbeispiel ist das* Capricorne *mit Restaurant und Garten. Zwar im Hinterland gelegen, sind es zum Meer doch nur 4 km.*

15, Rue de Pont-l'Abbé, Pouldreuzic, www.hotel-lecapricorne.com, DZ ohne Frühstück ab 78 €, Menü ab 27 €

3 Villa Keris – Face Océan: *Das wäre die gute Wahl für einen Kommissar oder seinen Autor, denn neben Holzfußboden und Meerblick verfügt jedes Zimmer über einen Schreibtisch. In der Variante Superior zählt gar noch eine Terrasse zur Ausstattung. Der Strand würde ans Haus grenzen, läge nicht die Straße dazwischen. Den Fähranleger zur Insel Sein erreicht man zu Fuß in wenigen Minuten. Das Haus aus dem frühen 20. Jahrhundert ist angeblich nach Mona Keris benannt, einer Tänzerin aus dem* Moulin Rouge, *der man die jodhaltige Luft von Audierne empfohlen hatte.*

22, Avenue Manu Brusq, Audierne, http://villakeris.com, DZ mit Frühstück ab 105 €

4 Hôtel Restaurant d'Ar-Men: *Mit Fug und Recht trägt das einzige Hotel der Insel den Namen des berühmten Leuchtturms draußen im Meer, auch wenn es sich bei der Unterkunft nur um ein einfaches Haus am Strand handelt. Sein Restaurant ist Inseltreff.*

Route du Phare, Île de Sein, www.hotel-armen.net, DZ ohne Frühstück 72–102 €

Essen

1 Bar-Crêperie de Lodonnec: *Mit »rustikal« ist die Lokalität direkt am Strand gut beschrieben, doch was immer einem dort zu einfach vorkommen mag, wird durch den prächtigen Meerblick bis hin zu den Glénan-Inseln wettgemacht. Außer Crêpes in zahlreichen Variationen sind auch Muscheln, Salate und einfache Fleischgerichte erhältlich.*

2, Corniche de Penhador, Loctudy, Menü ab 10 €

2 La Chaumière: *Von der großen Terrasse des reetgedeckten Hauses blickt man direkt auf den Hafen, vor sich einen Teller mit Fisch oder Meeresfrüchten. Hin und wieder sorgen Konzerte für Festtagsstimmung.*

42, Rue Jean Baudry, Guilvinec, Menü um 20 €

3 Les Bouchons: *Sei es der Foodtruck* Caravane bleue *oder die westafrikanisch geleitete Open-Air-*

Essstube Chez Zeti – *Touristen in Audierne zieht es zu den einfachen und preiswerten Adressen an der Hafeneinfahrt. Dupin hätte aber mehr Freude am* Bouchons *und seinem gut bestückten Weinkeller. Schon der Klang der Vorspeisen verrät die Gründe: gefüllte Teppichmuscheln, Seespinnentartar mit Bio-Gemüse, Carpaccio vom Tintenfisch mit Espelette-Chili. Bei nur sechs Tischen sollte reserviert werden, als Lohn sitzt man zwischen jenen Mauern, die im 18. Jahrhundert Audiernes Revolutionär Mathieu Guezno beheimateten.*

24, Rue Guezno, Audierne, Menü 44 €

Feste

Fête des Brodeuses: *Bei so vielen Frauen, die unter die Spitzenhaube wollten, war die Kunst des Stickens ein unumgängliches Handwerk im Pays Bigouden. Das dreitägige Fest der Stickerinnen* (brodeuses) *verwandelt Pont-l'Abbé Mitte Juli in ein quirliges Zentrum der Trachten, Tänze, Musikdarbietungen und Leckereien. Auch eine Haubenkönigin wird hier gekrönt. www.festival-des brodeuses.com*

Shaker Fest: *Wer die Segnung der Surfer von Tronoën (s. S. 194/195) schon verwegen findet, wird sich Anfang März in Plonéour-Lanvern noch mehr wundern. Das zweitägige Festival möchte am Ende der Welt das Burleske der Goldenen Zwanziger wiederaufleben lassen. Gefeiert wird in der Halle Raphalen mit Konzerten, Show, Magie, Frivolität und sogar einem Beatbox-Wettbewerb. www.asso-shaker.fr*

Infos

Office de Tourisme:
*11, Place Gambetta,
29120 Pont-l'Abbé,
T 02 98 82 37 99,
www.destination-paysbigouden.com*

Office de Tourisme:
*8, Rue Victor-Hugo,
29770 Audierne,
T 08 09 10 29 10,
www.capsizuntourisme.fr*

ÜBER DOUARNENEZ NACH BREST

»Dupin mochte Douarnenez, besonders die wunderbaren alten Markthallen – man bekam dort unglaublichen Kaffee – und Port de Rosmeur, das mit Charme gealterte Hafenviertel aus dem 19. Jahrhundert, dem goldenen Zeitalter der Sardine. Wenn sie in Douarnenez eine Einsatzzentrale brauchen würden, wäre das *Café de la Rade* ohne Zweifel der richtige Ort.«
Bretonische Flut, Seite 22

Foto oben: Im Hafenviertel von Douarnenez

Dupins spezielle Empfehlung

Das Ende in Sicht

Die Pointe du Raz – das sind die hoch aufragenden Felsen der vorletzten Landspitze im äußersten Westen des Finistère, die sich weit in den Atlantik hinauswagen. Oben ein Plateau, stolze zweiundsiebzig Meter über dem Meeresspiegel, so steht es auf einer Tafel am Parkplatz. Die Kuppe ist bedeckt mit Heidekraut, knallgelbem Ginster, buschigen Gräsern und Moos in den unterschiedlichsten Farben: grün, rostfarben, rot, gelb.

Das Panorama ist berückend: der majestätische Ozean, die wilden, bizarren Klippen, mitten im Meer zwei tollkühne Leuchttürme auf unwirtlichen Felsen und in der Ferne die Île de Sein. Ein Gewirr von Felsen durchzieht das Meer und verursacht allenthalben tückische Stromschnellen und Strudel. Das Himmelsgewölbe wirkt noch weiter, noch höher als anderswo, fast so, als dränge die Atmosphäre der Erde tiefer ins All vor. Als sei die Welt vor allem eines: Himmel. Hier sind das bretonische Licht und die Farben so intensiv zu erleben wie an wenigen anderen Orten. Wenn Sie Glück haben, sehen Sie dieses sphärische Blau, das erst zum Horizont hin allmählich blasser wird. An einer solchen Stelle muss es gewesen sein, an der Caesar oder ein anderer Römer einst festgestellt hat: Dies ist es, das Ende der Welt.

Suchen Sie sich abseits der Wege am Rande des Plateaus eine Stelle, wo das Gras besonders dicht und weich ist. Es sind himmlische Stätten für einen kleinen, aber vollkommenen Müßiggang. Strecken Sie sich der Länge nach aus und überlassen Sie sich der meditativen Wirkung der Wellen, die sich in ruhigem Rhythmus an den Klippen unterhalb des Plateaus brechen. Sie verfallen in ein wohliges kosmisches Dösen, garantiert.

Allerlei Kaps

Die Frage kommt immer mal auf, bei der Antwort geht es um Zentimeter. Die Pointe du Raz bei Plogoff und die Pointe de Corsen weiter nördlich bei Plouarzel kämpfen um das Prädikat, das wahre, das westlichste Ende des französischen Festlands zu sein. Viel gewonnen ist mit einem Sieg nicht, also muss man sich an der Pointe du Raz auch nicht grämen, dass der Konkurrent Corsen ein kleines Stück weiter ins Meer ragt. Was ohnehin mehr Gewicht hat, ist das traumhafte Panorama der Pointe du Raz mit spektakulären Klippen und dem fotogenen Leuchtturm *Phare de la Vieille*, der 1887 auf einem vorgelagerten Inselchen eröffnet wurde. Noch weiter draußen und aus gutem Grund automatisch gesteuert befinden sich die Leuchttürme *Tévennec* und *Ar Groac'h*. Auf dem Festland dicht beim beliebten Aussichtspunkt steht derweil die »Muttergottes der Schiffbrüchigen«, die Cyprien Godebski 1870 aus Carrara-Marmor meißelte. Beschwerden hört man dort aber auch, sie betreffen zumeist die hohen Gebühren am obligatorischen Parkplatz nahe der *Pointe*, doch darf man nicht vergessen, dass die Natur angesichts des Besucheraufkommens nicht ohne kostspielige Pflege auskommt. Was vielleicht eher irritieren sollte, sind *les commerces* beim Parkplatz, die munter sprießenden Andenken- und Imbissbuden. Wenn Dupin vom »Fumoir de la Pointe du Raz« schwärmt (»Bretonisches Vermächtnis«, Seite 11), dann hat er eine Fischräucherei im Sinn, die sich landeinwärts noch hinter Plogoff befindet. »Sie räuchern die feinsten Fische der Meerespassage zwischen der *Pointe* und der Insel Sein, vornehmlich mit den ›Aromen des Rauches bretonischer Eichen‹, so der Räucherkünstler, und unter der Zugabe einer geheimen Mischung verschiedener Pfeffersorten und Gewürze. Kaufen Sie zuvor Baguettes, dann hier den Fisch und machen an der Pointe du Raz ein Picknick.«

Als Grand Site de France besaß die Pointe du Raz bis zur letzten Auflage dieses Reiseführers sogar noch eine informative Website, ihr Zusatzgeschenk namens Baie de Trépassés ist zwar nicht mehr digital, aber durchaus analog zu bewundern. Allein der Name könnte diesen 300 m langen Sandstrand zum Schaustück für den Antagonismus zwischen dem keltisch umwehten Inspektor Riwal und der Pariser Sachlichkeit Dupins machen. Wegen angespülter Seemannsleichen spreche man von einer »Bucht der Dahingeschiedenen«, sagen manche, während Mystiker schwören, verstorbene Kelten seien von dieser Bucht aus auf Barken zur letzten Reise geschickt worden. Dem Kommissar dürfte besser gefallen, wie Sprachwissenschaftler den Namen erklären: Das bretonische *anaon* (ins Französische übersetzt *trépassés)* sei ein falsch überliefertes *aon* (Bach). Wer diese hübsche Bucht besucht, dort speist oder eine Nacht im Hotel verbringt, ist gut damit beraten, über den ausgeschilderten GR34 einen Spaziergang durch die dramatische Felslandschaft und vorbei an der *Chapelle St-They* (15. Jh.) zur Pointe du Van zu unternehmen. Hin und zurück schafft man das in knapp anderthalb Stunden. Zwischen April und Juni lohnt es sich, die Tour zur ganztägigen, aber anstrengenderen Küstenwanderung auszudehnen. Ziel wäre dann das rund 20 km von der Baie des Trépassés entfernte Vogelreservat Réserve du

Cap Sizun (www.reserve-cap-sizun.org). In den genannten Monaten brüten dort Trottellummen, Eissturmvögel und Kormorane.

Jean-Luc Bannalec rät allerdings, auch die anderen Landspitzen an dieser Küste als Ausgangspunkt für atemberaubende Wanderungen in Betracht zu ziehen. 15 km östlich vom Cap Sizun wäre etwa die Pointe du Millier:

»Am besten nehmen Sie sich einen ganzen Tag. Betörende Landschaften, Meeresblicke, auf die Baie de Douarnenez, aber auch, im Westen, auf den offenen Atlantik. Wenn Sie zurückkommen, gehen Sie an der *Pointe* schwimmen, die Wellen rollen in die Bucht, ohne sich zu überschlagen, und Sie müssen gegen die nasse Übermacht anschwimmen. Im Anschluss lohnt ein Besuch der nahen Wassermühle Moulin de Keriolet, die seit Jahrhunderten in Betrieb ist und unglaubliches Mehl herstellt. An Sturmtagen, wenn der Wolkenhimmel an manchen Stellen aufreißt, gibt es Magisches zu bestaunen – überall an der Küste, doch hier besonders intensiv: plötzliche, ephemere Lichtkreise auf dem Meer. Wie mysteriöse Erscheinungen. Zeichen, die mit den Wolken über das Wasser wandern, bis sie sich wieder auflösen.«

Douarnenez, seine Seebären und Isolde

Mit einem Leichenfund zwischen Fischabfällen nimmt Dupins fünfter Fall einen unappetitlichen Auftakt in Douarnenez und wirft damit ein finsteres Licht auf die Stadt. Ja, es existieren Orte in der Bretagne, die einem den Zugang leichter machen. Die Fischauktionshalle am Port de Rosmeur, dem alten Hafen, hat ihr Kolorit aus Wellblech, Kacheln und Geruch, der fast zur Pathologie überleiten könnte, zugleich aber Eingangstor zu den kulinarischen Genüssen der Küstenlandschaft ist. Dieses Dasein zwischen den Extremen spiegelt auf glänzende Weise den Charakter von Douarnenez, weshalb sich Dupin kurz nach dem Leichenfund zum Vieux Quai wendet:

»Der Quai und das Viertel dahinter waren fabelhaft, er konnte Stunden auf der alten Mole mit ihren in Blau-, Rosa- und Gelbtönen gestrichenen Fischerhäusern verbringen, in einem der Cafés oder Bistros sitzen und einfach dem Leben zuschauen. Dem wirklichen Leben, wie man so sagte. Am liebsten im *Café de la Rade,* strahlend weiß und atlantisch blau gestrichen, einst eine Fischkonservenfabrik. Alles dort war unverstellt, nichts inszeniert. Man blickte auf den Hafen, auf die Bucht von Douarnenez, es war atemberaubend schön.« *Bretonische Flut, Seite 21/22*

Dieser Quai ist eine kurze Flaniermeile, sicher nicht zum klassischen Promenieren angetan, eher dazu, sich von Bar zu Bar zu hangeln oder über Treppen und geschundenes Pflaster den Hang hinauf ins Herz der Altstadt zu steigen. Nur wenige Häuser künden davon, dass dies Frankreichs sechstgrößter Fischereihafen ist, der insofern auch nicht am Hungertuch nagt. *Penn Sardin,* Sardinenköpfe, nennen sich die Bewohner freiwillig nach ihren bedeutendsten Fängen. Thunfisch kam später hinzu, dann auch

Qu'est-ce que la Bretagne pour vous?

Für mich ist die Bretagne das Land meiner Vorfahren, meiner Kindheit, in dem ich tief verwurzelt bin, ein keltisches, heiliges Land. Ich trage es in mir. Dank des Meeres ist es ein weites, extremes, offenes Land, massiv zugleich, in jeder Hinsicht kräftigend, inspirierend. Die Bretagne ist vielgestaltig, stürmisch, brutal und zugleich lieblich, im ständigen Dialog mit den Elementen; ihre vielfältigen Düfte, die von den Gezeiten rühren, den Algen, der feuchten Erde, Aromen von Crêpes in den Gassen … die Schreie der Möwen, die sich über das Donnern der Wellen breiten, und die rotierenden Winde, die über den Wechsel des Wetters regieren.

Diese Bretagne hat eine »bretonische Seele« hervorgebracht, männlich wie weiblich, streng, wahrhaftig, aufsässig, mutig, streitbar, der Wahrheit verbunden, der Freiheit, der Loyalität, die dem Gesetz des Herzens zu folgen wusste, eine melancholische und zugleich frohe Seele.

Armelle Raillard Kerisit, Hotel Ty Mad, *Douarnenez*

Makrelen, Kabeljau und Schalentiere. Eine echte Rarität der Fischbranche versteckt sich an der Rue Le Breton im Haus Nr. 7 und heißt dann auch Penn Sardin. Wie mit Briefmarken oder Münzen wird dort mit Konservendosen gehandelt, ob noch gefüllt oder schon leer (https://penn sardin.bzh). Denn es gibt Sammler, die für Raritäten tief in die Tasche greifen. Mit *Les arts dînent à l'huile* (»Öl nährt die Kunst«, abgeleitet von *les sardines à l'huile* = Ölsardinen) wurde sogar ein Wettbewerb ins Leben gerufen, bei dem Künstler jährlich ihre Entwürfe für ausgefallenes Büchsendekor einreichen. Und wer noch eine Dose der Conserverie Chancerelle aus dem Jahr 1853 besäße, wäre der Dosenkönig. In jenem Jahr nämlich kamen aus dieser Fabrik in Douarnenez die weltweit ersten Fischkonserven (s. S. 36/37). Das Unternehmen hält sich tapfer, längst existiert eine Linie unter dem Markennamen *Phare d'Eckmühl* mit Bio-Siegel. Den kaum veränderten Stammsitz findet man an der Rue des Conserveries.

Von der Fabrik aus einmal rechts ums Eck und dann stracks der Nase nach geht es zu dem, was als neuer Hafen gilt, obwohl dieser Port-Rhu an einem gut geschützten Meereseinschnitt auch schon einige Jahre auf dem Buckel hat. In ganzer Länge lässt es sich an diesem Wasserlauf entlangschlendern, immer mal auf einer der Parkbänke Platz nehmen, über Fußgängerbrücken die Seiten wechseln oder in Fischbuden, Cafés und Restaurants einkehren. Eine ehemalige Konservenfabrik am Place de l'Enfer wurde Sitz des Port-Musée du Bâteau mit Booten aus aller Welt, die teils geschützt unter dem Dach des Museums ruhen, teils auf dem Wasser schaukeln (www.port-musee.org). Den besten Überblick hat man von der D207, die per Brücke hoch oben den Hafen quert. Nach Westen hin trägt diese Straße ins Villenviertel Tréboul, das am Sandstrand Sables Blancs träumt. Dupins Erfinder Bannalec empfiehlt Folgendes:

»Beginnen Sie eine Exkursion an der *Chapelle St-Jean* in Tréboul. Spazieren Sie ausgiebig herum, auch zu der bildhübschen kleinen Bucht mit makellos weißem Sand, das Meer hellblau-kristallin schimmernd, an beiden Seiten von spitzen Felsen eingerahmt. Ideal zum Schwimmen, weit hinaus, es lockt ein berückendes Panorama. Alles hier, die engen Sträßchen, die alten Häuser – meist kleinere Fischerhäuser, aber auch ein paar größere, prächtigere –, wirkt wie aus der Zeit gefallen, eine verschwenderische Vegetation, elegante Bäume, üppige Sträucher, die wohltuenden Schatten spenden, dicke Palmen mit wuscheligen Köpfen. Ein verwehter Charme. Auch Tréboul wurde Ende des 19. Jahrhunderts ein kleines, hübsches, aber nicht übertrieben herausgeputztes Seebad, dessen Prunkstück der malerische Strand *Sables Blancs* war. Die Fischer hier fuhren einst bis nach Andalusien, Marokko und Mauretanien, um Langusten zu fangen, was ihrem Viertel den Namen ›Petit Maroc‹ einbrachte.«

In eine andere Welt entführt Jean Richepin (1849–1926), er gehörte mit Rimbaud und Verlaine zu einem berüchtigten Pariser Dichterkreis, dessen Vertreter zwischen Opium, Haschisch und Absinth Verse von sperriger Derbheit schrieben. Mit Theaterstücken hatte Richepin letztlich doch Erfolg, auch Schauspielerin Sarah Bernhardt schlüpfte in eine seiner Rollen. Leicht verzerrt ist die Darstellung, wonach Jean Eigentümer der Île Tristan war. Vielmehr besaß er dort ein Haus, während erst sein

Sardinendosen als Sammlerstücke

Sohn Jacques die Insel kaufte, die 200 m vor der Küste von Douarnenez in der Einfahrt zum Port-Rhu gelegen und bei Ebbe zu Fuß zu erreichen ist. Tristan ist auch gar nicht der ursprüngliche Name der Insel, er entstand erst spät als Verballhornung. Dennoch klebt an dem Fleckchen die uralte, vermutlich keltische Legende um Tristan und Isolde, die einander nur liebten, weil sie beide versehentlich vom selben Zaubertrank gekostet hatten. Doch es existieren unzählige Varianten der Geschichte um das Paar, das angeblich auf der Île begraben liegt.

Dass Douarnenez »Land der Insel« bedeutet, beziehen die einen auf die Insel Tristan, die anderen auf den Herrschersitz Ys, der einstweilen nur im Reich der Legenden existiert:

»Hier auf dem Grund der Bucht von Douarnenez soll Ys liegen. Das mythische Ys, die prächtige, unermesslich reiche Stadt mit ihren roten Mauern, in der sogar die Dächer aus purem Gold waren. Die eines Tages im Meer versunken ist. Wo der berühmte König Gradlon herrschte, dem seine Frau eine wunderhübsche Tochter gebar, Dahut.« *Bretonische Flut, Seite 36*

Weil diese Dahut sich durch den Untergang der Stadt um ihr Erbe geprellt sieht, geistert sie als rachsüchtige Sirene durch die Bucht von Douarnenez. Und das sind genau die Possen, die Kommissar Dupin gehörig über die Hutschnur gehen. Handfeste Fakten, die ihn besänftigen würden: Das Haus der Familie Richepin steht noch, daneben eine ehemalige Konservenfabrik, während es weiter nördlich auf der wilden, sehenswerten Île Tristan Reste eines botanischen Gartens, eine Kapelle, einen Leuchtturm und eine kleine Festung gibt. Und diese Festung steht in Verbindung mit Guy Éder de la Fontenelle, besser bekannt als »der Wolf«:

»In Douarnenez zwang der Wolf die Einwohner, ihre eigenen Häuser niederzureißen und ihm die Steine zum Ausbau seiner Festung auf die Insel zu tragen, dann ließ er sie umbringen. [...] Er war besessen von Gold und häufte es in verborgenen Höhlen auf der Insel, wo es heute noch liegt. Irgendwo an den Klippen ganz im Westen, bei der halb zerfallenen Mole, bei den Grotten, da ist der Eingang.« *Bretonische Flut, Seite 168*

CM 231625

Dupins spezielle Empfehlung
Kuchen und Konserven

Douarnenez ist Heimat eines beliebten Butterkuchens, des kouign amann, *eine Art bretonische Ambrosia. Man nehme sehr, sehr viel der gesalzenen bretonischen Butter, ein bisschen Mehl, wenig Wasser, dafür umso mehr Zucker – das wär's auch schon. Die hohe Kunst besteht in der Zubereitung, dem Karamellisieren zwischen Schichten von Brot- und Blätterteig. Das Rezept soll Mitte des 14. Jahrhunderts erdacht worden sein, als ein Bäcker Kuchen für ein großes Fest backen musste, ihm die meisten seiner Zutaten aber in der Nacht gestohlen worden waren. Nur Butter, Mehl und Zucker hatte er noch – und daraus zauberte er den Kuchen. Man sagt, das Originalrezept lasse sich nicht verbessern, also wacht eine* Association du véritable kouign amann *darüber, dass das Reinheitsgebot nicht verletzt wird.*

Die zweite kulinarische Krönung aus Douarnenez liefern die conserveries *der Stadt. Schon im 19. Jahrhundert waren Fischkonserven ein gewichtiger Faktor der bretonischen Ökonomie, doch Ende des 20 Jahrhunderts kamen die Dosen aus der Mode. Zu Unrecht: Das Konservieren ist eine hochqualitative Art, Spezialitäten aus dem Meer zuzubereiten, ein echtes* savoir-faire breton. *Nach langer Flaute erkannten immer mehr junge bretonische Unternehmen den Wert des tradierten Verfahrens. Inzwischen hat jede Gegend wieder ihre* conserveries *– und genau dort sollten Sie kaufen. Dupin hat seine Favoriten, natürlich aus Concarneau:* Jean Burel, Courtin, Gonidec. *Aber Douarnenez kann mithalten und besitzt mit* Connétable *sogar die älteste noch produzierende Fabrik der Welt. Decken Sie sich für den langen deutschen Herbst und Winter ein, am Stammsitz oder in Filialen, die es in vielen bretonischen Städten gibt.*

Kornischer Ableger: Locronan

Douarnenez war und ist nicht nur Fischereihafen, es wurde von dort auch exportiert, vor allem Segeltuch, das seit dem Mittelalter im 10 km östlich gelegenen Locronan gewoben wurde. Auch zahlreiche Windjammer der Ostindienkompanie segelten unter diesem Tuch, das Locronan reich machte. Nur knapp achthundert Einwohner leben heute dort, eifrig besucht von Touristen, denn solche Schönheit und Authentizität von Buckelpflaster und Granithäusern kann man kaum ignorieren. Was das bildhübsche Dorf so sehr der Zeit entrückt, ist eine Kleinigkeit: Alle Stromleitungen werden unterirdisch geführt. Boten der Moderne sind demnach rar, nur dass heute Gastronomen, Kunsthandwerker und Souvenirverkäufer, statt wie einst Weber und Tuchhändler, in den Häusern wohnen. Ein paar Handgriffe genügen, dann ist die perfekte Kulisse für einen Historienfilm geschaffen. 1966 entstanden dort in deutsch-französischer Co-Produktion Szenen für Stevensons »Schatzinsel«. Und Roman Polanski verlagerte das viktorianische England nach Locronan, als er dort 1979 Teile des Kinofilms »Tess« drehte. Seine zehn Jahre zuvor ermordete Frau Sharon Tate hatte ihm die Romanvorlage von Thomas Hardy empfohlen.

Ein Marktplatz mit Brunnen und der gotischen Kirche St-Ronan (1420–1444) bildet das Zentrum des Musterdorfes. Von Ronan heißt es, dass er ein Eremit von den Britischen Inseln war und um 600 in seiner bretonischen Wahlheimat den Grundstein für das Weberhandwerk legte. Nun ist Wahlheimat ein starkes Wort, denn letztlich war man ihm in der Gegend nicht grün, der Legende nach vor allem die Frauen nicht. Schon bei seiner Ankunft wollten sie ihn entmannen, später trieben sie ihn zur Flucht, weil Ronan vehement gegen die grassierende und einträgliche Piraterie zu Felde zog. Neuer Aufenthaltsort des Eremiten wurde der Berg Ménez-Hom (s. S. 224/225), wo er sich zwei tägliche Rundgänge um seine Einsiedelei zur Gewohnheit machte. Aus der »Tour ums Kloster« wurde die *Tro Minihy* oder *Troménie,* eine berühmte Wallfahrt am zweiten Sonntag im Juli, die alle sechs Jahre zur einwöchigen *Grande Troménie* ausgedehnt wird (zuletzt 2019). Austragungsort ist Locronan. Denn der britische Mönch, der stets im Konflikt mit Frauen lebte und vor einer besonders eifrigen Gegnerin sogar an die bretonische Nordküste floh, fand als Leichnam auf einem Ochsenkarren wieder zurück in das Weberdorf. Die *Chapelle du Pénity,* Teil der Kirche *St-Ronan,* beherbergt den Reliquienschrein mit Ronans sterblichen Überresten.

Wer bei den Wallfahrten noch nachlegen möchte, besucht am letzten Augustwochenende den Ort Ste-Anne-la-Palud (8 km nordwestlich von Locronan). Die Dorfkapelle ist Ziel eines der größten bretonischen *pardons,* zu dem jeweils zwölftausend Pilger anreisen, darunter mindestens fünfhundert in traditionellen Trachten. Mit der Christianisierung der Bretagne war Anna in den Kontext der heiligen Familie gebracht worden (s. S. 65/66). Es gibt aber reichlich Hinweise darauf, dass die im Ort verehrte Gestalt wesentlich ältere Wurzeln hat. Das Wort *palud* bezeichnet einen Sumpf, der aber längst trockengelegt ist. Dafür blieb am nahen Plage de Ste-Anne ein breiter Streifen festen Sandbodens, der sich hervorragend fürs Strandsegeln eignet.

Auf der Ferienhalbinsel Crozon

Und dann wieder eine Leiche: »›Auf der Presqu'île de Crozon. Am Strand von Lostmarc'h. Der schroffe südliche Zipfel, der in die Bucht von Douarnenez hineinragt‹, langsam berappelte sich Riwal, ›auf der anderen Seite von Morgat, eine vollkommen einsame …‹« *Bretonische Flut, Seite 186*

Crozon ist eine Halbinsel und ein Ort und für Dupin auch ein Tatort. Allerdings keiner, an dem er oder sein Team lange verweilen. Der Kommissar gibt einzig die Auskunft, dass er das Fleckchen gut kennt. Gleichsam am Tor zur Halbinsel wacht der kahle Berg Ménez-Hom mit seinen beiden Gipfeln Yelc'h und Yed, der höhere 330 m, nach anderer Auffassung nur 329 m. Es passiert häufiger, dass man sich bei den bretonischen Gebirgszügen, hier den Montagnes Noires, nicht einig ist bezüglich der Daten, aber das passt zum Wildwuchs an Legenden um den abgebrochenen Riesen. Keltenkönig Marc'h, Tristans Onkel, soll an einer Flanke des Berges begraben sein. Um ihn von einem Fluch zu befreien, legen Generationen von Reisenden nach ihrem halbstündigen Aufstieg einen Stein auf dem Gipfel ab, bevor sie den grandiosen Rundumblick genießen. Eine solche Position, von der man sich schwer wieder trennen kann, machte den Berg bereits in prähistorischer Zeit zum magischen Ort, der er mindestens bis in die Ära der Christianisierung blieb. Einen Hauch des Zaubers spürt man noch auf der kahlen Höhe, wo nicht nur Reste von Megalithbauten zutage kamen, sondern auch eine wunderschöne Bronze der Göttin Brigit, die heute im *Mu-*

sée de Bretagne in Rennes verwahrt wird. Es ist verblüffend, was sich dort oben alles zugetragen hat oder haben soll: von druidischen Menschenopfern über das Entzünden von Leuchtfeuern zur Warnung vor Wikingern und vor Gefechten zwischen Nazideutschen und Widerstandskämpfern bis hin zum Gleitschirmfliegen der Gegenwart. Wer all das noch nicht spannend genug findet: Tanz und Musik beleben die Dörfer um den Berg jeweils Mitte August beim *Festival folklorique du Ménez-Hom.*

Was man vom Berggipfel aus sah – die Lage zwischen zwei ausgedehnten Buchten –, scheint sich auf der Fahrt nach Crozon allerdings aufzulösen. Und der Ort lässt einen aufgrund seiner Schlichtheit zunächst rätseln, wo das gefeierte Urlaubsglück lauern könnte. Aber all die Fototapeten und Prospekte mit Crozon-Motiven existieren und machen zuversichtlich. So wie man annehmen darf, dass der Fahrrad- und Automobilhersteller Armand Peugeot den richtigen Riecher besaß. Seine *Villa Bellevue* steht südlich von Crozon an der Bucht von Morgat und hat die Adresse 4, Boulevard de la Plage. Da Peugeots erstes Anwesen von 1892 aus dem Erdgeschoss keinen Meerblick bot, ließ er 1906 an derselben Stelle eine neue Villa errichten. Seine reichen Pariser Freunde verstanden den Wink und begannen, den alten Sardinenhafen um weitere Villen zu bereichern. *Ker ar Bruck* heißt das Haus vis-à-vis, in dem man Bilder am besten per Magnet aufhängt, denn es wurde 1889 gänzlich aus Eisen errichtet. So verrückt war nun mal die Hautevolee aus der Hauptstadt.

Was sie sich da gönnte, war ein kleines Capri, dem auch die blauen Grotten nicht fehlten. Einige dieser Grottes Marines sind bei Ebbe von Morgats Hausstrand aus zu Fuß erreichbar, andere nur mit dem Boot ab Hafen (www.sirenes.bzh). Den spektakulärsten Auftritt hat die *Grotte de l'Autel,* dort schießt bei Sturm Meerwasser durch den »Teufelskamin« *(Cheminée du Diable)* gen Himmel. Einige gut versteckte Wege führen zu weiteren ungeahnten Schätzen. Gleich beim Kassenhäuschen des Bootsunternehmens etwa steigt eine unscheinbare Treppe Richtung Fort Kador an. Diese verfallene Festung von 1861 ist Teil einer ganzen Verteidigungslinie entlang der strategisch bedeutenden Crozon-Küsten. Annähernd zweihundert Anlagen sollen es sein, die ältesten noch prähistorisch, viele weitere von Baumeister Vauban im 17. Jahrhundert für den Sonnenkönig errichtet, jüngere Forts wurden im Zuge der Orientalischen Krise von 1840 erbaut oder als Zementbunker von den deutschen Besatzern in Sand und Fels gerammt. Die Bauten, oft bizarre Hingucker, befinden sich inmitten schönster Landschaften und ermuntern dazu, die vielen Stichstraßen und Wanderwege der Halbinsel für Entdeckungstouren zu nutzen. Allein der Landzipfel südlich von Morgat bietet – im Uhrzeigersinn – die prähistorischen Alignements De Ty Ar C'huré, die Badebucht Plage de l'Île Vierge, den Dolmen von Rostudel samt dem gleichnamigen Fischerdorf in der Nähe, außerdem das 96 m hohe und mit herrlicher Aussicht gesegnete Cap de la Chèvre. Richtung Norden folgen die Strände Porz Kreguen und Plage de la Palue, aber auch – Dupins Leichenfund. Ein »gewisser Professor Lapointe in Lostmarc'h«, so heißt es über den Toten, dem dann auch eine Villa an dem herrlichen Fleckchen Pointe de Lostmarc'h gehören soll. Reste prähistorischer *alignements* schmücken den Ort bereits prächtig, aber es existiert auch die Ruine eines

Kastells, das den Verteidigungswillen zu grauer Vorzeit bezeugt. An der stahlblauen bis smaragdgrünen Pointe de Dinan überschlägt sich der Naturzauber und findet seinen Höhepunkt in einem festungsartigen und deshalb Château genannten Inselchen, das durch einen Gesteinsbogen mit dem Festland verbunden ist.

Während sich dort das Baden wegen großer Gefahren verbietet, folgen weiter nördlich an der seichten Anse de Dinan einige Traumstrände. Man erreicht sie nur auf schmalen Zufahrtswegen, die von der Straße nach Camaret-sur-Mer abzweigen. Der einst bedeutendste Langustenhafen Frankreichs beherbergt heute vor allem Sportboote. Hobbyfotografen finden dort einen kleinen Schiffsfriedhof, hinter dem die *Chapelle Notre-Dame-de-Rocamadour* (17. Jh.) und die etwa gleichaltrige Vau-

Manoir St-Pol-Roux bei Camaret

Dupins spezielle Empfehlung
Von Meer zu Meer in drei Minuten

Keine zwei Kilometer liegen zwischen dem Strand Lostmarc'h am südwestlichen Zipfel der Halbinsel Crozon und dem Plage de l'Île Vierge auf der östlichen Seite. Erst wenn Sie es selbst erlebt haben, werden Sie es glauben: in drei Autominuten vom wilden Atlantik zum sanften Mittelmeer. In Lostmarc'h stehen Sie oberhalb eines von schroffen Klippen eingerahmten Altantikstrandes, der an Nordwestschottland oder Irland erinnert. Zu beiden Seiten ziehen sich die Klippenlandschaften endlos dahin, tiefes, leuchtendes Grün auf ihren Kuppen, ohne einen einzigen Baum. Er ist zu sehen, zu hören, zu spüren, zu riechen: der offene Atlantik, der ungestüm gegen den Strand anläuft. Hier treffen die peitschenden, tosenden Winde und Wassermassen nach Tausenden Kilometern auf Land. Der Atlantik mit all seiner Macht, seiner Gewalt, seiner Größe. Und richtige Wellen, auch sie gibt es hier, selbst an den allerschönsten, ruhigsten Tagen.

Mediterranes Flair herrscht dagegen in den Dutzenden kleinen Buchten an der Ostseite, fast wie in der Gegend um Toulon oder auf der Île de Porquerolles. Blendend weißer Sand, ein übernatürliches Türkis, das in unendlich vielen Zwischentönen in ein grelles, dann immer dunkleres Blau übergeht. Das Meer glatt, glatt, glatt, nicht die Andeutung einer Welle. Dafür ein Blick ins glasklare Wasser. Pinien, Palmen, Kakteen … mit dem Atlantik von eben hat das nichts mehr gemein. Die Korsen – eigentlich sehr gemocht von den Bretonen, auch sie mit eigener, zuweilen starrköpfiger Identität – haben ein Foto eines dieser Strände für eine prachtvolle Broschüre verwendet, um die Schönheit der korsischen Mittelmeerküste zu bewerben. In der Bretagne war das ein großes Thema, einige haben ge-

schimpft – auch wenn es sie im Innersten mit Stolz erfüllte. Beweist es nicht, dass die Bretagne sogar noch mehr Mittelmeer ist als das Mittelmeer? Sollte diese Erkenntnis hungrig machen: Das Saveurs et Marée *am Strand von Morgat ist keine 5 km entfernt (https://saveurs-et-maree.com).*

Küste bei Pen Hir auf Crozon

ban-Festung (heute Heimat- und Marinemuseum) aufragen. Dass 1801 die »Nautilus« als weltweit erstes U-Boot von Camaret ablegte, brachte dem Ort keinen Ruhm ein, weil Napoleon dieser Erfindung keinen Wert beimaß. Allerdings ließ sich der Nantaiser Schriftsteller Jules Verne von der Episode inspirieren und schickte seinen Kapitän Nemo mit der »Nautilus« unter Wasser.

Für Kommissar Dupin, der sich in »Bretonisches Leuchten« nur auf Claires Wunsch hin in einen klassischen Strandurlaub ergibt, steckt eine Ferienhalbinsel nicht gerade voller Verlockungen. Allen anderen sei gesagt, dass die Landschaften dieser Presqu'île atemberaubend schön, die Dörfer idyllisch und die Möglichkeiten für Wanderungen unerschöpflich sind. Auf einer markierten *Route des Fortifications* kann man beispielsweise ab Camaret Richtung Norden sechzehn jener schon erwähnten Festungen aufsuchen (Details auf www.comcom-crozon.com). Derweil führt ein anderer Wanderweg ab Camaret zur 5 km entfernten Südwestspitze der Halbinsel, der 70 m hohen Pointe de Penhir mit Blick auf die Tas de Pois (»Erbsenhaufen«), eine bizarre Felsformation vor der Küste. Mindestens ebenbürtig ist aber schon kurz hinter Camaret die Ruine des Manoir Saint-Pol-Roux. Dieses Herrenhaus des Dichters Paul-Pierre Roux (1861–1940) wirkt wie ein kariöser Zahn, stehen doch nach Bombenangriffen der Alliierten 1944 nur noch seine Ecktürme.

Drehort und Erdbeeren an der Rade

Die Bretonen würden *lenn* sagen, wo das Französische von einer *rade* spricht, einer Reede oder Bucht. Knapp 40 km misst der Saum der *Rade de Brest*, in die mehrere große Flüsse münden, während im Westen durch die Meerenge *Goulet* ein gewaltiger Gezeitenstrom drückt. Die *Rade* selbst bleibt dabei besonders friedlich und lockt deshalb die blutigen Anfänger diverser Wassersportarten ebenso wie Campingfreunde. Die Nordküste der Halbinsel Crozon steht quasi Spalier für diese Kundschaft, doch ganz am Ende der Presqu'île zieht sich Landévennec in eine längst vergangene Zeit zurück. Wohnhäuser, Geschäfte, Cafés verfallen um die Wette mit einer Benediktinerabtei, die angeblich schon im 5. Jahrhundert gegründet wurde, also zur Zeit der Merowinger, was allerdings ungewöhnlich früh wäre. Eine Legende verortet hier sogar das Grab des Königs Gradlon (s. S. 219), da müssten sich Kadeg, Riwal und Nolwenn überschlagen vor Fantastereien. Aber da das gesamte Kommissariat die Region Crozon als Ferienmekka abgestempelt hat, bleiben entsprechende Hinweise aus und die Abtei ihrem Schicksal als malerische Ruine überlassen. Die Revolution hatte einst ihr Ende besiegelt, nicht ahnend, dass 1958 Benediktiner zurückkehren und ein neues Kloster errichten würden. Inzwischen befindet sich auf dem Gelände der Abtei auch ein sehr gut ausgestattetes Museum.

Die Schauspieler Fabrice Luchini und Camille Cottin waren dazu auserkoren, den Ort Landévennec seinem

Tiefschlaf zu entreißen. Aber die dort gedrehte Detektivkomödie »Le Mystère Henri Pick« (»Der geheime Roman des Monsieur Pick«) ist ein wenig zu still und verwickelt, um bei einem breiten Publikum zu punkten. Wer die Bretagne liebt, entdeckt im Film aber allerlei gefühlvoll erfasstes Lokalkolorit und als Krönung Luftaufnahmen der kühnen Schrägseilbrücke Pont de Térénez, die seit 2011 anstelle einer unspektakulären alten Brücke die Aulne-Mündung quert. Der Schiffsfriedhof, den man von einigen Uferabschnitten aus sieht, ist unzugänglich, weil die rostenden Veteranen dort der Marine gehören. Auch solche Details sind es, die eine Kehrseite der *Rade* offenbaren: Hier wurde über Jahrhunderte mit Vehemenz gekämpft. Die Region um Brest war sogar lange vor Vietnam der weltweit erste Einsatzort der Brandwaffe Napalm. Und

Café Au Coin d'la Rue in Brest

heute, Jahrzehnte nach einem grauenhaften Gemetzel im Kampf zwischen den Alliierten und den deutschen Besatzern von Brest, liegen im Hafen der Großstadt vier Atom-U-Boote vor Anker. Die Schlagkraft ihrer dreihundert Sprengköpfe soll zweitausend Hiroshima-Bomben entsprechen.

Auf der Halbinsel Plougastel, die an Crozon anschließt, haben die Bombardements des Zweiten Weltkriegs enorme Lücken in die alte Bausubstanz gerissen. Deshalb fehlt dort vielfach jenes typisch bretonische Flair. Es gibt Ausnahmen. Le Faou wurde wegen seiner Schieferfassaden in die Liste der »schönsten Dörfer Frankreichs« aufgenommen. Auch die Renaissancehäuser und die teils noch romanische Abtei von Daoulas haben den Krieg fast unbeschadet überstanden. Geblieben ist zudem ein schier unverwüstliches Kulturgut: die Erdbeere. Es war ein gewisser Amédée Frézier, der 1715 die chilenische Strand-erdbeere nach Europa brachte, wo man bislang nur die kleinen, aromatischen Walderdbeeren kannte. Im günstigen Klima von Brest und Plougastel gedieh der fruchtige Einwanderer weitaus besser als in Paris und wurde hier Basis für einen bis heute profitablen Anbau. Selbstverständlich gehört ein Crêpe mit frischen Plougastel-Erdbeeren in dieser Gegend auf den Speiseplan.

Test the Brest

Der Mörder ist immer der Orang-Utan. 1841 war das der Fall beim »Doppelmord in der Rue Morgue«, für die Nachwelt aufgeschrieben von Edgar Allan Poe, aufgeklärt von seiner Kunstfigur. Und die hieß C. Auguste Dupin. Bannalec, der Vater des anderen Ermittlers Dupin, verschweigt nicht, dass er gerne aus dem Fundus schöpft, den seine gestandenen schreibenden Vorgänger zu Papier gebracht haben. Nach Brest, wo manches literarische Unheil geschah, verschlägt es seinen Kommissar selten. Auffällig ist aber, dass Dupin, sobald er die Stadt erwähnt, auf Frankreichs größtes Hochseeaquarium Océanopolis und dessen Pinguine zu sprechen kommt.

Brest besucht man als Liebhaber der frühen Nachkriegsarchitektur oder als Verehrer von Fast Food. Nachdem die Briten 1944 den U-Boot-Stützpunkt der Deutschen zermalmt hatten, entstand auf Schutt eine völlig neue Stadt, mit der nicht nur Dupin wenig anzufangen weiß, obwohl sie sich derzeit sehr und nicht erfolglos um neue Attraktionen bemüht. Dreizehn Häuser in der Rue St-Malo künden noch vom alten Brest, der Verein *Vivre La Rue* kümmert sich um sie und betreibt im Haus an der Ecke Rue Rochon das Café Au Coin d'la Rue, das gemütlicher nicht sein könnte und kleine Bio-Gerichte serviert. Eine Sammlung mit Büchern zur Stadtgeschichte ist zumindest an verregneten Tagen Einladung genug für einen literarischen Stadtrundgang auf dem Plüschsofa. Jean Genet schrieb 1947 den Roman »Querelle de Brest«, eine Geschichte um Grausamkeiten und menschliche Abgründe, die deshalb in Brest spielt, weil Genet in der nun komplett verwandelten Stadt alles verorten konnte, was der Leser nicht wirklich dingfest machen sollte. Einen Familienkrimi voller Neurosen schrieb Tanguy Viel 2010 unter dem Titel »Paris–Brest«. Kriegsgeschehen aus erster Hand lieferte Lothar-Günther Buchheim 1973 mit seinem Roman »Das Boot«. Und schließlich könnte man noch Jack Kerouac ins Ungewisse folgen. Der Kultschreiber der Beat Generation hinterließ die Aufzeichnungen »De l'Amérique à la Bretagne« über seine letztlich erfolglose Suche nach den familiären Wurzeln, die ihn auch nach Brest führte. Aus einem Interview mit Kerouac stammt eine Notiz, die den Ansporn erklärt und Dupin bekannt vorkommen dürfte: »*Son père [...] lui disait toujours: Ti Jean! Surtout n'oublie jamais que tu es un Breton!*« (»Sein Vater [...] pflegte zu sagen: Mein kleiner Jean! Vergiss vor allem nie, dass du Bretone bist!«)

DOUARNENEZ NACH BREST
Morlaix
Élorn
Brest
Presqu'île de Plougastel
Rade de Brest
Plougastel-Daoulas
Daoulas
Notre-Dame de Rumengol
Le Faou
Camaret-sur-Mer
Le Fret
Landévennec
Molène
Ouessant
N165
Pointe de Penhir
Presqu'île de Crozon
Pont de Térénez
Tas de Pois
Anse de Dinan
Crozon
Aulne
Pointe de Dinan
Morgat
Ménez-Hom
Carhaix-Plouguer
Lostmarc'h
Plage de l'Île Vierge
Île de Sein
Rostudel
Cap de la Chèvre
Baie des Trépassés
Douarnenez
Locronan
Pointe du Van
D765
D63
Réserve du Cap Sizun
Plogoff
Pointe du Raz
Audierne
Quimper
Île de Sein
ATLANTISCHER OZEAN
Pont-l'Abbé
0
5
10
15 km

Unterkunft

1 Relais de la Pointe du Van: *Zwei imposante Häuser im Abstand von nur 200 m beherrschen die Fernsicht auf die Baie des Trépassés, beide haben sich als Hotel-Restaurant etabliert. Dupin wählt für sein kühles Bier zur Galette mit Schinken die Sonnenterrasse des* Relais. *Hotelgäste haben die Wahl zwischen Blick auf die Dünen, ein Stück Meer oder die ganze Pracht der Bucht. Ein Helikopterflug vom* Relais *aus bietet noch mehr Überblick (95 €).*

Baie des Trépassés, Cléden-Cap Sizun, www.relaisdelapointeduvan.com, DZ 90–150 €, Suite 240–250 €

2 Ty Mad: *Inzwischen ist es Fakt: »Spot Dupin« steht an bretonischen Gebäuden, die herausragende Bedeutung für die Krimis haben. Neben dem* Ar Men Du *in Névez und dem* Amiral *in Concarneau trägt auch das* Ty Mad *in Douarnenez so ein Schild. Für Dupin ist es »eine Oase der Glückseligkeit«, sogar mit Garten.*

Plage St-Jean, Tréboul, Douarnenez, www.hoteltymad.com, DZ ab 110 €

3 Gîtes des Plomarc'h: *In einem Weiler am Ostrand von Douarnenez kann man dicht am Strand ein paar Steinhütten mit einfachem Komfort mieten. Manche pro Nacht und pro Bett, andere nur als Ganzes für zwei bis vierzehn Personen.*

Sentier des Plomarc'h, c/o Mairie Douarnenez, https://douarnenez-tourisme.de/touristic_sheet/gite-municipal-des-plomarch-douarnenez-de-2675638/, 17 €/Person, ganzes Haus ab 34 €

Essen

1 Monsieur Papier: *An der D784, kurz vor dem Parkplatz bei der Pointe du Raz, wurde eine geschichtsträchtige, dann aber marode Bar 2015 durch ein ungewöhnliches Konzept wiederbelebt, nämlich als »Café-Papeterie«. Buchhandlung, Papierherstellung und Cafébetrieb vereinen sich zu einer bezaubernden Gesamtheit auf saftig grünen Wiesen direkt an der Steilküste. Dupin hat dort seine Freude an geräuchertem Fisch, hausgemachter Konditorware und wunderbarsten Schreibheften in verschiedenen Größen – mal keine Clairefontaines.*

59, Rue des Langoustiers, 29770 Plogoff, www.monsieurpapier.fr

2 La Frégate: *Inhaber Christophe Beuriot darf sich offiziell »bester Crêpe-Bäcker« nennen – man schmeckt es, ohne dafür tief in*

die Tasche greifen zu müssen. Sehenswert am Haus aus dem 16. Jahrhundert ist insbesondere das Ladenschild mit der Fregatte.

50, Rue du Général-de-Gaulle, Le Faou, www.facebook.com/creperielafregate, Menü ab 15 €

3 L'Authentique: *Als wäre Le Faou ein Mekka der Gourmands. Gleich gegenüber vom* Frégate *bietet das kleine Restaurant mit Terrasse ausgetüftelte Köstlichkeiten zu moderaten Preisen. Küchenchef Prince-Chérubin aus Zentralafrika sorgt für eine frische Note. Häufig wechselnde Karte.*

5, Place des Résistants et fusillés, Le Faou, www.facebook.com/people/LAuthentique-Le-Faou/, Menü ab 25 €, Pizza ab 8 €

Einkauf

1 Brocante du Port-Rhu: *Der sympathisch-chaotische Kramladen am Quai du Port-Rhu in Douarnenez führt Rares und Antikes aus Haushaltsauflösungen der Fischer und Seefahrer.*

Feste

Les Gras: *Man darf wieder Fettes* (gras) *essen, das ist die Tradition zum Faschingsdienstag. Seit 1835 veranstaltet Douarnenez dazu einen fünftägigen Karneval mit Umzügen, Kostümen und Musik. Am Ende wird ein eigens gewählter König aus Pappmaché am Hafen verbrannt.*

Brest International Maritime Festival: *Seit 2000 versammeln sich alle vier Jahre Mitte Juli Hunderte eindrucksvoller Windjammer aus aller Welt in Brest (www.fetesmaritimesdebrest.fr). Der Hafen von Douarnenez, der vorübergehend Austragungsort war, konnte die Menge an Schiffen nicht mehr bewältigen, wird aber tageweise angelaufen und richtet alle zwei Jahre Ende Juli ein kleineres Windjammertreffen aus (www.fetesmaritimes.fr/).*

Mehr Infos

Office de Tourisme:
1, Rue du Docteur-Mével, 29100 Douarnenez, T 02 98 92 13 35, https://douarnenez-tourisme.com

Office de Tourisme:
Boulevard de Pralognan, 29160 Crozon, T 02 98 27 93 60, www.crozon-tourisme.bzh

Office de Tourisme:
8, Avenue Georges Clemenceau, 29200 Brest, T 02 98 44 24 96, www.brest-metropole-tourisme.fr

RINGS UMS PAYS DES ABERS

Inseln für Entdecker

Bout du monde sagt man in Frankreich, wenn etwas schon nicht mehr zu dieser Welt gehört, der entlegenste Fleck Erde also. Die Bretonen nennen das *penn-ar-bed*, meinen damit vor allem das Finistère und haben auf diesen Namen auch ihre emsige Fährgesellschaft getauft (www.pennarbed.fr). Nur muss man betonen, dass penn nicht »das Ende«, sondern »das Haupt«, also der Anfang

Foto oben: Beim Aber Benoit

ist. Alles eine Frage der Blickrichtung. Ab Brest und ein paar kleineren Häfen steuern die Fähren noch weiter hinaus, dorthin, wo man kaum mehr Zivilisation vermutet. Wer Dupins Jammern bei der Überfahrt zur Insel Sein (s. S. 198/199) vernommen hat, staunt, dass er sich für eine Zeugenbefragung auf die Île Molène begibt. Denn eine Überfahrt nach Molène und jenseits davon zur Île d'Ouessant kann bei mancher Wetterlage zur Höllenqual werden. Man überlege also gut, ob es sich lohnt:

»War die Île de Sein unförmig in die Länge gezogen, zerrissen, so war Molène eine harmonisch gerundete, beinahe kreisrunde Bilderbuchinsel. Schon an den Wasserrändern lag sie zwei, drei Meter höher als Sein und stieg von dort aus Richtung Inselmittelpunkt noch einmal an. Ihr traute man den Widerstand in tobenden Stürmen zu. Und alles wirkte sanfter als auf Sein, ausgewogener, mehr im Einklang, auch wenn die Vegetation auf ›Moal-Enez‹ – der ›kahlen Insel‹, so der bretonische Ausdruck – eigentlich auch nicht mehr zu bieten hatte; auch hier fehlten Bäume, große Sträucher oder Hecken. Das Dorf mit seinen zweihundert Einwohnern formierte sich um den Hafen im Osten herum.«
Bretonische Flut, Seite 360

Mit seinen beiden Inspektoren Kadeg und Riwal unternimmt Dupin einen Spaziergang auf dem Inselrundweg, an dessen schönsten Aussichtspunkten siebenundzwanzig blaue Bänke stehen. Unterwegs kommt die Gruppe an ein paar Kegelrobben vorbei, die auf den Granitfelsen dösen. Auch das kann passieren. Mehr Abwechslung und eine noch reichere Tierwelt verspricht die 20 km vor dem Festland gelegene Île d'Ouessant, wo knapp 850 Einwohner die Stellung halten. Ein Écomusée (u.a. mit Möbelstücken aus Treibholz) und ein Museum zur Geschichte bretonischer Leuchttürme sorgen dort neben der rauen Natur für Kurzweil. Legendär ist der Leuchtturm *La Jument* weit draußen vor der Insel, der oftmals so sehr von Wellen umtost ist, dass der Bau fast fünfzig Jahre dauerte. Wer die Insel noch etwas besser kennenlernen möchte, kann sich einer Führung durch die junge Fischerin und gebürtige Ouessantine Ondine Morin anschließen. Kundige Führer vom Festland aus zur Insel Molène und durch die Weiten des Meeres-Naturparks Iroise mit seinen Delfinen sind Christel und Lucky Peron (www.archipel-excursions.com).

Kloster und Leuchtturm – Glaube und Hoffnung

Ob von Rennes aus gegen den Uhrzeigersinn an der Nordküste entlang oder ab Nantes zuerst der Südküste folgend: Die Landspitze Pointe St-Mathieu erscheint wie der einzig legitime Wendepunkt, wie der Auftakt zur beinahe schon gefürchteten Heimreise. Zur Landspitze würde man von Brest aus gern einer Küstenstraße folgen, um entlang der Strecke herrliche Strände wie auch ein paar verlockende Denkmäler aufzusuchen, nur existiert statt einer solchen Straße lediglich die landeinwärts verlaufende D789, später D85. Schon ein beachtliches Stück vor dem Ziel ist in der Ferne der 37 m hohe Leuchtturm *St-Mathieu* mit sei-

Pointe St-Mathieu

ner roten Spitze zu erkennen. Dort angekommen, staunt man über dessen seltsame Nachbarschaft: die Ruine einer Abtei, die angeblich schon im 6. Jahrhundert gegründet wurde. Sogar Reliquien des Apostels Matthäus habe man besessen, aber da scheint die Legendenbildung typisch bretonische Purzelbäume zu schlagen. Fast sicher ist hingegen, dass die vor uns stehenden Mauern auf ein Benediktinerkloster des 11. Jahrhunderts zurückgehen, das später mehrfach umgebaut und erweitert wurde, bis es während der Französischen Revolution als Steinbruch herhalten musste. Auch für den Leuchtturm – nicht zu verwechseln mit dem eckigen Telegrafenturm nebenan – wurde Material der Abtei verwendet. Der Turm steht heute auf ziemlich verlorenem Posten und wird vor allem des Leuchtfeuers wegen gepflegt, war aber einst Zentrum einer Kleinstadt mit zweitausend Einwohnern. Nur flüchtig betrachten gerade ausländische Touristen hier das Marinedenkmal des bretonischen Bildhauers René Quillivic (1879–1969). Unter der monumentalen Skulptur hängen in gespenstisch ausgeleuchteten Katakomben Hunderte Fotos verschollener Seeleute.

Nach einem Katzensprung von nur 4 km Richtung Norden ist der Fischer- und Fährhafen Le Conquet erreicht – so »urgemütlich, sympathisch und pittoresk«, dass Dupin ihn seit seinem fünften Fall weit oben auf der Liste seiner Lieblingsorte führt. An wunderbare Geschäfte in der Rue Poncelin erinnert er sich und dort besonders an den Presseladen, der eigentlich eine ganze Buchhandlung ist. Mit Lesefutter ausgestattet, nimmt er dann Platz im *Relais du Vieux Port,* direkt an einem natürlichen Meeresarm mit dem Sporthafen:

»Beim Essen blickte man auf den *Vieux Port,* besser ging es nicht. Im Augenblick hieß das: auf den Meeresboden und die auf dem Sand zur Seite gekippten Boote, sehr viele davon, was immer – sogar an einem solch schönen Sommerabend – etwas Melancholisches besaß. Große, von der Sonne zum Leuchten gebrachte grellgrüne Algenflächen auf dem Sand, direkt vorne ein knallblauer Holzkahn, weiter hinten ein orangener, ein türkiser, ein roter – ein verrücktes Farbspiel.« *Bretonische Flut, Seite 228*

Weiter westlich am Meeresarm steht erhöht über dem Fähranleger (zu den Inseln Molène und Ouessant) das *Hotel Ste-Barbe.* In seinem typischen Überschwang beschreibt Dupin es als »eines der schönsten Hotels der Bretagne überhaupt« und ergänzt: »Eine unfassliche Terrasse und Bar ganz oben – wie ein Bootsdeck. Dort müssen Sie mal einen ganzen Sonnenuntergang bei einem Aperitif verbringen.« So hat der polizeiliche Betriebsausflug offenkundig seine Spuren hinterlassen und übrigens auch damit vertraut gemacht, dass die Gegend erstaunliche Widersprüche aufweist: Traumhafte Buchten gibt es, das Wasser ein Spiel aus kräftigen, fast karibischen Blau- und Türkistönen, dabei aber sogar im Hochsommer kalt, maximal um siebzehn Grad. Und dort, nicht leicht zu finden, da bretonisches Understatement nicht viel Aufhebens um die Sache macht und auf Hinweise verzichtet, das ultimative Ende vom Ende der Welt: Denn ein kleines Stück nördlich der Pointe de Corsen endet tatsächlich die gigantische Landmasse der eurasischen Platte – freilich mit dem kleinen Schönheitsfehler, dass die Iberische Halbinsel noch weiter nach Westen ausgreift. Was aber diesen Punkt des französischen Festlands auszeichnet: Von hier aus hat man gute Chancen, draußen auf dem Meer Delfine zu erspähen. Geografen gilt der Fleck als Treffpunkt von Ärmelkanal und offenem Atlantik.

Von Aber zu Aber

La Ria heißt der Meeresarm, an dem sich Dupin in Le Conquet die Zeit versüßt. Wir haben es schon in der Austernregion am Bélon gelernt: *Ria* sagt man im Süden, *Aber* dagegen im Norden der Bretagne. Womit der Treffpunkt von Ärmelkanal und Atlantik zugleich eine Sprachgrenze markiert, denn ein paar Kilometer nördlich wartet statt einer *Ria* der Aber Ildut, eines jener Flusstäler also, die nach dem Anstieg des Meeresspiegels am Ende der Eiszeiten quasi im Salzwasser versanken. Im Unterschied zu anderen Flussmündungen sind sie bei Ebbe so flach, dass keine Boote einfahren können – außer an diesem Aber Ildut, wo sich dann auch Europas bedeutendster Algenfischereihafen Lanildut befindet:

»Dort gibt es um die hundert Algenfischer. Die Menschen dort nennen die Algen ›Brot des Meeres‹, und die *laminaires,* die bis zu vier Meter lang werden, die ›Spaghetti des Meeres‹ […] In den Legenden ist von einem magischen Meereskraut zahlloser Farben die Rede, das die magische Meereskuh *Mor-Yvoc'h* ernährt [...]. Erst heutzutage werden die fantastischen Potenziale der verschiedenen Algenarten wissenschaftlich entdeckt. Sie besitzen Potenziale für die Medizin, die Biotechnologie, die Pharmazie, die Kosmetik, als natürlicher Dünger, als alternatives Isolationsmaterial. Das größte Potenzial aber besitzen sie für die Ernährung. Wie werden wir die bald neun Milliarden Menschen auf unserem Planeten ernähren? […] Nur mit Algen wird uns das noch gelingen!«
Bretonische Flut, Seite 366/367

Wer besonders aufmerksam liest, bemerkt in Dupins fünftem Fall, dass immer wieder moderige, faulige Gerüche die Handlung durchziehen, dass Tang und Algen gleichsam Geheimnisse bedecken, die teils im Reich der Legenden verborgen liegen. Da geht es offenkundig um Werden und Vergehen, um jenes Potenzial des Schatzes aus dem Meer, der einerseits stinkt, andererseits ernährt – und das sogar auf köstliche Weise. »Sehr, sehr lecker«, sagt Dupins Erfinder Bannalec über Algen. »Sie finden sie auf immer mehr Speisekarten in der Bretagne, auch von Sterne-Restaurants. In Japan sind sie immer schon eine Spezialität. Und natürlich wahnsinnig gesund! Reich an Jod, Magnesium, Ballaststoffen, den ganzen Antioxidantien.« Dupin führt zwei Adressen auf seiner Lieblingsliste: *Christine Le Tennier* aus Rosporden (bei Concarneau), wo er beispielsweise das *Tartare de Mémé Henriette* mit Algen, Kürbis und Kastanien schätzt. In Lanildut ist es das *Route Mandarine*, betrieben von einer Freundin Nolwenns, »die aus den Aromen der Erde, der Pflanzen, der Algen und des Meeres luxuriöse Naturseifen schuf« (»Bretonische Flut«, Seite 243).

Hat man die Flussmündung hinter sich gelassen, folgen ab Porspoder wieder Traumstrände. Es ist ratsam, nun keinesfalls die Hauptstraßen zu nehmen, sondern stets so dicht wie möglich an der Küste zu bleiben, um nach kurvenreicher Fahrt in der Gemeinde Lampaul-Ploudalmézeau die Dünen von Corn-ar-Gazel zu erreichen. Man mag es sich heute nicht mehr vorstellen, dass ausgerechnet dort, wo Dupin (wieder einmal!) dem Bann der Küste erliegt, 1978 die Havarie des Tankers »Amoco Cadiz« das Strandparadies mit einem Ölteppich überzog. Im Hafen von Portsall, der auf unserem Weg lag, erinnern ein kleines Museum und der Anker des Schiffes an die Katastrophe. Mittelteil und Heck ruhen noch vor der Küste, der Bug wurde bei einem Sturm in unbekannte Tiefen gerissen. Die größte Sorge der siebentausend Menschen, die sich damals an der Säuberung der Küste beteiligten, war die Rettung der Vogelwelt.

Der Hafen von Portsall

Während Dupin ornithologisch nicht sonderlich bewandert ist, wird er doch in seinem dritten Fall für einen Enthusiasten gehalten, als er ein spezielles Interesse an Tordalken durchblicken lässt. Ausgerechnet den beiden Ornithologen, die dort seine Neugier falsch interpretieren, begegnet er im elften Fall »Bretonische Nächte« erneut – ebenso wie den Tordalken, Frankreichs seltensten und am meisten bedrohten Seevögeln, die zwischen Februar und Juli vor allem an der bretonischen Nordwestküste zu entdecken sind. Was den Kommissar so sehr an ihnen fasziniert, ist die äußerliche Ähnlichkeit der bis zu 70 cm großen Nordmeervögel mit seinen Lieblingen, den Pinguinen der Südhalbkugel. Und doch gab es einst einen Vogel, der mit seiner Größe und Schwere, der Flugunfähigkeit und den weit hinten am Körper angesetzten Beinen, die zu einem fast aufrechten Gang führten, viel mehr an Pinguine erinnerte. Dieser nun ausgestorbene Riesenalk, einst bejagt wegen der exquisiten Qualität seiner Daunen und 1852 zum letzten Mal gesichtet, beflügelt in den »Bretonischen Nächten« immer wieder Dupins Fantasie.

Weitaus weniger interessiert sich der Kommissar für das zweite versunkene Flusstal der Gegend, den Aber Benoît, wo er den Hauptort St-Pabu ignoriert und allein Augen für die schon erwähnten Dünen von Corn-ar-Gazel hat. Dann aber entdeckt er *La Maison du Boulanger*, die Bäckerei von Michel Izard in Lannilis. Nachdem Izard vom *Gault Millau* zu den zehn besten Bäckern Frankreichs erhoben worden war, kam 2015 Schauspieler Gérard Depardieu vorbei, um das dunkle, dreifach gebackene *Pain des Abers* aus Lannilis für eine Dokuserie auf Arte unter die Lupe zu nehmen. Schnittchen mit Anchovis und Schafskäse, Brote mit Algen und Plankton – so etwas kann nicht an Nolwenn und Dupin vorbeigehen. Und da ohnehin jede Weiterfahrt durch Lannilis führt, rät auch Autor Bannalec zum Einkauf beim Meister-Boulanger wie auch bei dessen Nachbarn im *Maison Vini Dom* (Käse, Wurstwaren, Spirituosen). Der Ort taugt für einen kurzen Einwurf aus »Bretonischer Stolz« (Seite 206):

»›Es gab einen *Kig ha farz Léonard,* Sie wissen, der berühmte bretonische Pot-au-feu auf Speckbasis mit Buchweizenklößen, das war unglaublich gut‹, die kulinarisch berauschte Antwort klang makaberer als seine Frage, in Dupins Ohren zumindest. ›Es war eine äußerst fröhliche Beerdigung‹.«

Léonard klingt nach einem Männernamen, bezieht sich hier aber auf die Region Léon, den nordwestlichen Winkel des Finistère. Ansonsten heißt das Traditionsgericht einfach Fleisch *(kig)* und *(ha)* Mehl *(farz)* und sieht nicht immer so appetitlich aus, dass einem gleich das Wasser im Mund zusammenläuft. Dennoch hat Dupin den Fleischtopf längst ins Herz geschlossen:

»Paul bereitete ihn jedes erste Wochenende im Monat für das *Amiral* zu. Er setzte ihn freitags früh am Morgen an und ließ alles einen ganzen Tag vor sich hin köcheln: Lauch, Wirsing, weiße Rüben, Karotten, Speck, Morteau-Wurst, Tafelspitz, Schweinshaxe und Mehlklöße zweierlei Art, aus Buchweizen und Weizenmehl. Der Clou war die Soße aus Butter, endlos geschmorten jungen Zwiebeln und viel Zitronensaft.«
Bretonische Nächte, Seite 77

Kig ha farz und die kleine Welt hinter Lannilis, der Aber Wrac'h, prägen Dupins elften Fall, in dem er schnell ein paar Punkte in die Liste seiner persönlichen Lieblingsplätze aufnimmt. Allen voran die 1509 geweihte *Abbaye Notre Dame des Anges,* den Ort des Verbrechens. Aus diversen Quellen vernimmt er Wissenswertes, das ihn aber wie üblich nicht so recht packt, obwohl hier etwa die *pots acoustique* der Abteikirche verblüffen: ein Kunstgriff zur Verbesserung der Klangqualität, bei dem über einhundert in die Mauern eingelassene Krüge alle Töne im Raum verstärken. Nicht minder bemerkenswert ist die Tatsache, dass Joseph Pinchon von 1930 bis zu seinem Tod 1953 eines der Häuser auf dem Anwesen bewohnte. In Deutschland kennen diesen Comiczeichner nur wenige, in

Frankreich ist er eine Legende wegen seiner Kunstfigur *Bécassine,* einem naiven bretonischen Dienstmädchen im Haus Pariser Herrschaften. Dass sie »zur widerständigen patriotischen Ikone der gesamten Bretagne« wurde (»Bretonische Nächte«, Seite 55), ist dabei nur ein Teil der Wahrheit. Andererseits nämlich protestierten einige bretonische Verbände 2005 gegen eine Jubiläumsbriefmarke, weil *Bécassine* – auch wegen ihrer sprachlichen Ausrutscher – oft Gespött des Bürgertums war. Vielleicht ist die bauernschlaue *Mam'Goudig* (s. S. 185) mit ihrem Wortwitz genau die Figur, die diesen Widerspruch aufzulösen vermag.

Gemüseanbau in St-Pol

Dupins spezielle Empfehlung

In der Bucht der Engel

Überall nur Engel: Baie des Anges, Abbaye des Anges, Café Baie des Anges. *Die von dicken, hohen Steinmauern geschützte Abtei, direkt am Meer gelegen, ist ein wundersames Juwel, mit dem der leidenschaftliche Guide Marc Thomas Sie vertraut macht. Sobald Sie durch das steinerne Tor schreiten, verlassen Sie – wie so oft in der Bretagne – die gewöhnliche Welt. Sie betreten einen ursprünglich sakralen Baukomplex, der ab 1862 Hotelgäste empfing. Jeanne Mignard, eine spätere Eigentümerin, erhielt für ihre Kochkünste einen Michelin-Stern. Ihre Großnichte Chantal und deren Ehemann Robert Tetrel haben die Abtei als Ruine übernommen und mit viel Engagement wiederhergerichtet. Es hat etwas Überweltliches, die bis ins letzte Detail restaurierte Kirche zu erleben.*

Fast so überweltlich ist es für Dupin, direkt am Meer auf der Holzterrasse des Cafés Baie des Anges *zu sitzen und die riesige Bucht zwischen den beiden Halbinseln Ste-Marguerite und Lilia zu betrachten. Die Betreiber Claudia und Jacques servieren hier unter anderem die göttlichen Austern von Legris (s. S. 253). Dazu wird das sensationelle Baguette von Izard gereicht, das Sie schon aus Lannilis kennen. Der Kommissar empfiehlt, gleich dort zu übernachten – das Café gehört zu einem Vier-Sterne-Hotel (www.baiedesanges.com). Das gibt Gelegenheit zum abendlichen Spaziergang an den Ufern des Aber Wrac'h, am besten vom 5 km östlich gelegenen Weiler Paluden aus (hinter der dortigen Brücke gleich links). Und denken Sie an windblockende Kleidung gegen die steife atlantische Brise.*

Das gilt auch für eine Wanderung auf der Halbinsel Ste-Marguerite, aber erkundigen Sie sich dort zudem nach den Gezeiten und starten zwei Stunden vor dem Tiefststand des Wassers.

Nehmen Sie den ersten verfügbaren Parkplatz im Westen und verlieren Sie sich in den schier endlosen surrealen Sandlandschaften hinter den hohen Dünen. Wecker stellen! Es bleiben Ihnen insgesamt vier Stunden für ein Labyrinth aus Sand, Prielen und Felseninselchen.

Von der Jungfrau zum Gemüse

Viele Reisende drehen spätestens bei Morlaix ab, weil sie im äußersten Westen einen allzu rauen Atlantik erwarten, an dem Badeurlaub undenkbar erscheint. Tatsächlich muss man auch hier den Fluten mit höchster Vorsicht begegnen und Respekt vor Wetter und Temperaturen bewahren. Zugleich besitzen die Küstenlandschaften gerade in ihrer Wildheit und mit ihren leuchtenden Farben einen unfassbaren Reiz. *Plage de St-Cava* oder *Grève Blanche* auf der Halbinsel Lilia sind Beispiele. Grandios ist der Blick von der *Pointe du Kastell Ac'h* über türkisfarbenes Wasser auf die Île Vierge, zu der im Sommer Überfahrten angeboten werden (www.vedettes-des-abers.com). Jungferninsel heißt sie, weil dort einst Mönche mit einem Marienbild landeten, um ein Kloster zu errichten. Doch sie hielten es nicht lange auf dem schroffen Felsen aus. Was man aus der Ferne sieht, sind zwei Leuchttürme, von denen der ältere, der sich als zu schwach erwies, wie zum Größenvergleich neben dem zweiten *Phare de l'île*

Vierge (1897–1902) steht. Mit 82,50 m ist er der höchste Leuchtturm der Welt, zudem innen mit kostbaren Opalfliesen ausgekleidet. 397 Stufen führen hinauf.

Auf dem Weg zur Landspitze Kastell Ac'h hat Dupin das *Legris* ausgemacht, eine Austernbar jenseits allen »Chichis und Flaflas«, bodenständig und zugleich exklusiv. Das Gebäude selbst gleicht von außen eher einer Baracke, ist aber wunderschön hergerichtet. Terrasse und Innenraum trennt eine Glasfront, so hat man von allen Plätzen einen freien Blick auf die Bucht, auch bei schlechtem Wetter. Ob Austern, Rillettes oder Abalonen – ein Mittagessen an diesem Ort lässt Sie die ganze Bretagne erleben. Eine weitere Überraschung wartet nur 3 km östlich: der *Hoalen Ocean Store Kelerdut.* In einem alten Fischerhaus mit Blick auf die Leuchttürme der Île Vierge verkauft dort das ökologisch engagierte bretonische Modelabel *Hoalen* Kleidungsstücke aus seiner gesamten Kollektion. Der hauseigene Garten geht in den Strand über, man darf in gemütlichen Sesseln ausruhen, kann köstlichen Kaffee, Limonaden und kleine Gerichte bestellen. So meernah haben Sie noch nie eingekauft!

Weiter in Richtung Osten will es einfach nicht abreißen mit den Küstenidyllen: feiner weißer Sand am Plage du Zorn, ein Leuchtturm mitten im imposanten Felsenmeer an der Pointe du Pontusval, feste, breite Sandschneisen als Strandseglerparadies in der Bucht von Goulven, dann die Dünen von Keremma, das schon im 19. Jahrhundert Badeort war und Villen aus dieser Zeit besitzt. Allmählich aber schieben sich die Boten einer intensiven Landwirtschaft ins Blickfeld. *Ceinture Dorée* nennt man die Gegend um St-Pol-de-Léon, »Goldener Gürtel«, das Kernland des bretonischen Gemüseanbaus und u.a. weltgrößter Artischockenproduzent. Die purpurne, mild-süßliche *Cardinal* und die ursprünglich provenzalische *Petit violet* haben sich zu beliebten Artischockenspezialitäten der Region entwickelt. Vermarktet wird die Ernte unter dem genossenschaftlichen Label *Prince de Bretagne,* das sich immer wieder vehement gegen EU-Diktate und Großkonzerne auflehnt:

»Die bretonischen – überhaupt die französischen – Bauern waren traditionell nicht zimperlich. Sie waren schon in der Revolution eine äußerst schlagkräftige Macht gewesen.«
Bretonisches Leuchten, Seite 24

Mit *St-Paul-Aurélien* besitzt das Städtchen eines der größten gotischen Bauwerke der Bretagne. Die mit 50 m beachtliche Höhe der beiden Kirchtürme zeigt an, dass dies einst eine Kathedrale war. In einem Schrein links des Chors ruhen die Gebeine des Patrons Paul Aurélien (gestorben 573). Bretonen rechnen ihn zu den sieben heiligen Gründervätern, die von Wales und Cornwall aus das Christentum übers Meer brachten. Bei der großen Wallfahrt *Tro Breiz'h* werden ihre Wirkungsorte aufgesucht: Vannes, Quimper, St-Pol, Tréguier, St-Brieuc, Dol-de-Bretagne und St-Malo. Aber die Sieben ist natürlich eine bedeutende Symbolzahl im Christentum, also gab es wohl noch mehr Gründerväter. Ob Zufall oder nicht: Auf 77 m beläuft sich die Höhe des dritten Turms von St-Pol-de-Léon, er gehört zur *Chapelle Notre-Dame du Kreisker* (14./15. Jh.), ist hohl, kann aber über einen seitlichen Aufgang bestiegen werden und liefert die Rundumsicht über das Gemüsereich.

Roscoff

Stars aus den Beeten sind neben den Artischocken vor allem die Zwiebeln, mild, haltbar, von rosa Farbe und reich an Vitamin C. Doch nicht St-Pol wurde bekannt für diese *oignons*, sondern ihr Umschlagplatz Roscoff. Der traditionsreiche Fischerei- und Handelshafen besitzt noch eine bezaubernde Altstadt mit Buckelpflaster und in der Rue Gambetta ein Haus, in dem 1869 Alexandre Dumas, Autor der »Drei Musketiere«, Teile eines Küchenführers mit Verweisen auf die Zwiebel schrieb. Vierzig Jahre zuvor war ein gewisser Henri Ollivier auf die Idee gekommen, seine Ware jenseits des Ärmelkanals zu verkaufen. »Englische Zwiebeln taugen nicht«, schrieb er auf ein Schild und traute sich damit auf Londons Märkte. Es war der Beginn einer Erfolgsgeschichte, in deren Verlauf Generationen bretonischer *Onion Johnnies* von ihren Fahrrädern aus tonnenweise Zwiebeln in England verkauften. Ein paar Enthusiasten pflegen den Brauch sogar noch heute.

Roscoff war übrigens auch der Ort, in dem 1548 Schottlands spätere Königin Maria Stuart im Alter von gerade fünf Jahren mit Dauphin François II. vermählt wurde. 1889 kam hier erstmals die Thalassotherapie gegen Rheumaleiden zur Anwendung. Längst starten vom Fischerei- und Jachthafen auch Fähren nach England und Irland. Und in der Criée neben dem Fährhafen können Sie bei einer Führung (am besten über die Touristeninformation buchen) auch der Fischauktion beiwohnen. Ein botanischer Garten beim Port de Bloscon und ein weiterer auf der nahen Île de Batz bezeugen mit ihrer subtropischen Flora den günstigen Einfluss des Golfstroms, der auch die Ernteerfolge erklärt. Nach Batz verkehrt eine Fähre (www.iledebatz.com), sie muss wegen flachen Wassers ein gutes Stück vor der Altstadtkulisse ankern. Der lange Steg, der zum Boot führt, gestattet den schönsten Ausblick auf Roscoffs Häuserzeilen.

Unterwegs in die Stadt

»Der ganze Ort hatte Atmosphäre, war authentisch und besaß eine gemütliche kleine Altstadt auf einer Landzunge mit engen verwinkelten Gassen, die irgendwie alle am Meer endeten, auch wenn man sich zuweilen wunderte, wie das möglich sein konnte.«
Bretonische Verhältnisse, Seite 179

Gleich in seinem ersten Fall sucht Dupin das Seebad Carantec auf, kehrt später aber nicht mehr dorthin zurück. Das entspricht den Reisegewohnheiten von Touristen, die sich selten dort blicken lassen, weil die Schnellstraße zwischen Morlaix und Roscoff ein gutes Stück südlich verläuft. So gehört der Strand weitgehend den Tagesgästen aus Morlaix, die dann auch bei Ausflügen zum Château du Taureau unter sich sind (https://chateaudutaureau.bzh).Die dreistöckige Festung wurde im 16./17. Jahrhundert zum Schutz des wohlhabenden Binnenhafens von Morlaix auf eine Insel in der Bucht gebaut. Damals füllte der Handel mit Tuch und Leder die Kassen und ermöglichte den Bau prachtvoller Bürgerhäuser, von denen aber die meisten bei Bombenangriffen im Zweiten Weltkrieg zerstört wurden. Dabei war das Ziel der Flieger eigentlich das 285 m lange und 58 m hohe Viadukt, das sich unbarmherzig ins enge Tal zwängt und Morlaix zu erdrücken scheint. Die 1865 eröffnete Brücke ist Teilstück der Eisenbahnstrecke Paris–Brest. Sie besitzt auf halber Höhe eine Passage, von der man herrliche Ausblicke auf die Stadt genießt.

Der Kommissar sieht sich in Morlaix nicht weiter um, sein Berührungspunkt mit dem Ort ist lediglich der Cidreherstelle *Les Pommes et les Bretons,* der real aber nicht existiert. Fasziniert hätte ihn aber ein Mordfall vom Vorabend des Ersten Weltkriegs. Louis Cadiou aus Morlaix war 1909 Direktor einer florierenden Pulverfabrik bei Landerneau geworden, die Schießbaumwolle für die Produktion von Schiffsgranaten einsetzte. Die Verwendung solcher Munition war mit Risiken behaftet und führte weltweit zu mehreren Havarien. Als Cadiou Ende Dezember 1913 spurlos verschwand, kamen Gerüchte von Sabotage und einer Flucht zu deutschen Komplizen auf. Augenzeugen aber berichteten von Differenzen zwischen ihm und seinem Ingenieur Louis Pierre, dem schließlich noch eine Affäre mit Cadious Frau nachgewiesen wurde. Zunächst fehlte die Leiche, bis kurioserweise eine Seherin in einer Séance den Tathergang beschreiben und die Mühle von Landerneau als den Ort benennen konnte, an dem der Tote tatsächlich aufgefunden wurde. Eine durchschnittene Kehle und Hiebverletzungen deuteten eine klare Todesursache an, doch ein anonymer Brief gab Hinweis auf eine Kugel, die bei einer zweiten Autopsie in Cadious Körper entdeckt wurde. Das Kaliber passte zu einer Waffe aus dem Besitz von Louis Pierre, der dann am 29. Juli 1914 erstmals vor Gericht stand. Nur war am Tag zuvor der Erste Weltkrieg ausgebrochen, womit der mutmaßliche Mörder erst einmal an die Front geschickt wurde. Nach Kriegsende kam sein Fall erneut zur Verhandlung und endete mit einem Freispruch aus Mangel an Beweisen.

Foto rechte Seite: Morlaix

Rue de l'Europe, Porspoder, www.creperie-chardons-bleus.com, Menü 27 €, *Kig ha farz* 12 €

4 Mad Tapas: Partager *heißt das Zauberwort vor allem bei der bretonischen Jugend: die Platte* (planche) *mit kleinen Köstlichkeiten zum Teilen. Hier wird das Prinzip zur Perfektion entwickelt. Es gibt sogar eine Platte mit Tapas und Bieren und eine für Vegetarier. Erhältlich sind aber auch Fish 'n' Chips nach streng britischer Rezeptur und eine* Cassolette de mer *(Fischeintopf) mit* Cocos de Paimpol, *jenen Bohnen, die Dupin so sehr liebt.*

5, Place des Otages, Morlaix, https://restaurant-morlaix.fr, *planches* ab 12 €

Mehr Infos

Office de Tourisme:
Parc de Beauséjour, 29217 Le Conquet, T 02 98 38 38 38, www.iroise-bretagne.bzh

Office de Tourisme:
Quai d'Auxerre, 29680 Roscoff, T 02 98 61 12 13, www.roscoff-tourisme.com

Office de Tourisme:
10, Place Charles de Gaulle, 29600 Morlaix, T 02 98 62 14 94, www.baiedemorlaix.bzh

Foto rechts: Die Monts d'Arrée

ARGOAT – EIN STÜCK HINTERLAND

Was der Tuchhandel hinterließ

Cadiou, das prominente Mordopfer (s. S. 258), stammte aus Morlaix und fand den Tod in Landerneau. Die beiden geografischen Eckpunkte – man könnte noch weiter ausgreifen bis Brest – stehen keineswegs in zufälliger Beziehung. Vielmehr markiert eine Linie zwischen ihnen, teils am Fluss Élorn entlang, das Kerngebiet einer ehemaligen Boom-Region. Flachsanbau, Leinenweberei, Pferdezucht und Papiermühlen wie jene in Landerneau bestimmten den wirtschaftlichen Aufschwung ab dem 16. Jahrhundert.

Leichte Verfügbarkeit von Wasser und bequemer Binnentransport über Flüsse hin zu den Seehäfen waren Motor dieser Entwicklung. Vielleicht hätte aus diesem Tuchzentrum ein Manchester in Miniaturformat erwachsen können. Das Scheitern von Frankreichs Ostindienkompanie 1793 (s. S. 97/98) und damit der schwache Überseehandel waren aber ein ebenso gewichtiger Bremsklotz wie die Revolution von 1789. Und bald schon erließ Napoleon seine Kontinentalsperre, schwächte damit allerdings nicht den englischen Nachbarn, sondern nur die eigene Position.

Was aus ökonomischer Sicht ein Fiasko war, hatte aus humanitärem Blickwinkel Vorzüge. Denn niemand wird sich die »Lage der arbeitenden Klasse in England«, wie Friedrich Engels sie 1845 beschrieb, auch für die Breta-

Calvaire in St-Thégonnec

gne gewünscht haben. Statt sich zum Industriegürtel zu entwickeln, fiel das Hinterland von Morlaix in die Verschlafenheit zurück. Als Erinnerung an die Jahre des Aufschwungs blieben pompöse Kirchen, die heute mit ihrem reichen Schmuck inmitten bedeutungsloser Dörfer nahezu surreal anmuten. Immerhin bescheren diese Architekturschätze dem touristisch vernachlässigten Argoat ein wenig Aufmerksamkeit.

Argoat ist für Bretonen der Kontrapunkt zu Armor: landeinwärts gegen meerseits. Über Jahrhunderte war Argoat der eher gefürchtete Teil der Bretagne, von Urwäldern überzogen, in denen vielfältige Sagen- und Schauergestalten nach Menschenleben trachteten. Kühn kämpften sich König Artus und seine Ritter durch diese Wälder, um ihnen Geheimnisse und Schätze zu entlocken. Jenseits der Legenden verlief die Landnahme weniger spektakulär, durch Rodungen armer Bauern, die nur durch diese über die Runden kamen – und irgendwann auch so radikal, dass statt Argoats Urwäldern heute endlose Ackerflächen das Land überziehen. Und dort, in nunmehr gebändigter Umgebung, findet man jene umfriedeten Pfarrbezirke aus der Ära des Booms. Es gibt Dutzende solcher *enclos paroissiaux*, drei von ihnen, alle nur wenige Kilometer von Morlaix entfernt und in den Jahren um 1600 entstanden, werden wegen ihrer herausragenden Architektur und Bildhauerei besonders oft besucht: St-Thégonnec, Guimiliau und Lampaul-Guimiliau.

Kommissar Dupin lässt die drei genannten Pfarrbezirke trotz ihrer großen Bedeutung für die Region links liegen. Den Lesern aber sei empfohlen, sie nicht von der Liste zu streichen, denn der Besuch ist ein besonderes Erlebnis. Man begegnet einem Architekturschema, das sich vielfach wiederholt: Eine reich geschmückte Triumphpforte gewährt Zugang zu einem ummauerten Sakralbezirk, in dem außer der Kirche auch ein eindrucksvolles Beinhaus zur Aufnahme sterblicher Überreste steht und ein *calvaire* (Kalvarienberg) mit überbordendem Figurenschmuck das Leben und Leiden Jesu illustriert. Der *calvaire* in Guimiliau beispielsweise besitzt allein etwa zweihundert Figuren in fünfundzwanzig Szenen. Selbst historische Begebenheiten, die zur Entstehungszeit des Kalvarienbergs die Bretagne bewegten, fanden Eingang in die Reliefs: In Guimiliau soll eine Frau an Jesu Grab die Gesichtszüge von Maria Stuart tragen, die damals die Region besuchte, während ein Folterknecht in St-Thégonnec angeblich den protestantischen König Henri IV. darstellt, dessen religiöse Orientierung den Bretonen missfiel. Der Kalvarienberg von Lampaul-Guimiliau schließlich besitzt ein Kreuz mit auffälligen Auswölbungen, die man als Pestbeulen deutet und mit einem Wüten der Seuche in Verbindung bringt.

Die höchsten Berge, die die Welt je gesehen hat

8848 m – so hoch reckt sich der Mount Everest gen Himmel. Eine höhere Marke ist auf Erden kaum möglich, weil das Gewicht des Berges ihn sonst wieder ein Stück in den Boden sinken ließe. Dass die Gipfel der bretonischen Monts d'Arrée einst an das denkbar höchste Maß um 9000 m reichten, ist erwiesen, erscheint aber heute unvorstellbar, sind von ihnen doch nur maximal 385 Höhenmeter verblieben (Roc'h Ruz südlich von Plounéour-Ménez). Immerhin jedoch übertreffen sie mit ihrem Alter von 500 Mio. Jahren den Himalaya um ein Zehnfaches und strahlen damit seltsamerweise auch eine schwer erklärliche Aura aus. Als Kommissar Dupin wegen eines Leichenfundes den Roc'h Trévézel aufsucht, erinnert er sich an seine erste Begegnung mit dieser Landschaft und an Eindrücke, die man vor allem bei Reisen im Sturmesbrausen oder bei magischen Lichtsituationen gut nacherleben kann:

»Niemals hätte er eine solche Landschaft in der Bretagne erwartet. Durch schwarze Tannenwälder führte die Straße, bis sich mit einem Mal eine andere Welt auftat: Sanfte, von der Witterung gerundete Bergrücken aus Granit und Sandstein – die ›Menez‹ – wechselten sich mit roh zerklüfteten Kämmen, schroffen Quarzfelsen, abenteuerlich verrenkten Steinformationen ab, den ›Rocs‹. Ein paar weiträumige Plateaus gab es zudem. Es sah aus, als wäre der Boden brutal aufgeplatzt, die ›Rocs‹ ragten hoch auf, stachen aus einer kargen Landschaft mit Heidekraut, Stechginster, Farnen, Moosen, sagenumwobenen Quellen, Bächen und Mooren hervor. Einzelne

abgelegene Kapellen hier und dort, selbst Gegenstand mannigfaltiger Geschichten. Verstreut rätselhafte Menhire.
Übernatürlich war das beste Wort für diese Gegend, fand Dupin, hier im Herzen des Finistère endete die gewöhnliche, die diesseitige Welt. Einsame Gefilde, in denen dichte Nebel mit unerbittlichen Winden und tosenden Stürmen Schlachten um die Vorherrschaft führten. Ganz ohne Bäume, was noch sonderbarer wirkte; sie wuchsen hier einfach nicht, so wie auf schwindelnden Höhen, über der Baumgrenze. Winde und Stürme trugen die unendlich feine salzige Gischt des wütenden Atlantiks bis hierhin, sie ging direkt auf den Höhenzug nieder, und das Salz verhinderte jegliche aufwendigere Vegetation. Es gab auch eine Legende dazu – die wahrscheinlich aberwitzigste Legende, die Dupin je gehört hatte: Bei Jesu Geburt hatte der Himmel die Bäume auf den Monts d'Arrée nach Bethlehem geschickt, um den Messias zu begrüßen. Als sie sich starrköpfig weigerten (Bretonen eben), wurden sie dazu verdammt, zu verdorren und nie wieder gedeihen zu können.« *Bretonischer Stolz, Seite 68/69*

Die Monts d'Arrée sind Teil dessen, was Geologen als Armorikanisches Massiv bezeichnen, eine 65 000 km² große Rumpfgebirgsfläche aus dem Erdaltertum, die über die Bretagne hinaus bis in die Normandie und die Vendée reicht. Wer soeben von Argoat und Armor hörte, wird aufmerken: Warum nicht Argoatisches Massiv? Nun, Armor ist in dem Fall der alten römischen Bezeichnung *aremorica* entlehnt, die erstmals Caesar niederschrieb und die den Liebhabern von *Asterix* hinreichend bekannt sein dürfte. Mit Bergen und Inseln, Sandstränden, Leuchttürmen, Dolmen und Renaissancekirchen bietet das bretonische Kernland dieses Massivs auf überschaubarem Raum eine erstaunliche landschaftliche und kulturelle Vielfalt.

1969 gründete man den aktuell 125 000 ha großen *Parc Naturel Régional d'Armorique* und stellte damit die Region zwischen den Monts d'Arrée und der Île d'Ouessant unter Naturschutz. Unter den vierundvierzig Gemeinden des Parks nimmt Sizun eine Sonderstellung ein. Nicht weil ein Gendarm von dort Dupin den Leichenfund gemeldet hat, sondern vielmehr weil das gerade mal 2300 Einwohner zählende Sizun gute Voraussetzungen als Ausgangspunkt für Wanderungen besitzt – einschließlich des *Hôtel des Voyageurs*, dessen Bar Dupin für seinen *café* und ein wenig Müßiggang aufsucht. Immerhin hat er zuvor nicht nur einen übel zugerichteten Toten inspizieren, sondern auch die Worte seines Inspektors Riwal verdauen müssen:

»Unreine Seelen irrten vor und nach Sonnenuntergang hier umher, in der verzweifelten Hoffnung auf Erlösung, hieß es; Zwerge tanzten mit wilden Bewegungen in der Dunkelheit auf der Heide; unheimliche steinerne Abbildungen an alten Gemäuern von *Ankou,* dem Tod, wurden nachts lebendig.« *Bretonischer Stolz, Seite 68/69*

Beim Moor Yeun Elez, nach dem auch ein hochprozentiger bretonischer Whisky benannt ist, flunkern die Schwärmer ein wenig:

»Plötzlich sieht man Nebel, eine Art Brodeln auf der Wasseroberfläche, als würde das Wasser darunter kochen – wenn Sie dann stehen bleiben und schauen, sind Sie verloren. Ihre Neugier kostet Sie das Leben. Der Boden, auf dem man steht, gibt nach. Das Jaulen eines Hundes ertönt. Und man verschwindet für immer im Youdig. Dem Tor zur Hölle.« *Bretonischer Stolz, Seite 80*

In Wahrheit ist der Großteil des Sumpfes längst zum *Réservoir de St-Michel* geflutet worden. Der Stausee sollte Kühlwasser für das 1967 in Betrieb genommene Kernkraftwerk Brennilis liefern, doch nach nicht einmal zwanzig Jahren wurde der Reaktor mangels Wirtschaftlichkeit stillgelegt. Der Rückbau wird sich bis mindestens 2040 hinziehen und verursacht enorme Kosten. Als im trockenen Sommer 2022 Waldbrände in den Monts d'Arrée wüteten, kamen neue Sorgen um Brennilis auf.

Von Stein und Blei

Forêt de Brocéliande klingt durchaus so, als könne man auf Landkarten nach einem solchen Wald suchen. Aber der Name entstammt dem Reich der Legenden. Brocéliande soll der Zauberwald gewesen sein, den König Artus mehrfach durchstreifte, vermutlich aber war damit schlichtweg das gesamte dicht bewachsene Hinterland gemeint. Da nach jahrhundertelangem Abholzen nicht viel von der Wildnis geblieben ist, ergibt sich die kuriose Situation eines zweigeteilten Zauberwaldes: Der größere Part liegt in der östlichen Bretagne bei Paimpont (s. S. 336 ff.), der kleinere hier im Westen bei Huelgoat. Vor allem Wanderer und Angler suchen das abgelegene Örtchen auf, das sich um einen See schmiegt. Wo das »Silberflüsschen« Rivière d'Argent in diesen See mündet,

Foto rechte Seite: Wald von Huelgoat

Das Mammutwerk

Nur 30 km haben wir uns bisher von Morlaix entfernt und doch bereits den Eindruck, so richtig tief in die Provinz geraten zu sein. Bretonen sehen die Entrücktheit natürlich in ganz anderem Licht, sie feiern die vermeintliche Einöde als *Bretagne bretonnante*, als das Bretonischste vom Bretonischen. Einst wurde in dieser Basse-Bretagne das »genuin« Bretonische gesprochen, das Keltische, nicht das Gallo der östlichen Haute-Bretagne, das wie das Französische dem Vulgärlatein entsprungen war. »Das Keltische war mindestens anderthalbtausend Jahre älter als das Französische, ein für Bretonen denkbar wichtiges Faktum. So hatte die *Bretagne bretonnante* im Laufe der Jahrhunderte den Nimbus der ›echten‹ Bretagne erhalten«, erinnert sich Dupin an Nolwenns Worte. Da diese Gegend für Kelten schon lange vor der römischen Invasion Gewicht besaß, steht ihr ein unvergleichliches Großprojekt sehr gut zu Gesicht. Gemeint ist das Vallée des Saints auf einer Anhöhe in der Gemeinde Carnoët, das man etwa 20 km östlich von Huelgoat erreicht. Als der Heilige Paul Aurélien (s. S. 254) 1990 seinen 1500. Geburtstag feierte, überraschte der Philosophieprofessor Philippe Abjean die Welt mit einer Idee: Die Bretagne sei so reich an Heiligen – 7777 sollen es ein –, dass diesen Wohltätern ein massiver Dank gebühre. Im Juli 2009 wurden in St-Pol-de-Léon die ersten Figuren aufgestellt, aber das Gebiet eignete sich nicht für eine Erweiterung. Drei Jahre später war mit dem »Tal der Heiligen« das angemessene Areal gefunden. Seither meißeln Künstler aus aller Welt auf der 12 ha großen

Fläche in öffentlichen Aktionen mächtige Granitskulpturen von bis zu 8 m Höhe. Die Zahl der Figuren wächst dank begeisterter Sponsoren rapide – ebenso die Zahl der Besucher. Auch wenn die 7777 Skulpturen vermutlich utopisch bleiben werden, so scheint ein Siebtel davon durchaus realistisch.

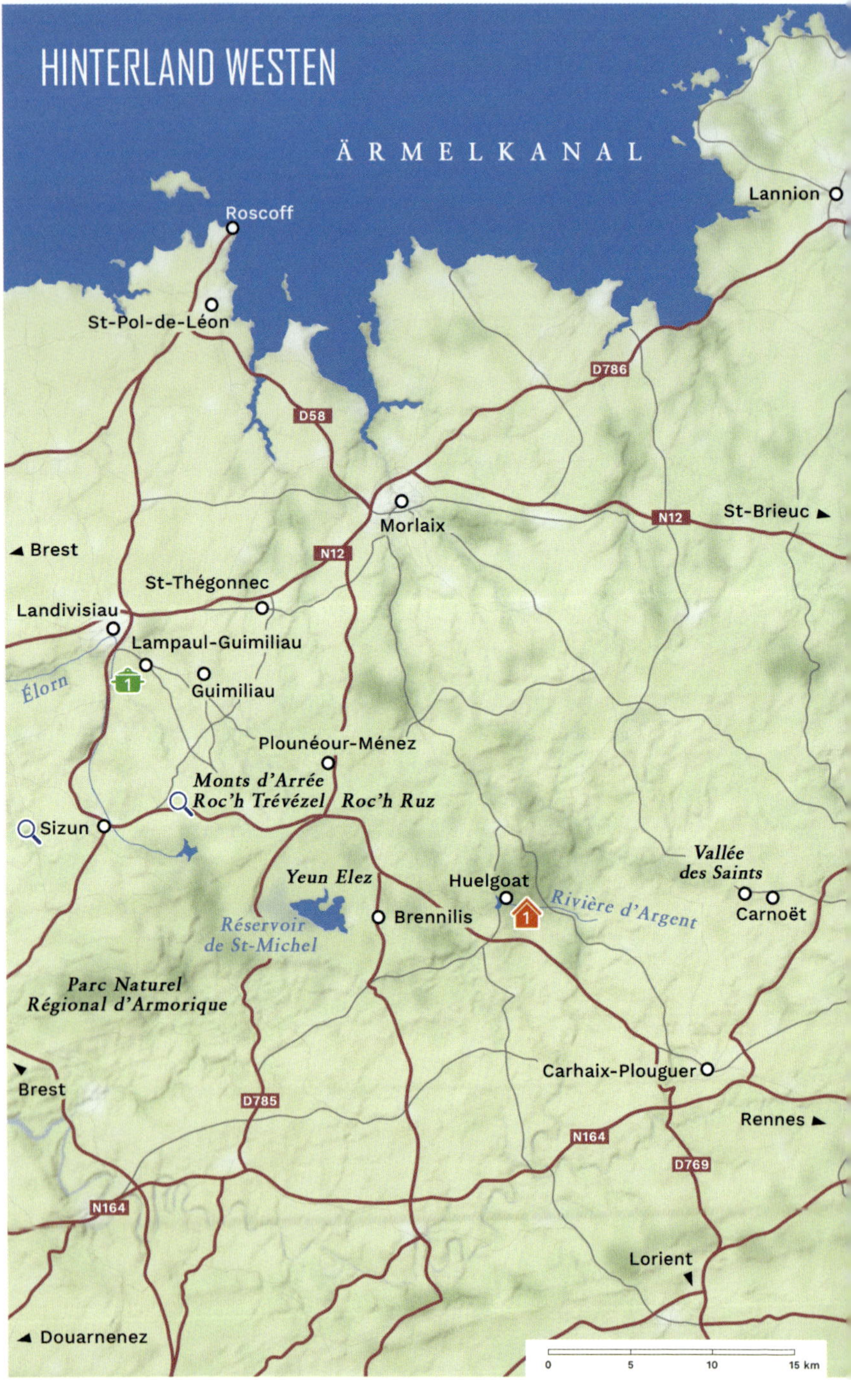
HINTERLAND WESTEN
ÄRMELKANAL
Roscoff
St-Pol-de-Léon
Lannion
D786
D58
Morlaix
N12
St-Brieuc
Brest
St-Thégonnec
Landivisiau
Lampaul-Guimiliau
Élorn
Guimiliau
Plounéour-Ménez
Monts d'Arrée
Roc'h Trévézel
Roc'h Ruz
Sizun
Yeun Elez
Huelgoat
Rivière d'Argent
Vallée
des Saints
Carnoët
Brennilis
Réservoir
de St-Michel
Parc Naturel
Régional d'Armorique
Carhaix-Plouguer
Brest
D785
Rennes
N164
D769
N164
Lorient
Douarnenez
0
5
10
15 km

Tipps für Genießer

Unterkunft

La Mare aux Fées: *Hundeliebhaber muss man sein, denn die Inhaber der Pension sind es deutlich erkennbar auch. Das Gemeinschaftsbad ist vielleicht nicht jedermanns Sache, das gemeinsame Frühstück von bester Qualität aber allemal. Der Garten macht den besonderen Reiz dieser Unterkunft aus.*

11, Rue des Cieux, Huelgoat, www.mareauxfees.com, DZ ab 90 €

Essen

L'Escapade: *Nach dem Besuch der umfriedeten Pfarrbezirke ist dies die gebührende Einkehr, auch wenn das Hotel-Restaurant* Auberge St-Thégonnec *im Nachbarort die meisten Gäste abfängt.* L'Escapade *ist eher was für die heimische Bevölkerung, ein urgemütliches Haus mit wenigen Plätzen. Außer der guten Paëlla stehen raffinierte, appetitlich angerichtete Crêpes und Galettes in besonders reicher Auswahl auf der Karte.*

8, Place du Villers, Lampaul-Guimiliau, www.facebook.com/people/Restaurant-LEscapade/, Menü ab 25 €

Feste

Festival des Vieilles Charrues: *Über vier Tage im Juli erstrecken sich die Konzerte bei der Site de Kerampuilh in Carhaix-Plouguer (www.vieillescharrues.asso.fr).*

Mehr Infos

Office de Tourisme:
16, Place Général de Gaulle, 29800 Landerneau, T 02 98 85 13 09, www.pays-landerneau-daoulas.fr/office-de-tourisme

Office de Tourisme:
25, Place A. Briand, 29690 Huelgoat, T 02 98 99 72 32, www.lesmontsdarree.bzh/tourisme

Office de Tourisme:
8, Place d'Aiguillon (außerhalb der Saison: 5, Rue du Dr. Menguy), 29270 Carhaix-Plouguer, T 02 98 93 04 42, www.carhaixpohertourisme.bzh

Fotos Seite 278 bis 280: Die Rosa Granitküste

DER NORDEN

Von der Granitküste zum Cap Fréhel

Die Smaragdküste

Argoat – noch ein Stück Hinterland

VON DER GRANITKÜSTE ZUM CAP FRÉHEL

Whisky, Wissenschaft und windige Geschäfte

Dupin könnte von keiner Gegend der Bretagne sagen, dass er sie nicht mag oder gar meiden würde. Nur muss er bei seinen Ermittlungen Rücksicht darauf nehmen, dass er außerhalb seiner Präfektur keine Befugnisse hat, sofern keine Sondergenehmigung vorliegt. Oder sich den Freibrief unbefugt selbst erteilen. Das geschieht bei seinem sechsten Fall, als er mit Claire zu einem ersten gemeinsamen Urlaub an die Rosa Granitküste aufbricht, jedoch zum Müßiggang so wenig Lust verspürt, dass er geradezu auflebt, als sich ein Mord ereignet. Unterdessen bleibt Claire ihrerseits heimlich in Kontakt zu ihrer Klinik. Und so kommt es dazu, dass herrliche Ausflugsziele wie die Corniche de l'Armorique mit den beeindruckenden Buchten von Locquirec und St-Michel-en-Grève unbeachtet bleiben, während ein folkloristisches Würstchenfest zur Erbauung herhalten darf:

»Übrigens findet Sonntagabend die 37. *Nuit de la saucisse* statt. In Plestin-les-Grèves, hier in der Nähe. Eine Nacht der Würste! Sie präsentieren Wurstspezialitäten des Nordens. Man kann alles probieren! Es gibt auch Musik.« *Bretonisches Leuchten, Seite 218*

Dabei vergesse man nicht den Kommissar aus Lannion, der kritisch über Dupins Aktivitäten wacht. Sein Revier, ein Flusshafen an der Mündung des Léguer, besitzt einen Altstadtkern mit hübschen Fachwerkhäusern aus dem 15./16. Jahrhundert und der fotogenen Treppe *Escalier de Brélévenez,* die über 142 Stufen zur romanischen *Église Brélévenez* führt. Nur wenige Schritte von dieser ehemaligen Templerkirche entfernt befindet sich im unscheinbaren Haus Nr. 1, Rue de la Coudraie, eine Institution, die der Krimi in Paimpol verortet: *Les Valseuses.* Augenzeugen wollen dort das spätere Mordopfer mit einem Mann gesehen haben. Die angeblich zwielichtige Bar ist in Wahrheit Austragungsort kleiner Bühnenprogramme mit Theater, Jazz und Rock. Eine zweite Adresse in Lannion haben Claire und Georges genauer im Visier: die *Distillerie Warenghem* am südöstlichen Stadtrand (https://distillerie-warenghem.bzh). Sie ist bekannt für ihren preisgekrönten Whisky *Armorik,* den Likör *Elixir* oder auch

Die Treppe Escalier de Brélévenez in Lannion

den Chouchen *Melmor*, eine Art Met, nur vierzehn Prozent stark, der nach keltischem Rezept durch das Fermentieren von Buchweizenhonig gewonnen wird. Um Claire gegenüber den Urlaubsschein zu wahren, macht auch Dupin Vorschläge für Unternehmungen:

»Ich würde gerne auch ein paar richtige Ausflüge machen […], ich meine zum Beispiel zu dem Nachbau des weltbekannten kleinen gallischen Dorfes in Pleumeur-Bodou.«
Bretonisches Leuchten, Seite 39

Dieses Village Gaulois (www.levillagegaulois.org), das sich interaktiv und populärwissenschaftlich mit der Welt von *Asterix* beschäftigt, ist Teil des Freizeitareals Cosmopolis, auf dem auch das bretonische *Planetarium* (http://planetarium-bretagne.fr) und das Telekommunikationsmuseum *Cité des Télécoms* (www.parcduradome.com) zu finden sind. Die Wahl für einen solchen Park fiel auf diesen Ort, weil am 11. Juli 1962 von dort die erste Satellitenverbindung zwischen Amerika und Europa hergestellt wurde.

Was Kadeg schon einmal an der Bélon-Mündung verfolgte, kommt in »Bretonisches Leuchten« nochmals ins Bild: der skrupellose Sandabbau. Weltweit bedroht er Strände. In der Bucht von Lannion, beim Badeort **Trébeurden,** ist es eine Unterwasserdüne, in der ein Zweig des Agrarunternehmens *Groupe Roullier* über zwei Jahrzehnte hinweg jährlich 40 000 m³ Muschelsand für die Landwirtschaft absaugen will. Die Romanfigur Dupin nimmt zu diesem Raubbau einige Spuren auf.

Qu'est-ce que la Bretagne pour vous?

Auch wenn ich kein gebürtiger Bretone bin, habe ich hier doch schnell Wurzeln geschlagen. Es ist eine Region, in der »Gemeinschaft« noch eine starke Bedeutung hat. Man spürt in der Bretagne eine Verbundenheit der Bevölkerung, eine Art gemeinsame Bestimmung. Zu meiner allergrößten Freude hat man mich hier willkommen geheißen. Ebenso ist dies ein Land, wo der Begriff »authentisch« kennzeichnend klingt, Authentizität der Menschen, der Landschaften und der Kultur.

David Roussier, Distillerie Warenghem, *Lannion*

Dupins spezielle Empfehlung

Je vois la vie en rose

Am nördlichsten der zwölf Strände von Trégastel, am Grève de Toul Drez, liegen Dupin und Claire während ihrer bisher einzigen Ferien – zwei Wochen des für Dupin unerträglichen Nichtstuns – auf ihrem fliederfarbenen Handtuch. Das sollten auch Sie tun, und zwar exakt am selben Strand. Er liegt auf der Nordwestseite der Île Renote, die über einen schmalen Landsteg zu erreichen ist. Und auch das, was Dupin viel lieber tut, als auf dem Handtuch zu liegen, sollten Sie tun: schwimmen und über die Insel spazieren, einmal ganz herum und durch das rosa Felsenlabyrinth im Nordosten. Eineinhalb Stunden. Intensiver und intimer können Sie die weltberühmte Côte de Granit Rose nicht erleben. Die Steine sind tatsächlich hell- bis grellrosa – im Sonnenuntergang glühen und leuchten sie surreal auf – und haben fantastische Formen. Es ist ein Chaos von riesigen Granitbrocken, einzeln oder in wüsten Ansammlungen, die sich zuweilen hoch auftürmen. Und zwar überall: im Meer, aus dem Wasser ragend, auf den Inselchen, an der Küste, auch auf dem Strand. Als wären sie vom Himmel gefallen, als wäre ein Schauer von eigentümlichen Meteoriten wild verteilt niedergegangen. Die Hexe, *die* Schildkröte, *die* Palette des Malers, *das* Chaos, *der* Hase *– sie heißen so, wie sie aussehen, da braucht man kein Bretone zu sein, um sie zu erkennen. Rosengranit ist der poetische Name des Gesteins, das schon in der Jungsteinzeit als Baumaterial diente und nur an wenigen Orten der Welt so prominent an die Erdoberfläche tritt wie hier. Was Sie gleich von Ihrem Handtuch aus bestaunen können, ist der* Tête de Mort, *ein Vorsprung in Form eines Totenkopfes, auf dem wiederum eine der amüsantesten Granitformationen der Gegend zu bewundern ist: der* Tas de Crêpes, *der Pfannkuchenstapel.*

Die Île du Grand Gouffre und die Île de Dé, zwei dem Strand vorgelagerte Inselchen, schützen vor allzu tosenden Fluten und bilden bei Ebbe eine Lagune. Sogar der Sand hier ist hellrosa und feinkörnig. Nur ganz allmählich fällt der Strand ins Wasser ab. In ein Meer, das nicht bloß durchscheinend ist, sondern vollkommen transparent. Ein zartes Türkisgrün zunächst, das in ein strahlendes Türkisblau übergeht, durch das Rosa des Grundes sondersam verstärkt. Erst weit draußen wird der Atlantik tiefblau. Dort sind die größeren der sagenumwobenen Sept-Îles zu sehen, fünf Seemeilen entfernt von der Küste und unbedingt einen Ausflug wert.

Dupins Strand in Trégastel

Das Ferien-Triumvirat

Nördlich von Lannion verschmelzen drei Gemeinden zu einem bildhübschen Urlaubskomplex, der trotz seiner Attraktivität selbst im Hochsommer nicht so heillos von Blechlawinen erdrückt wird wie Ziele an der Côte d'Azur oder der Riviera. Alle drei Orte – von West nach Ost sind es Trégastel, Ploumanac'h und Perros-Guirec – verdanken ihre Beliebtheit den berühmten rosa Granitformationen, zwischen denen Dupin und Claire ihren Urlaub verbringen. Ihr *Hotel l'Île Rose* wird man nicht finden, es handelt sich um einen Aliasnamen. Aber sonst ist alles vor Ort in **Trégastel** vorhanden, etwa das *Aquarium Marin* im Bauch der »Schildkröten«-Felsen (www.aquarium-

Küste bei Perros-Guirec

tregastel.com) oder das mehrfach von Dupin erwähnte Ensemble am zentralen Platz: Friseur, Bäcker, Dorfbar, die eigentlich eine Crêperie ist, und der *Tabac-Presse,* in dem der Kommissar immer wieder mit Informationen versorgt wird. Ein wenig aus der Zeit gefallen scheint die *Chapelle Ste-Anne-des-Rochers* – nicht zu verwechseln mit der sehenswerten romanisch-gotischen *Église Ste-Anne-St-Laurent* 3 km weiter südlich. Kunsthistorisch, so lässt es sich Dupin von seinem Hotelier erklären, hat die Kapelle keine Bedeutung. Aber es gibt eine alte Legende, »nach der in einer der Statuen der Kapelle der legendäre Rubin *Côte de Bretagne* versteckt sei. Ein drachenförmiger Edelstein, Teil des Goldenen Vlieses, einst im Besitz von Anne de Bretagne und bis heute spurlos verschwunden« (»Bretonisches Leuchten«, Seite 114). Tatsache ist indessen, dass dieser »Rubin« als Teil der Kronjuwelen im Louvre verwahrt wird, wo man ihn als Spinell von 107,88 Karat identifizieren konnte.

Legendär wurde auch die Granitformation *Napoleons Hut* beim Hafen von Ploumanac'h, allerdings in ganz anderem Zusammenhang. »*Le chapeau de Napoléon est-il toujours à Perros?*«, lautete eine harmlos klingende Frage, die am 3. August 1944 über BBC ausgestrahlt wurde. Es war das verschlüsselte Signal an die Résistance, den bewaffneten Kampf gegen die deutschen Besatzer aufzunehmen. In friedlicheren Zeiten, 1903, hatte sich Gustave Eiffels Sohn Albert neben Napoleons Hut ein Haus bauen lassen, das Dupin und Claire besichtigen wollen, als ihnen erklärt wird, dass es zum Verkauf stehe. Bei der Erstveröffentlichung von »Bretonisches Leuchten« 2017 war der Deal bereits perfekt. Vier Millionen Euro waren 2013 für

Blick auf den Plage de Trestraou

die Immobilie verlangt worden, verkauft wurde sie 2016 für 2,5 Mio. Dabei liefert das Umfeld keinerlei Grund, den Preis zu drücken. Gleich vor der Nase erstreckt sich der *Plage St-Guirec,* wo vor Jahrhunderten der namensgebende Heilige aus Wales an Land gegangen sein soll. Ihm ist ein romanisches Oratorium gewidmet, das inmitten der Felsen ziemlich skurril wirkt. Guirecs Bildnis darin war ursprünglich aus Holz gefertigt, nur hieß es, dass Hochzeitswünsche in Erfüllung gingen, wenn man ihm mit Nadeln in die Nase stach. Das wurde so oft praktiziert, dass später eine Skulptur aus Granit aufgestellt wurde. Aber auch deren Nase ist mittlerweile stark ramponiert – ein schlechtes Zeichen, denn zur Ehe kam es laut Volksglauben nur dann, wenn die Nase dem Stich widerstand.

Dupins geliebter Hochsitz an diesem Strand ist die Terrasse des Hotels *Castel Beau Site* mit Panoramablick auf die *Île Costaérès* samt ihrem Schloss aus den letzten Jahren des 19. Jahrhunderts. Der litauisch-polnische Bauherr Bruno Abdank-Abakanowicz hat dort Gäste aus seiner Heimat einquartiert, darunter den Literaturnobelpreisträger Henryk Sienkiewicz. Der nutzte den Aufenthalt, um dort seinen Roman »Quo vadis« zu schreiben. Von Claire, die eifrig in Reiseführern blättert, erfährt Dupin, dass das Schloss 1988 »Zweitwohnsitz eines sehr berühmten deutschen Schauspielers [wurde], der es liebevoll und originalgetreu restaurieren ließ, ehe es 2008 von Jérôme Chastagner erworben wurde.« (»Bretonisches Leuchten«, Seite 140). Der nicht namentlich genannte Deutsche ist Dieter Hallervorden, der das Schloss, anders als im Roman, nicht verkauft hat, aber wie der fiktive Besitzer Chastagner keine Besucher auf die Insel lässt.

Dafür entschädigt allemal ein etwa 4 km langer Spaziergang auf dem Zöllnerweg (GR34) zwischen dem *Plage St-Guirec* in Ploumanac'h und dem *Plage de Trestraou* in Perros-Guirec. Die Felsformationen entlang dieser Strecke, da ist man sich einig, zählen zu den spektakulärsten der gesamten Bretagne, sodass aus einer Stunde Fußweg schnell mal ein halber Tag wird. Zum Abschluss kann man ab Perros-Guirec noch eine Bootstour hinaus zu den 15 km vorgelagerten Sept-Îles unternehmen (www.armor-navigation.com). Der 40 ha große Archipel ist Schutzgebiet für siebenundzwanzig Brutvogelarten, darunter Papageientaucher, Tordalken und Eissturmvögel, und zugleich Lebensraum von Kegelrobben. Ein Landgang ist aber nur auf der Île aux Moines gestattet.

Dupins spezielle Empfehlung

Das verwunschene Tal

Jeweils donnerstags um 11 Uhr geht es los. Dann bietet das Maison du Littoral *in Ploumanac'h eine Führung durch die* Carrières de La Clarté *an, in denen ab etwa 1920 der rosa Granit gebrochen wurde – für Dupin sind sie aber auch ein Tatort. Und immer wieder erhält er bei seinen Ermittlungen (die er mangels Zuständigkeit offiziell gar nicht als solche bezeichnen darf) Hinweise auf ein sehr besonderes Tal in der Nähe der Steinbrüche:* La Vallée de Traouïéro. *Eines Tages während seines Urlaubs kann sich der Kommissar für einen Spaziergang durch das Tal davonstehlen: Sieben Zugänge gibt es, sieben in der realen Welt, dazu sieben übernatürliche, sagt eine alte Legende. Dunkle, erdige Fußwege, die im mystischen Tal an der Rosa Küste verschwinden. Unten herrscht eine dumpfe Feuch-*

tigkeit, eine seltsam wattige Stille, als würden sämtliche Geräusche geschluckt. Vom weichen Waldboden, von den Meeren an Königsfarnen, von den Moosen, von nach mythischen Urgestalten aussehenden Buchen, Kastanien, Eichen, Erlen, Eschen, von den herabgefallenen Ästen und dem Unterholz, von den hellgrünen lianenartigen Pflanzen, vom Efeu, von den Misteln weit oben, den vielen kleinen Blumen in satten Farben unten am Boden. Auf einmal entdecken Sie einen erstaunlich klaren, ja hellen Bach wie in einem Märchen. Abenteuerlich schlängelt er sich zwischen den Steinen, Farnen und Bäumen hindurch, auch durch verschachtelte Steinhöhlen und über offen daliegende dicke Baumwurzeln. Alles scheint belebt, auch die mächtigen rosa Felsbrocken, die wie ruhende Wesen, mächtige Riesen daliegen und wirken, als könnten sie im nächsten Moment aufwachen und sich erheben. Vom Himmel ist nichts zu sehen, nur indirektes, vielfach gebrochenes Halblicht fällt durchs Blätterdach ins Tal. Ein bisschen amazonische Bretagne. Ganz unmöglich zu sagen, wo man sich genau befindet: Alles sieht sich ähnlich, immer wieder hat man den Eindruck, an der Stelle, an der man gerade vorbeiläuft, schon gewesen zu sein. Ein perfektes Tal, das man einmal betritt und nie wieder verlässt, weil es sich immer weiter ausdehnt, wie weit man auch läuft. Irgendwann – wenn Sie nicht verloren gegangen sind – gelangen Sie an einen lang gezogenen, mäandernden Teich. Der Wald spiegelt sich so perfekt auf seiner Oberfläche, dass man sie zunächst gar nicht als Wasser wahrnimmt. Die ganze eigentümliche Welt hier unten gibt es plötzlich auch auf dem Kopf stehend. Machen Sie ein Experiment: Nehmen Sie die Uhr ab, bevor Sie in das Tal steigen, und schätzen Sie am Ende des Spaziergangs, wie lang Sie unterwegs waren. Dann vergleichen Sie mit der Uhr.

Pilgerziel Schädel

Östlich von Perros-Guirec scheint es sich mit den Granitwundern abrupt erledigt zu haben, doch dann trifft man an der Pointe du Château auf ein steinernes Postkartenmotiv, das aber nicht mehr als Postkartenmotiv verwendet werden darf. Gemeint ist ein Wohnhaus von 1861, das zwischen zwei Felsen klemmt und durch seine kuriose Lage zu einem bretonischen Wahrzeichen wurde. Die heutige Besitzerin hat viele Anstrengungen unternommen, das öffentliche Interesse abzulenken, denn so malerisch die Lage auch sein mag, ist es doch nicht angenehm, sein Leben quasi vor laufender Kamera zu verbringen. Ergebnis der Bemühungen war schließlich ein Gerichtsbeschluss, der es untersagte, *»la maison entre les rochers«* zu Werbezwecken abzubilden. Aus Souvenirläden ist das Motiv seither verschwunden, aber selbstverständlich nicht aus dem Internet. Und im April 2022 berichtete *Ouest-France* über einen Neuzugang, der Öl ins Feuer goss: Ein Café-Restaurant *Ty Gouffre* mit feinstem Blick auf die Küste einschließlich des eingeklemmten Hauses hatte den Betrieb aufgenommen. Es gibt dort Austern, Wurst- und Käseplatten, fangfrischen Fisch, *kouign amann* – und die freie Sicht auf den *gouffre*. Dieser »Höllenschlund« dicht bei dem vertrackten Haus ist ein Felsenriss, durch den bei hohem Seegang eine mächtige Fontäne schießt. Grund genug für einen Besuch – und das Café als Stein des Anstoßes fast schon ein Mordmotiv.

Als Entschädigung für ein möglicherweise entgangenes Fotosujet bietet sich eine durchaus vergleichbare Stätte im Hinterland an. Knapp 15 km südlich von Pontivy befinden sich in der Gemeinde Bieuzy mehrere Kapellen am Ufer des Flusses Blavet. Am schönsten ist die *Chapelle St-Gildas*, die im 15. Jahrhundert so malerisch gegen den Fels gelehnt wurde, dass sie dem Haus an der Pointe du Château das Wasser reichen kann.

Dass Dupin bislang nicht über St-Yves stolperte, verwundert ein wenig, denn der Heilige aus Minihy, einem Vorort des Flusshafens Tréguier, ist nicht nur Schutzpatron der Armen, sondern auch der Juristen. In der gotischen *Église St-Tugdual,* die einst den Status einer Kathedrale hatte, liegt der Schädel des 1253 geborenen Yves. Pilger finden oft Anlass, dort mal vorbeizuschauen und eine Spende zurückzulassen. Die gute Nachricht: St-Yves nimmt mittlerweile auch Kreditkarten und besitzt dafür

Souterrain in Tréguier

eigens einen Automaten beim Reliquienschrein. Überhaupt kann ein wachsames Auge bei bretonischen Wallfahrten manche Kuriosität beobachten. Aber es gibt auch die magischen Momente, wenn sich etwa Pilger in Trachten vor dem Schädel versammeln, um Kerzen aufzustellen. Nicht St-Yves ist übrigens Hausherr der Kirche, sondern der wesentlich ältere Tugdual, der um 540 als einer der Gründerväter (s. S. 254) von den Britischen Inseln herüberkam. Ein gotischer Kreuzgang mit Hortensienbeet und drei Türme – der älteste romanisch, der mit 63 m höchste neogotisch und der wirklich gotische unvollendet – machen den architektonischen Reiz des Bauwerks aus.

Gassen, Fachwerk und Grünanlagen von Tréguier laden zum Spaziergang ein, der dann auch zum Fluss Jaudy führt. Am östlichen Ufer und weiter bis zur Mündung des Trieux erstreckt sich die **Presqu'île de Lézardrieux,** eine herrlich wilde und einsame Halbinsel mit verlockenden Stränden im Norden bei **Pleubian.** Dort befindet sich auch die **Sillon de Talbert,** eine 3 km lange und nur 30 m breite Landzunge, die mit ihrer Form und der exponierten Lage einen eigentümlichen Reiz besitzt. Seevögel nutzen den schmalen Streifen als Brutgebiet, Menschen schätzen die angrenzenden Wasserflächen als Algenreservoir. Bis zu 10 000 t werden dort jährlich gesammelt und verarbeitet, der Ort ist damit ein veritabler Konkurrent von Lanildut (s. S. 245/246). Auch wenn sich längst eine variantenreiche Algenküche etabliert hat, locken nach einer Wanderung über die *Sillon* die *patatez bretonnes*, eine bretonische Kartoffelspezialität im bodenständigen Restaurant *Bigouden Blues* (http://bigouden.blues.free.fr).

Der bretonische Mustermord

Über eine 154 m lange Hängebrücke verlässt man die Halbinsel Lézardrieux Richtung Paimpol, einen betagten Hafen der Kabeljaufischer, die ihre Abenteuer vor Island und Neufundland bestanden. Der Schriftsteller Pierre Loti (1850–1923), in Deutschland bei Weitem nicht so bekannt wie in Frankreich, schrieb im Haus Place du Martray/Rue de l'Église einen Roman über »Die Islandfischer«. Heute liegen vor den Reederhäusern am Quai Morand vor allem Sportboote vor Anker. Dupin nimmt von dem Hafenstädtchen auch nur insofern Notiz, als er die »*Cocos de Paimpol*, die weißen zarten Bohnen, geradezu verehrte«. Da haben dann auch die eindrucksvolle Ruine der 1202 gegründeten Abbaye de Beauport (3 km südöstlich von Paimpol, http://abbayebeauport.com) oder die vorgelagerte Île de Bréhat keine Chance, in Krimihandlungen verwickelt zu werden. Die hübsche autofreie Insel, die man ab L'Arcouest mit der Fähre erreicht (www.vedettes debrehat.com), gibt Nolwenn allerdings Anstoß zu einem kurzen Referat über Dinge, die einem längst dämmerten:

»Wer hat Amerika entdeckt? Bretonische Fischer von der Île de Bréhat! Und zwar Jahrhunderte vor Kolumbus. Sie sind auf Neufundland gelandet. Alles belegt. – Die amerikanische Unabhängigkeit? Erkämpft von einem Bretonen! [...] Oder Halloween. Aber das wissen Sie, oder? Alles bretonisch! Anfang November, wenn es kalt wird, feiern die Kelten das Fest von Samhain. In dieser Nacht öffnen sich die verborgenen Tore zur dunklen Welt, und unheimliche Kreaturen schwirren durch unsere Sphären! Im 18. und 19. Jahrhundert haben keltische Auswanderer die Legenden und Bräuche nach Nordamerika gebracht und voilà: Halloween!« *Bretonischer Stolz, Seite 99*

Wenn Bretonen einerseits die Welt erschlossen, so beließen sie doch andererseits Flecken in ihrer Heimat lange unberührt. So führt durchs wilde Trieux-Tal flussaufwärts bis Pontrieux noch heute keine Straße, jedoch immerhin ab Paimpol ein *vapeur*, eine Dampflok (www.vapeurdutrieux.com), und der *passeur*, ein Bötchen (www.lepasseurdutrieux.com). Das *Château de la Roche-Jagu* und das *Viaduc du Leff* sind markante Punkte am Wegesrand. Der Zug, dessen Personal in historische Kostüme gekleidet ist, macht auch Zwischenstopp an einem Haus, dessen Geschichte Dupin begeistern würde. In diesem *Maison de*

Abbaye de Beauport bei Paimpol

l'Estuaire de Traou-Nez hängen gerahmte Zeitungsartikel wie Kunstwerke. Ihr Thema ist die Affäre Seznec aus den Jahren 1923/1924, die den Bretonen so nachhaltig aufs Gemüt schlug, dass mehrere Filme darüber gedreht und Bücher geschrieben wurden. Pierre Quéméneur, damals Besitzer dieses Hauses am Trieux, war nach Paris gereist, um Autos aus Beständen des US-Militärs an Sowjets zu verkaufen. Aber Quéméneur kehrte nicht zurück. Die Polizei ermittelte einen gewissen Guillaume Seznec als seinen Mörder, der zu lebenslanger Zwangsarbeit in Guyana verurteilt wurde, jedoch 1947 auf freien Fuß kam. Sieben Jahre später hatte Seznec einen tödlichen Verkehrsunfall. Quéméneurs Leiche wurde nie gefunden, ein Knochen, der 2018 in Seznecs Haus zutage kam und Hoffnungen gab, konnte einem Rind zugeschrieben werden. Was sich in Wahrheit zugetragen hat, ist noch heute Thema ausschweifender Spekulationen.

Vom Tod und von der Endlichkeit des Strandlebens

In Schopenhauers »Aphorismen zur Lebensweisheit« ist notiert, dass man alt werden muss, um zu erkennen, wie kurz das Leben ist. Zu dieser Einsicht gehört nicht minder, dass der Tod, oder *ankou,* wie Bretonen ihn nennen, niemandem erspart bleibt, mag er bettelarm oder steinreich gewesen sein. Das sollte nicht weiter verwundern, nur führt der Mensch sein Leben gerne so, als gäbe es kein Ende … was nicht unbedingt ein Irrweg ist, aber im Christentum kritisch betrachtet wird, da ja im Jenseits eine bittere Strafe warten könnte. Der *danse macabre,* der Reigen im Gefolge des Sensenmanns, bildet deshalb ein mahnendes Bildmotiv in mittelalterlichen Kirchen und ist in der Chapelle Kermaria-an-Isquit bei Plouha zu einem besonders ergreifenden Fresko gestaltet. Niemand sollte sich den virtuos gemalten Appell entgehen lassen, bevor zwischen St-Brieuc und Cap d'Erquy die kinderfreundlichen Sandstrände der Côte de Penthièvre erreicht sind. Wenn Sie Ende April in Erquy eintreffen, werden Sie möglicherweise Zeuge der *Fête de la Coquille St-Jacques* mit Konzerten und Ausfahrten auf Kuttern. Das Fest ist der Jakobsmuschel gewidmet, die dort mittlerweile aus natürlichen Vorkommen gefischt wird. Zur Blütezeit der Jakobspilgerfahrten kam die Muschel vor allem im spanischen Santiago de Compostela vor. Wer auf der Rückreise vom Jakobsgrab die auffälligen großen Schalen an der Hutkrempe trug, besaß also den Nachweis, tatsächlich im fernen Nordwesten Spaniens gewesen zu sein. Heute hingegen hat die Jakobsmuschel eher kulinarische Bedeutung. Da sie im Unterschied zur Auster schwimmen kann, besitzt sie festes Muskelfleisch, das zu mancherlei Kochkreation anregt. Dupin und Claire etwa verspeisen in ihrem Urlaub *tartelettes de St-Jacques,* eine Vorspeise, für die man Muschelfleisch mit Eiern, Butter, Schalotten, Crème fraîche, Petersilie und geriebenem Käse in Törtchen füllt und überbackt. Das ist ein völlig anderes Erlebnis als die Begegnung mit der glibberigen Auster. Aber der Kommissar hat zu Erquy noch ein weiteres Geheimnis vernommen (s. S. 300).

Fast ist nun die Zeit gekommen, sich vom Badeurlaub, wie Dupin ihn ja überhaupt nicht mag, gänzlich zu verabschieden. Richtung Osten nimmt der Tidenhub Ausmaße an, die an Weltrekorde reichen. Bei Flut finden Handtücher kaum Platz auf den verbliebenen Fetzen Strand, während bei Ebbe das Wasser bis in unergründliche Ferne flieht. Trotz allem dünnt das Urlauberaufkommen nicht aus, eher im Gegenteil. Die Bretagne wäre ja auch nicht die Bretagne, wenn sie nicht wieder mit anderen Attraktionen aufwarten würde. Wie dem 70 m über dem Meer aufragenden Cap Fréhel mit Leuchtturm, bizarren Felsen, Vogelkolonien und einem Ausblick, der weit über den markanten und offiziell ja leider normannischen Mont St-Michel hinausreicht. Diesen Klosterberg im Blick, kann man auch vom Kap aus auf dem GR34 zum 5 km östlich gelegenen Fort La Latte spazieren, einer mittelalterlichen Festung in Bilderbuchlage, die auch schon Filmmotiv war (www.lefortlalatte.com). Zur anderen Seite hinaus, also westlich vom Cap Fréhel, fällt Dupin die imposante Landspitze Pointe du Jas auf. In Rennes, so weiß er, hängt im *Musée des Beaux-Arts* ein Gemälde des Spätimpressionisten Gustave Loiseau, das ebendiese Stelle zeigt. Autor Bannalec kommentiert: »Kennt man die Realität nicht, würde man sagen: Er hat die fantastischen Farben und Stimmungen – impressionistisch – erfunden, dabei sind sie realistischster Realismus. Eigentlich bretonischer Naturalismus.«

Dupins spezielle Empfehlung

Der Welt berühmteste Bretonen

Seit es Asterix und Obelix gibt, die unbesiegbaren Gallier, also seit 1961, wird hitzig darüber gestritten, wo das legendäre »kleine gallische Dorf« denn nun liegen mag. Die Wahrheit ist: überall! Die ganze Bretagne ist dieses Dorf, alle hier sind diese Gallier. Alle, die so denken und fühlen wie sie, die die Freiheit und den Freisinn lieben wie die von keiner imperialen Übermacht besiegbaren Helden. Dennoch – auf der Karte in den Büchern wird unter der riesigen Lupe grob ein Punkt markiert. Könnte es sich um das heute siebentausend Einwohner zählende Städtchen Erquy handeln? Besonders Uderzo, der Zeichner, liebte die Bretagne. Aber wo gab oder gibt es Steinmetze mit einem Faible für Hinkelsteine? Dutzende Forscher suchten minutiös die Comics nach Hinweisen ab.

Manches spricht für Erquy, eine Region, die Uderzo gut kannte, da er und sein Bruder dort im Zweiten Weltkrieg Zuflucht gesucht hatten, um dem obligatorischen Arbeitsdienst zu entgehen. Nach dem Krieg kam er wieder, um mit seiner Familie Urlaub in Erquy zu machen. Dort gab es gleich mehrere Steinbrüche, in denen seit dem 19. Jahrhundert rosa Granit abgebaut wurde. Und die drei gewaltigen Steine, die man in der Lupenansicht sieht, existieren tatsächlich am Cap d'Erquy. In Uderzos letztem Band »Obelix auf Kreuzfahrt« wollen Hobby-Erkunder Anspielungen auf das frühere Fischerdorf Tu-ès-Roc im Norden von Erquy erkennen. Doch sicher ist nichts – die Autoren Goscinny und Uderzo nahmen das Geheimnis mit ins Grab.

Tipps für Genießer

Unterkunft

1 Les Costans: *Man sollte annehmen, dass sich ein Kommissar und eine Herzchirurgin im Urlaub auf ein nicht allzu dünnes Finanzpolster betten müssen, aber den Platzhirschen* Castel Beau Site *betrachtet Dupin doch mehr als unerschwinglichen Luxus. Nolwenn gibt ihm den Tipp für das* Costans, *»ein wunderbares, familiär geführtes Hotel«. Es liegt dicht am Strand, bietet einen Garten und*

geräumige Zimmer. Übrigens darf Dupin fürs TV dann doch im Beau Site wohnen.

14, Rue Rouzic, Perros-Guirec, www.hotel-les-costans.fr, DZ ab 109 €

2 Château de Kergouanton: *Wer Urlaub am Meer nicht allzu wörtlich nimmt und sich auch gerne mal etwas abseits vom Trubel aufhält, findet 10 km östlich von Perros-Guirec im Hinterland dieses wunderbare Schloss inmitten eines weitläufigen Parks mit imposanten Bäumen. Die Zimmer mit Holzfußböden und großen Fenstern messen bis zu 55 m², der nächste Strand liegt nur 2 km entfernt.*

Chemin de Kergouanton, Trélévern, T 02 96 91 75 90, DZ ab 127 €

3 Presbytère du Talbert: *Im Pfarrhaus zu schlafen, dürfte mal eine ganz andere Erfahrung sein. Und zur Sillon de Talbert sind es nur wenige Minuten zu Fuß. Die hell eingerichteten Zimmer sind mit Holzdielen ausgelegt. Und die Verpflegung ist gesichert: Crêperie und Bäckerei finden sich gleich nebenan.*

1, Place de l'Abbé de Floch, Pleubian, über die geläufigen Buchungsportale, DZ ab 89 €

Essen

1 Les Triagoz: *Dichter kann man kaum an den Strand rücken. Diese fantastische Lage ist das wesentliche Argument für die Brasserie, die laut Dupin auch schon mal Modenschauen abhält. Man bekommt Tapas und gediegene Fischküche in modernem Ambiente.*

10, Boulevard du Coz-Pors, Trégastel, www.facebook.com/lestriagoztregastel, Menü ab 30 €

2 Digor Kalon: *Fehlt hier was? Eigentlich nur die Außengastronomie, aber es gibt rückseitig eine* ruelle couverte, *eine überdachte Hinterhofgasse mit wenigen Plätzen. Ansonsten ist dies ein Ort, den man mit Fug und Recht als cool bezeichnen darf. Auf der Karte steht, neben den Crêpes, Hausmannskost; serviert werden ordentliche Portionen schmackhafter Mahlzeiten – und das zu sehr fairen Preisen.*

89, Rue du Maréchal Joffre, Perros-Guirec, www.facebook.com/digorkalon, Menü ab 20 €

3 Auberge de Crec'h Bec: *Ob Dupin den Nachbau des gallischen Dorfes tatsächlich besucht, bleibt offen. Wer sich dazu entschließt, sollte einen Blick auf dieses alte Bauernhaus vor der Kulisse des Radôme werfen. Unter der Leitung eines jungen Teams*

wurde es zu einem Kulttreff mit Restaurant, Bar und Freilichtbühne für Musik und Ausstellungen. Die Kost ist einfach und preiswert: Tapas-Teller, Salate, Crêpes und Galettes.

25, Route du Radôme, Pleumeur-Bodou, www.facebook.com/crechbec, Menü 25 €

Einkauf

1 Les Verreries de Bréhat: *Die Glasbläserei der kleinen Insel Bréhat fertigt vor allem Gegenstände von praktischem Nutzen, etwa Türklinken und Lampenschirme. Eine Besichtigung der Werkstatt ist im Sommer möglich.*

La Citadelle, Île de Bréhat, www.verreriesdebrehat.com

Feste

Pardon de St-Yves: *Die Wallfahrt zu Ehren des Heiligen, bei der viele Pilger historische Trachten tragen, führt am dritten Sonntag im Mai von Minihy nach Tréguier.*

Mehr Infos

Office de Tourisme:
Place Ste-Anne, 22730 Trégastel, T 02 96 15 38 38, www.tregastel.fr

Office de Tourisme:
21, Place de l'Hôtel de Ville, 22700 Perros-Guirec, T 02 96 23 21 15, www.perros-guirec.com

Office de Tourisme:
Place de la République, 22500 Paimpol, T 02 96 20 83 16, www.guingamp-paimpol.com

Foto rechte Seite: St-Malo

DIE SMARAGD-KÜSTE

Nobeladresse am Ärmelkanal: Dinard

Von der Seine aus führt sie am Stammsitz von *Givenchy* und am *Crazy Horse* vorbei, um bei *Louis Vuitton* in die Champs-Élysées einzumünden – in Paris ist die Avenue George V eine prachtvolle Allee für den Stadtbummel. Der bretonische Badeort Dinard besitzt eine Miniaturausgabe gleichen Namens. Sie ist zwar nicht so breit wie ihr Pariser Pendant, führt dafür aber dicht am Meer entlang. Dupins Erfinder Bannalec gerät dort immer wieder ins Schwärmen:

»Stellen Sie sicher, dass Sie das Städtchen über die Avenue George V anfahren, und lassen Sie die Scheiben auf der rechten Seite herunter. Auf einmal nämlich gibt die zuvor geschlossene Häuserzeile einen kolossalen Blick frei, der Sie Dinard erleben und verstehen lässt. Man sieht die traumhafte Lage, die Bucht zwischen St-Malo und Dinard, auch die Mündung der Rance. Eine perfekt geschützte, sanfte Bucht, an deren Ende einige der prachtvollsten, berühmtesten Villen von Dinard liegen.«

Mehr als vierhundert Villen sind es, die dort unter Denkmalschutz stehen. Als Pablo Picasso 1922 erstmals mit seiner Familie in Dinard Urlaub machte, wohnte er in der Villa Beauregard an ebendieser Avenue George V. Knapp einhundert Jahre später stand das Haus für 1,15 Millionen Euro zum Verkauf. Teuer? Wie man's nimmt. Wer ein Stück weiter im 1858 eröffneten *Grand Hotel* logieren möchte, zahlt jedenfalls fürs Doppelzimmer ab 530 Euro pro Nacht. Und im *Hotel Castelbrac* wächst sich das in der Saison zu rund 1300 Euro aus. Dieses *Castelbrac* war einst das Aquarium des Ortes, darauf deuten noch die kreisrunden Fenster der Bar hin, die von den früheren Fischbecken verblieben. Heute sitzt man dahinter mit Blick auf die Bucht und genießt vor allem Rum, das karibische Getränk, das die bretonischen Seefahrer so nachhaltig an ihrer Küste etablierten, dass die Gegend um St-Malo zum Rum-Zentrum Europas wurde. Dupin und sein Autor schwärmen vom *J.M.*-Rum. »Pur, ohne Eis. Von Martinique. Wie die anderen guten Rums aus frisch gepresstem Zuckerrohrsaft hergestellt, nicht aus der Melasse. Der Unterschied ist gewaltig. Ein nektarähnlicher Trank aus einer elysischen Quelle.«

Für das Preisgefüge in Dinard muss man Verständnis entwickeln, der Ort ist einfach göttlich und obendrein voller Geschichten, die von Berühmtheiten aller Couleur handeln. Kaiserin Eugénie, die in Granada geborene Gemahlin von Napoléon III., hatte sich an einer Querstraße der Avenue George V bis 1868 einen Palast bauen lassen, zog dann aber für die Sommerfrische ihr noch prunkvolleres Domizil in Biarritz vor. Wäre Dupin für die »Bretonischen Spezialitäten« ein Weilchen früher aufgekreuzt, hätte er durchaus Besucher dieser Villa Eugénie (12, Rue des Français Libres) werden können, denn sie war einst Domizil des Kommissariats. Nun geht Dupin bei seinem Fall aber nicht leer aus, was Prunk betrifft, sondern findet reichlich Ersatz bei seinen Vernehmungen von Flore Briard in der Villa La Garde. Dorthin muss er aber erst einmal den Weg finden, vom Palast der Kaiserin vielleicht vorbei an der heute als Rathaus dienenden Villa Montplaisir von 1895 (47, Boulevard Fréart) und am Casino von 1859.

»Dupin bog ab, die einigermaßen steil ansteigenden Straßen wurden immer schmaler und verwinkelter, das Ambiente noch stimmungsvoller, noch prächtiger. Er fuhr über eine abenteuerlich kleine Brücke. Die Rue Coppinger zog sich bis zur Pointe du Moulinet hoch, den letzten Teil einer felsigen Landzunge, hundert Meter über dem Meer, schätzte Dupin – als hätte die Natur an dieser ohnehin schon perfekten Stelle noch an einen Aussichtspunkt gedacht.«
Bretonische Spezialitäten, Seite 122

Die Villa La Garde thront dort, wo selbst Träume die Wirklichkeit nicht mehr zu übertreffen vermögen. Am Anwesen vorbei führt eine der berühmtesten Meerespromenaden der Welt einmal um das ganze Cap herum, die Promenade du Clair de Lune. Der Spaziergang bei Vollmond, zu dem der Name anregt, hat gewiss ähnliche Reize wie eine Tour bei Tageslicht, wenn man die ganze Pracht der subtropischen Flora samt ihren Farben und intensiven Düften erleben kann. Der Blick schweift über das Meer, dessen geringe Wassertiefe und sandiger Meeresboden einen hellen, edlen Smaragdton erzeugen. Inseln und Inselchen sind in die Bucht vor Dinard und St-Malo gesprenkelt, eine Fähre pendelt unablässig zwischen beiden Städten, Dutzende weitere Boote setzen weiße Tupfer auf die Wasseroberfläche. Und hoch oben thront eben die *Villa La Garde*, 1897/1898 gebaut für den Cognacbaron Jacques Richard Maurice Hennessy, für den Krimi aber übergewechselt in den Besitz von Flore Briard:

»So etwas hatte er noch nie gesehen, noch nicht mal bei irgendwelchen aristokratischen Freunden seiner großbürgerlichen Pariser Mutter. Am ehesten erinnerte der Raum an eine Kirche. Er war enorm. Circa zwanzig Meter lang, sicher fünfzehn Meter hoch, das offene Dach mit Holzbalken und grün-bläulichen Mustern geschmückt. Ein Tafelparkettboden. An den Wänden eine helle, mit dezenten silbrig weißen Ornamenten verzierte Tapete. Hölzerne Säulen, an denen goldene Leuchter strahlten.«
Bretonische Spezialitäten, Seite 135

Dass dem klassischen Badeurlaub an der bretonischen Nordostküste Grenzen durch den Tidenhub gesetzt sind, wissen wir schon. Dinard ist der erste Ort, der günstigere Bedingungen bietet, insbesondere am geschützten Plage de l'Écluse, in den die Promenade du Clair de Lune mündet. In diesem Bereich begann der Hype, der aus dem ehemaligen Fischernest ein aristokratisches Seebad machte. Der Name des Pioniers, der hier die ersten, inzwischen aber verschwundenen Hotels baute, ist ganz in der Nähe an einem Boulevard zu lesen: Albert Lacroix, für Bücherfreunde kein Unbekannter. Der belgische Verleger hatte bedeutende Autoren wie Émile Zola unter Vertrag und wollte sich auf Guernsey mit Victor Hugo treffen, um über dessen 1862 vollendetes Werk zu verhandeln. Dessen Inhalt ist in aufgehübschter Form als Musical längst einem Millionenpublikum bekannt: »Les Misérables«. Laut Legende verpasste Lacroix die Fähre, kam trotzdem zur Einigung mit Hugo und entdeckte auf dem bretonischen Festland mit Dinard die Liebe und das Zusatzgeschäft seines Lebens. Ein Verleger als Hotelier, das ist eine

Landspitze La Malouine in Dinard

ungewöhnliche Koinzidenz, erklärt aber, warum so viele namhafte Literaten, Künstler und Musiker nach Dinard kamen.

Der bereits genannte Picasso verbrachte gleich drei Urlaube im Ort, den letzten, 1929, nicht mehr in der *Villa Beauregard*, sondern in der Villa Les Roches Brunes (3, Allée des Douaniers, darin heute mitunter Kunstausstellungen), die atemberaubend schön an der Landspitze *La Malouine* liegt und den Écluse-Strand überragt. Der Badebetrieb und insbesondere die Frauen, die in den Goldenen Zwanzigern weniger verhüllt waren als zur Jahrhundertwende, lockten den spanischen Künstler. Erst siebzehn Jahre alt war Marie-Thérèse Walter, mit der sich Picasso in den Strandkabinen traf, während Frau und Sohn ihre Tage in der Villa zubrachten. Es sollten nur noch wenige Monate vergehen, bis am 24. Oktober 1929 die große Wirtschaftskrise hereinbrach und Dinard den Großteil seiner zuvor finanzkräftigen Gäste verlor.

Um die einst im Geldrausch errichteten Architekturschätze zu erhalten, bedarf es heute neuer Konzepte. Die Familie Trouin, die Täter und Opfer im neunten Fall von Kommissar Dupin stellt, ist im gastronomischen Bereich um das Erbe bemüht und dabei auch nur teilweise erfolgreich. Doch ob *Le Désir* in Dinard oder *La Noblesse* in St-Malo – real existieren ihre Restaurants nicht. Dennoch kann man in Dinard höchste Genüsse erleben. Allein der große Markt, Marché de la Concorde, bietet hinreißende Delikatessen aus der Region und beste Voraussetzungen, um nach Dupins Vorbild auch mal Kontakte zu Einheimischen zu knüpfen.

Katja Krüger

Zwischen Ratssaal und Bühne

Politiker füllen sich die Taschen, Schauspieler sind Hungerleider? Es lebt sich prächtig mit Klischees, auch wenn die Realität sie Lügen straft. Katja Krüger, 1976 in ein kommunistisch orientiertes Elternhaus geboren, könnte gleich mehrere Klischees widerlegen. Ihr Sturm gegen die Normen begann früh mit der Entscheidung, auf ein bereits gesichertes Medizinstudium zu verzichten und sich für eine Ausbildung an der Hamburger Schauspielschule zu entscheiden. 1999 zog sie nach Frankreich, 2008 wurde sie in Rennes als Mitglied der Parti communiste *français zunächst in den Stadtrat, später zur Dezernentin gewählt und kümmert sich inzwischen als* conseillère régionale *um internationale Beziehungen und Solidarität. Eine Deutsche, eine Schauspielerin, eine Kommunistin – gleich mehrere Merkmale, die den Zeitungen frankreichweit Meldungen wert waren. »Die Arbeit auf der Bühne«, betont Krüger allerdings, »ist mein Hauptberuf, die Politik dagegen nur Bürgerengagement, das allerdings viel Zeit kostet.« Und da es in Frankreich kaum fest angestellte Schauspieler gibt, ist auch Katja Krüger quasi tingelnd unterwegs. Gemeinsam mit einer Pianistin hat sie eine eigene kleine Kompanie gegründet, die sich auf deutsch-französisches Kabarett spezialisiert hat. Ebenso steht sie für andere Regisseure als Schauspielerin auf der Bühne, etwa für Thomas Jolly in »Der Drache« von Jewgeni Schwartz, das sich als Riesenerfolg erwies. Mit ihrer anschließenden Regieassistenz für Jolly tat sich ein weiterer Zweig auf. »Bei der Oper haben wir schon einige tolle Sachen gemacht, jedes Mal mit Tour durch mehrere Opernhäuser, darunter eine Welturaufführung in Brüssel.« Die* Deutsche Oper Berlin *und die* Oper Bastille *in Paris folgten ebenso wie die erste eigene Regie im Auftrag der* Opéra de Rennes.

Die Zwischenwelt

Wer am Place Jules Boutin in Dinard ins »Boat Taxi« steigt, wird nach kurzer Fahrt über die Bucht – mit herrlichem Blick auf Festungsmauern – direkt vor der Altstadt von St-Malo abgesetzt. Für Autofahrer ist das eine längere und oft staubelastete Tour. Auf der Strecke quert man einen 750 m langen Damm über die Mündung der Rance, ein technisches Unikum aus den Jahren 1961–1966. Diese Staumauer ist Teil des weltweit ersten Gezeitenkraftwerks, der Usine Marémotrice. Genau dort ballt Dupin innerlich die Fäuste, weil ihm die Vergnügungsfahrt eines Oldtimer-Clubs kostbare Zeit stiehlt – ein Zwischenfall, der für jeden Realität werden kann. Denn gerade die Rance ist ein Fluss, der Moderne am Unterlauf mit archaischen Landschaften im Hinterland verbindet und damit Nostalgiker wie eben jene Schnauferl-Enthusiasten lockt. Was die *usine* angeht: Die enorme Kraft des bei Flut ein- und bei Ebbe ausströmenden Wassers hat schon im Mittelalter leistungsfähige Mühlräder an der Rance angetrieben. Das gleiche Prinzip wurde genutzt, um über vierundzwanzig Turbinen Strom für Industrie und Privathaushalte zu erzeugen. Wegen hoher Betriebskosten fand diese umweltfreundliche Technologie bisher keine Nachahmer, weckt aber aktuell wieder Interesse.

Am anderen Ende des Damms besteht die große Versuchung, der breiten Hauptverbindung D168 zur Ville Close von St-Malo zu folgen – nicht die beste Wahl. Vielmehr sollte man nach kurzer Strecke den Abzweig nach St-Servan nehmen und erst einmal das Château La Briantais

St-Malo

ansteuern (zunächst ausgeschildert als *Château du Bos*). Das Schloss selbst, erbaut 1864, ist dabei weniger die Attraktion, eher der große Park ringsum, von dem man wundervolle Ausblicke auf die Rance genießt. Zu Füßen liegt St-Malos Vorort **St-Servan** – oder sagen wir statt Vorort lieber: die Keimzelle. Denn der älteste Teil von St-Servan ist die **Cité d'Alet,** ein keltischer Versammlungsplatz, den später die Römer übernahmen. Ein paar Ruinen künden noch davon. Alet war es dann auch, wo um 600 der aus Wales stammende Gründervater Maclovius Bischof gewesen sein soll. Man erkennt in seinem Namen unschwer den der späteren Stadt St-Malo. Zunächst aber spielte die Musik eben in Alet bzw. St-Servan, das mit dem 27 m hohen **Tour Solidor** noch ein stattliches Denkmal aus dem

Mittelalter besitzt. Dieser Wachturm von 1382 beherbergt heute ein Museum zur Stadtgeschichte und zu den Windjammerfahrten um Kap Hoorn. Dupin lockt eher das *Bistrot de Solidor* am nahen Place St-Pierre, wo er mehrfach, aber mit polizeilicher Mäßigung dem *J.M.*-Rum zuspricht. Überhaupt ist er verliebt in St-Servan, für das die meisten Touristen keinen Blick übrig haben. Er legt Verschnaufpausen im gemütlichen *Café du Théâtre* an der Rue Ville Pépin ein und befindet sich dort dicht am Tatort Les Halles centrales, den Markthallen aus den 1920er-Jahren:

»Der Boden war mit großen beigen Kacheln ausgelegt, entlang der Gänge Säulen aus rostfarbenem Klinkerstein. Das Eindrucksvollste: Glas, wo es nur ging, von überall flutete Licht herein. Die Fenster- und Türrahmen waren in einem maritimen Türkisgrün gehalten, in den Gängen und auch über Sophies Käsestand dekorative Metallbögen.« *Bretonische Spezialitäten, Seite 13*

Während Dupin am einen Ende der Halle Sophies Käsesorten probiert, ersticht am anderen Ende Lucille Trouin ihre Schwester Blanche.

Festung der Seebären: St-Malo

Hat das mit dem Kontakt zu den Einheimischen auf den Märkten in Dinard oder St-Servan geklappt? Nach Nolwenns und Riwals Einschätzung ist das kein leichtes Unterfangen. »Hochmütig, überlegen, eingebildet« seien die

Piratenstatue auf der Stadtmauer von St-Malo

Malouiner, 47000 Sonderlinge, die sich zum Glück nicht als Franzosen, aber leider auch nicht als Bretonen verstehen. Ihre imposante *Ville Close*, die ummauerte Altstadt auf einer Granitinsel, nennen sie *Intra Muros*, ein schwererer Brocken als das Gegenstück in Concarneau. Die unmissverständliche Botschaft dieser Mauern und der massiven Bürgerhäuser dahinter: Hier wurde viel Geld gescheffelt, das es mit Vehemenz zu verteidigen galt. Die *remparts*, die umlaufenden Stadtmauern, stammen teils noch aus dem 12. Jahrhundert, als Alet und sein Hafen nicht mehr genügend Schutz vor den Normannen boten. Das neue Bollwerk – es überstand sogar die Luftangriffe im Zweiten Weltkrieg, während die meisten Wohnhäuser zerstört und erst nach dem Krieg originalgetreu wiederaufgebaut wurden – stärkte das Selbstbewusstsein enorm. Irgendwann wurde sogar eine eigene Republik St-Malo ausgerufen, bis Herzogin Anne de Bretagne einschritt. Hernach folgte eine Art Strukturwandel, nicht unter wirtschaftlichem Zwang, sondern als unverhofftes Geschenk. Nachdem nämlich Frankreichs Krone die Bretagne unterworfen hatte, fiel das Augenmerk Seiner Majestät auf die erfahrenen Seeleute von St-Malo. Genau solche Männer waren es, die dem Sonnenkönig im Wettstreit mit anderen Kolonialmächten fehlten. Statt mit viel Aufwand eine Flotte aufzubauen, stattete Ludwig XIV. also die Besatzungen der schon vorhandenen Segler mit der Lizenz aus, Jagd auf europäische Konkurrenten zu machen. Bei Licht betrachtet handelte es sich um Piraterie, man nannte die Abenteurer aber lieber Korsaren. Der Historiker, der Dupin und seine Kollegen von der Porte St-Louis aus durch die Stadt führt, streicht den Unterschied heraus:

»Piraten kaperten gesetzlos unter der schwarzen Totenkopfflagge, selbstherrlich und martialisch, auf eigene Rechnung – die Korsaren dagegen waren ganz legal im Dienste des Königs und damit ganz Frankreichs unterwegs. Wir Malouiner fuhren mit offiziellen Kaperbriefen!« *Bretonische Spezialitäten, Seite 44*

Solche Schönfärberei missfällt einer Präfektin aus der Besuchergruppe:

»Ich habe letztens gelesen, dass manche Piraten einen strengeren moralischen Kodex verfolgten als die Korsaren, die ihre Mission mit äußerster Grausamkeit und heiligem Eifer ausübten. Außerdem lag das gesamte Korsarentum in den Händen besonders

gewiefter malouinischer Kaufleute, sie gründeten für ihre Plünderfahrten sogar Aktiengesellschaften. Viele der reichen Reeder ließen die Keller ihrer Häuser bis unter das Meer ausbauen und miteinander verbinden, sodass riesige Höhlensysteme entstanden, in denen sie bedeutende Teile der Schätze vor dem französischen König versteckten. Unmengen Gold, Silber, Edelsteine.«
Bretonische Spezialitäten, Seite 44

Es ist gute Tradition, die Kapitäne der malouinischen Windjammer als honorige Herren und aufrichtige Reeder darzustellen, ohne viel Aufhebens um die Tatsache zu machen, dass sie im 18. Jahrhundert auch tief in den Sklavenhandel verstrickt waren. Recht war nun mal alles, was den Wohlstand mehrte. Bei der Porte St-Louis steht noch das einstige Wohnhaus von Robert Surcouf (1773–1827), über dessen Leben allerlei Halbwahrheiten kursieren, auch in Karl Mays Büchern. Wer über die Krone der Festungsmauer spaziert – ohnehin unumgänglicher Bestandteil einer Stadtbesichtigung –, begegnet beim Tour Bidouane einer Statue, die Surcouf als stürmischen Eroberer der Weltmeere präsentiert. Von diesem Denkmal aus überblickt man ein großes Stück Ärmelkanal, wo die Anzahl gesunkener Schiffe um ein Vielfaches über der Zahl erkennbarer Felsen und Inseln liegt. Am leichtesten auszumachen sind Petit Bé mit einer Vauban-Festung, die heute für gutes Geld an Paare mit romantischen Ambitionen vermietet wird, und Grand Bé, wo sich die letzte Ruhestätte des Schriftstellers und Politikers François-René Chateaubriand befindet. Markant ist östlich davon das Fort National, an das der *Grande Plage du Sillon* als einer der so gekürten »schönsten Strände Frankreichs« anschließt.

In der Altstadt von St-Malo

Place Chateaubriand heißt derweil der Platz vor dem Château von St-Malo, das heute Rathaus und Museum ein Dach bietet. Zwischen Restaurants und Cafés aller Schattierungen steht mit der Hausnummer 2 am Platz der Wohnsitz von François-Renés Eltern; geboren wurde er 1768 im Haus Nr. 3, Rue Chateaubriand. Von dort ist es ein kurzer Weg zur Cathédrale St-Vincent (www.cathedrale saintmalo.fr), in der angeblich Reliquien des Stadtgründers Maclovius verwahrt werden, und wo auch der Kanada-Entdecker Jacques Cartier (1491–1557) und der Korsar René Duguay-Trouin (1673–1736) ruhen. Ganz richtig, liebe Krimileser, Trouin. Diesen Familiennamen tragen ermordete und mordende Protagonistinnen in Dupins neuntem Fall. Der blaue Diamant aus dem Nachlass

Petit Bé, Insel vor St-Malo

des Korsaren wird im Buch auf fünf bis sechs Millionen Euro geschätzt. Eine solche Summe klingt abenteuerlich, doch wurde in Genf 2015 ein blauer Diamant für vierzig Millionen Euro versteigert, der freilich ein Gewicht von zwölf Karat aufwies.

Wer mag, kann auch Surcouf an seiner Grabstätte besuchen. Er liegt auf dem Friedhof Rocabey, dem ältesten der Stadt (Avenue de Moka). Aber Dupin knurrt jetzt doch der Magen, er drängt zur Gastronomie von St-Malo, die ihren Ruf als kulinarisches Herz der Bretagne verdient hat.

Dupins spezielle Empfehlung

St-Malo, ein lukullisches Fest

In Frankreich sind sie ebenso Stars wie die Prominenz der Kulturszene: die namhaften Köche. Luc Mobihan ist einer von ihnen, gekrönt mit einem Michelin-Stern. In St-Servant betreiben er und seine Frau Isabelle das St Placide, *das sich dem Motto* Voyages et Aventures *verschrieben hat. Bei diesen »Reisen und Abenteuern« sammelt Luc in aller Welt außergewöhnliche Geschmackserlebnisse, um sie in seinem Restaurant zu reproduzieren. Das Komplizierteste, sagt er, sei, zum Einfachsten zu gelangen.*

Wenn man bedenkt, dass St-Malos Altstadt Kern des touristischen Interesses und damit prädestiniert ist für Nepp, dann erstaunt es, genau dort, in der Rue de l'Orme, den kulinarischen Himmel auf Erden zu finden. Dupin beschreibt es ausführlich auf Seite 49 der »Bretonischen Spezialitäten«: Da ist das Breizh Café, *eine Crêperie des renommierten Gastronomen Bertrand Larcher, der mit dem* Otonali *(Quai Duguay-Trouin) hier auch eines seiner originellen japanisch-bretonischen Restaurants betreibt. Gegenüber vom* Breizh Café *befindet sich Larchers* Maison du Sarrasin, *ein kleiner Laden, in dem es alles Erdenkliche aus Buchweizenmehl gibt. Lucille Trouins* La Noblesse *liegt im Buch ein Haus weiter, ist aber Fiktion. Dafür gibt es dort eine Austernbar, eine rustikale Metzgerei und natürlich Yves Bordiers* Maison du Beurre *mit einer Ausstellung zur Kulturgeschichte der Butter. Anschaulich für Auge und Geschmacksnerven wird das in Bordiers* Bistro Autour du Beurre. *Eine Verkäuferin klärt Dupin auf: »Im Zuge eines einseitigen Marketings wurden dem Olivenöl alle guten und der Butter alle schlechten Eigenschaften angedichtet, in Wahrheit verhält es sich vollkommen anders.« Probieren Sie einfach mal die Buttersorten mit den Zwiebeln aus Roscoff, mit gerösteten Algen, Piment d'Espelette, Szechuan-Pfeffer oder Buchweizen. Wer dabei auf den Geschmack der Gewürze kommt, findet Erlesenes bei* **Épices Rœllinger** *in der Rue St-Vincent, doch davon später mehr.*

Rance bei St-Suliac

Ruette sagt man in Frankreich, wenn eine Straße *(rue)* Miniaturformat annimmt. Eine Welt der *ruettes* lockt südlich der Doppelstadt St-Malo–Dinard; zu entscheiden bleibt, welches Verkehrsmittel man dorthin wählt. Eine Möglichkeit wäre die kulinarische Bootsfahrt auf der idyllischen Rance (www.chateaubriand.com). Betrüblich daran ist der Mangel an Landgängen, sodass alle Alternativen durchdacht werden sollten. Per Straße wären es knapp 40 km bis Dinan, wobei nach einem Drittel der Strecke mit St-Suliac eines der *Plus beaux villages de France* erreicht ist:

»Saint-Suliac lag in einer traumhaften sichelförmigen Bucht. Das Flussufer war mit einer uralten Steinmauer befestigt, dahinter ein gepflegter Rasenstreifen, in regelmäßigen Abständen einladende Bänke. Die zentrale Dorfstraße, die zum *Port de plaisance* führte, lief geradewegs auf die Hauptmole des Ortes zu, die sich weit ins Wasser zog und nur ganz allmählich abfiel. Das *Bistro de la Grève* befand sich kurz vor der Mole, am schönsten Fleck des Ortes.«
Bretonische Spezialitäten, Seite 174

Namensgeber des hübschen Dorfes war, was man nicht mehr so leicht heraushört, der walisische Mönch Tysilio. Für ihn wird eine biblische Lebensspanne von 548 bis 640 angegeben, Zeit genug, um ein Kloster zu gründen. Und aus diesem ging lange danach einer jener umfriedeten Pfarrbezirke hervor, wie wir sie aus dem Hinterland von Morlaix kennen (s. S. 265/266). Dupin hat andere Prioritäten, er liebt das Bistro unten am Flussufer, das herrlichheitere Sommerleben mit familiärem Flair und die Tatsache, dass das Wasser deutlich wärmer als am Ärmelkanal und deshalb badetauglicher ist. Das Konzept des rustikalen Freiluftrestaurants am Flussufer ist im Übrigen tief in Frankreichs Tradition verankert; als *guinguette* kennt man es von berühmten Gemälden der Impressionisten. Zum *Bistro de la Grève* muss man allerdings ergänzen, dass es bei Einheimischen, insbesondere der Jugend, inzwischen etwas aus der Mode gekommen ist, seitdem ein Stück weiter an der Uferstraße *Ty Suliau* und *Chez Cloclo* mit preiswerteren Gerichten und so etwas wie »Bacardi Feeling« aufwarten.

Kaum bekannt ist derweil, dass sich am 73 m hohen *Mont Garrot* bei St-Suliac ein Weinbaugebiet anbahnt. In einem Artikel der bretonischen Tageszeitung *Télégramme* liest Dupin, dass die Kombination von Golfstrom und Klimawandel neue Anbaumöglichkeiten eröffnet, etwa für Ananas, Safran, Vanille, Bananen, Zitronengras und Reis. Was den Wein angeht, so wissen Winzer von Mosel, Nahe oder Ahr, dass die Loire ohnehin nicht die Grenze sein muss und Wärme allein noch kein Schlüssel zum Erfolg ist. Zudem haben Mönche schon vor Jahrhunderten mancherorts in der Bretagne Weinbau betrieben. Seit 2003 probiert es nun eben auch eine »Gruppe von Passionierten« am Mont Garrot:

»Rund tausend Rebstöcke, ungefähr fünfhundert Flaschen pro Jahr. Alles wird von Hand verrichtet, ohne Maschinen. Zwei Traubenarten [...]. Rondo für den Roten, Chenin für den Weißen. Von der Charakteristik her sind die Weißen den Anjou-Weinen der Loire ähnlich.«
Bretonische Spezialitäten, Seite 152

Le Port St-Jean heißt der Ort weiter südlich, wo die Rance schmal genug für einen Brückenschlag ist. Am anderen Ufer geht es weiter zum Flusshafen Dinan, ein wahres Schmuckstück mit Jachthafen, Restaurants und Cafés in der Unterstadt und windschiefem Fachwerk in der Oberstadt. Der *Couvent des Cordeliers* und die *Basilique St-Sauveur* besitzen noch romanische Bauteile. Vom *Tour de l'Horloge,* dem 60 m hohen Uhrturm aus dem 15. Jahrhundert, hat man den schönsten Ausblick über die Dächer des Ortes und darüber hinaus.

Abt und Austern

Von der *Sterna dougallii* sprechen kundige Ornithologen, wenn sie die Rosenseeschwalbe meinen. Es gibt noch etwa fünftausend erwachsene Individuen in Irland, Großbritannien, auf den Azoren und in Nordwestfrankreich, also nicht sonderlich viele. Als in den »Bretonischen Spezialitäten« in Rothéneuf ein Nistgebiet dieser Vögel genau auf dem Grundstück ausgemacht wird, wo Protagonistin Lucille Trouin ihren Traum von einem großen Käsegeschäft samt Restaurant verwirklichen will, hat sich ihr Plan zerschlagen. Das ist der Hintergrund, der Dupin in den Ort führt, nicht ins sehenswerte *Manoir de Limoëlou* des Kanada-Pioniers Jacques Cartier (www.musee-jacques-cartier.fr), sondern in eine neugotische Villa weiter nördlich an der Allée Notre-Dame des Flots. Im Anschluss verliert er sich bei einem Spaziergang in der Klippenlandschaft:

Skulptierte Felsen in Rothéneuf

»Es war seltsam. Wahrscheinlich bloß eine merkwürdige Einbildung. Dupin hatte auf der anderen Seite der Meerspalte in einem der Felsen ein Gesicht ausgemacht. Zunächst vage, dann mit immer mehr Gewissheit. Er schloss kurz die Augen. Als er sie wieder öffnete, sah er plötzlich auch in einem zweiten Stein menschliche Züge. Und in dem daneben ebenfalls. Es war unheimlich, der gesamte Felsvorsprung gegenüber erwachte zum Leben: Überall tauchten Gesichter, Köpfe, Fratzen auf. Dupin schüttelte sich und versuchte, einen klaren Kopf zu bewahren.«
Bretonische Spezialitäten, Seite 207

Der Krimi liefert keine exakte Erklärung zu dieser vermeintlichen Sinnestäuschung, aber das Phänomen hat einen realen, wenn auch schaurigen Hintergrund. Nach einem Schlaganfall war der Abt Adolphe-Julien Fouéré (1839–1910) stumm und halbseitig gelähmt, sein Bewegungsradius beschränkte sich seither auf das Gebiet um ein paar Felsen, die heute als *Rochers sculptés* bekannt sind. Denn über die Jahre, die ihm verblieben, meißelte der Geistliche etwa dreihundert rätselhafte Figuren in die Klippen, längst über Treppen vom beliebten Gourmetrestaurant *Le Bénétin* (www.restaurant-lebenetin.com) aus erschlossen. Gleich nebenan wollte Lucille Trouin ihr Unternehmen aufbauen. Und das hätte wohl nicht nur die Rosenseeschwalben aufgeschreckt, sondern auch Konflikte mit dem *Bénétin* heraufbeschworen und vielleicht sogar Dupins Autor Bannalec verärgert, denn der genießt die Ruhe auf der Holzterrasse des Restaurants mit Blick über die Weite des Meeres: »Nach dem endlosen Aperitif essen Sie die *Ormeaux*-Muscheln und einen der Fische. Oder die Jakobsmuscheln, als Vorspeise wie als Füllung von Ravioli. In den schönen Häusern nebenan kann man Appartements mieten.«

Gut 10 km östlich des Binnenmeers, von dem der Kommissar mehrfach schwärmt – *Le Havre de Rothéneuf* heißt es offiziell –, befindet sich an der Pointe du Grouin der letzte spektakuläre Aussichtspunkt der Smaragdküste. Ebenso ein Tatort, denn dort, mit Fernblick auf den bereits normannischen Mont St-Michel, stürzt Lucille Trouins Lebensgefährte von den Klippen. In Cancale, dem einstigen Korsarennest im Windschatten dieser Landspitze, befallen Autor Jean-Luc Bannalec melancholische Gefühle: »Kann man in Pornic sehen und spüren, wie die Bretagne beginnt, so sieht und spürt man in Cancale, wie sie endet. Das Smaragdgrün weicht dem Blau, mitten durch die ausladende Bucht läuft die Grenze zwischen Bretagne und Normandie, der Heimat von Claire. Das spezifisch Wilde und Raue verliert sich wieder, aus dem Atlantik wird endgültig der Kanal samt dem typischen – ebenso wunderbaren, aber doch anderen – Kolorit.«

Pittoresk steht Cancale auf einem sehr schmalen Streifen Land zwischen Meer und Klippen, ein Dorf entlang einer stattlichen Kaimauer, das vor lauter Enge dann doch gezwungen war, die steilen Hänge im Rücken zu erobern. Nachdem mit der Jagd auf fremde Schiffe kein Staat mehr zu machen war, tat sich für Cancale mit der Austernzucht ein neuer Erwerbszweig auf. 400 ha Austernbänke liegen direkt vor dem Quai Thomas. Bei Ebbe ziehen unermüdlich Traktoren hinaus, um die Schätze abzufischen. Ein Teil geht in den Direktverkauf:

»Am Anfang der Mole waren ein Dutzend Stände aufgebaut, an denen frische Austern verkauft wurden. Die Zelte streng in atlantischen Farben gehalten, überwiegend blau und weiß. Grobe Holzkisten mit Austern in verschiedenen Größen und Sorten. Schilder über den Ständen, die die jeweiligen Austernfischer auswiesen. Eine wunderbare Stimmung. Es roch nach Tang und Algen, auf denen die Austern in den Kisten präsentiert wurden.«
Bretonische Spezialitäten, Seite 211/212

Die familiäre Stimmung führt Dupin teils auf den kalten weißen Muscadet zurück, der die Austernprobe begleitet. Ein Wein von der Loire, »wo die Bretagne im Süden beginnt. Ihr Anfang und ihr Ende kommen auf schönste Weise zusammen«. Zu diesem Abgesang – für Reisende in Gegenrichtung ist es der Auftakt – finden sich beträchtlich viele Besucher in dem Örtchen ein, die meisten begnügen sich nicht mit einem Imbiss an den Probierständen. Die hohe Zahl an Restaurants macht die Wahl nicht leicht, aber Kenner bahnen sich schnell ihren Weg zu einer Doppeladresse, die unter der Regie von Bertrand Larcher steht. Während Austern aus Cancale Ende 2019 dem immateriellen UNESCO-Weltkulturerbe zugerechnet wurden, kämpft Larcher noch dafür, auch den bretonischen Crêpe in diesen Rang zu erheben. Mit dem *Atelier de la Crêpe* hat er in St-Malo eine Ausbildungsstätte für Amateure und angehende Profibäcker eingerichtet. Larcher ist eifriger Verfechter des bretonischen Buchweizens, der gegenüber anderen Getreidesorten eine Vielzahl einzigartiger Geschmacksmöglichkeiten und gesundheitlicher Vorzüge birgt. Breizh Café heißt die Crêperie-Kette, die Larcher zusammen mit seiner japanischen Frau gegründet hat und von der es Ableger zwischen Amerika und Japan gibt. Eines der Häuser ist uns in St-Malo begegnet, ein zweites nun in Cancale am Quai Thomas – und gleich darüber La Table de Breizh Café, das ebenso wie Larchers *Otonali* in St-Malo die bretonische mit der japanischen Kochkunst verbindet. Küchenchef Raphaël-Fumio Kudaka trägt Auszeichnungen vom *Guide Michelin* wie auch vom *Gault Millau*, was indessen keinen niedrigpreisigen Restaurantbesuch verspricht, aber einen mit Nachhall.

Dupins spezielle Empfehlung

Sterne-Stars: Die Rœllingers

Manches Leitmotiv, das sich durch eine Bretagne-Reise zieht, nimmt man erst spät wahr. Gewürze zählen dazu. Sie waren Handelsware der Ostindienkompanie in Port-Louis oder verfeinerten Geleebonbons aus Landévennec und werden mittlerweile auch in der Bretagne angebaut, darunter Safran. Kari gosse *heißt eine originär bretonische Gewürzmischung, die auf einen indischen Schiffbrüchigen zurückgeführt wird. Dieses Mischen ist indische Tradition; Garam Masala, Tandoori, Panch Phoron sind Beispiele, Curry derweil schon ein britischer Ableger. Mit dem sich nahtlos zu Olivier Rœllinger überleiten lässt. Geboren in Cancale, erhielt er als erster bretonischer Küchenchef drei Michelin-Sterne, schloss 2008 aber sein Kultrestaurant und widmete sich fortan im* Maison du Voyageur *(1,Rue Duguesclin, Cancale) seinen Gewürzmischungen. Eine Legende besagt, der Korsar Surcouf habe schon in diesem Haus gewohnt und dort einen Goldschatz versteckt. Heute hat Oliviers Sohn Hugo Rœllinger das Koch-Regiment übernommen, nachdem er, alter Tradition folgend, über Jahre zur See fuhr. Mittlerweile ist er* Chef de Cuisine *mit zwei eigenen Michelin-Sternen. Sein Restaurant* Coquillage *ist Bestandteil eines Rœllinger-Wohlfühl-Imperiums namens* Maisons de Bricourt, *das auch Luxusherbergen, Spa, Patisserie und den Gewürztempel umfasst. Adresse des* Coquillage *ist das Schloss Richeux in wunderschöner Küstenlandschaft südlich von Cancale (Le Buot, St-Mélior-des-Ondes, www.roellinger-bricourt.com). Alles in der Küche ist regional, lokal am besten, alles ist vom Respekt vor der Natur geprägt. Hugo Rœllinger liebt besonders Algen, die verschiedenen Muschelarten und Gewürze. Nichts inspiriere ihn so wie der Horizont, hat er einmal gesagt. Was ihn, nur als Beispiel, zu einem Hummer mit Kakao, dreierlei Chili und Sherry-Soße führt. So etwas haben Sie noch nie gegessen. Das Gericht ist eine Hommage an den Seefahrer Daniel de La Touche, der von Cancale aus in See stach und mit Booten voller Kakao, Vanille und Chili zurückkam. Versäumen Sie nicht, durch den Park von Château Richeux zu schlendern. Sie finden dort allein sechsundzwanzig alte Apfelsorten. Auch Bienenstöcke, Schafe, Kühe, Esel und Frösche.*

Austernstände am Strand von Cancale

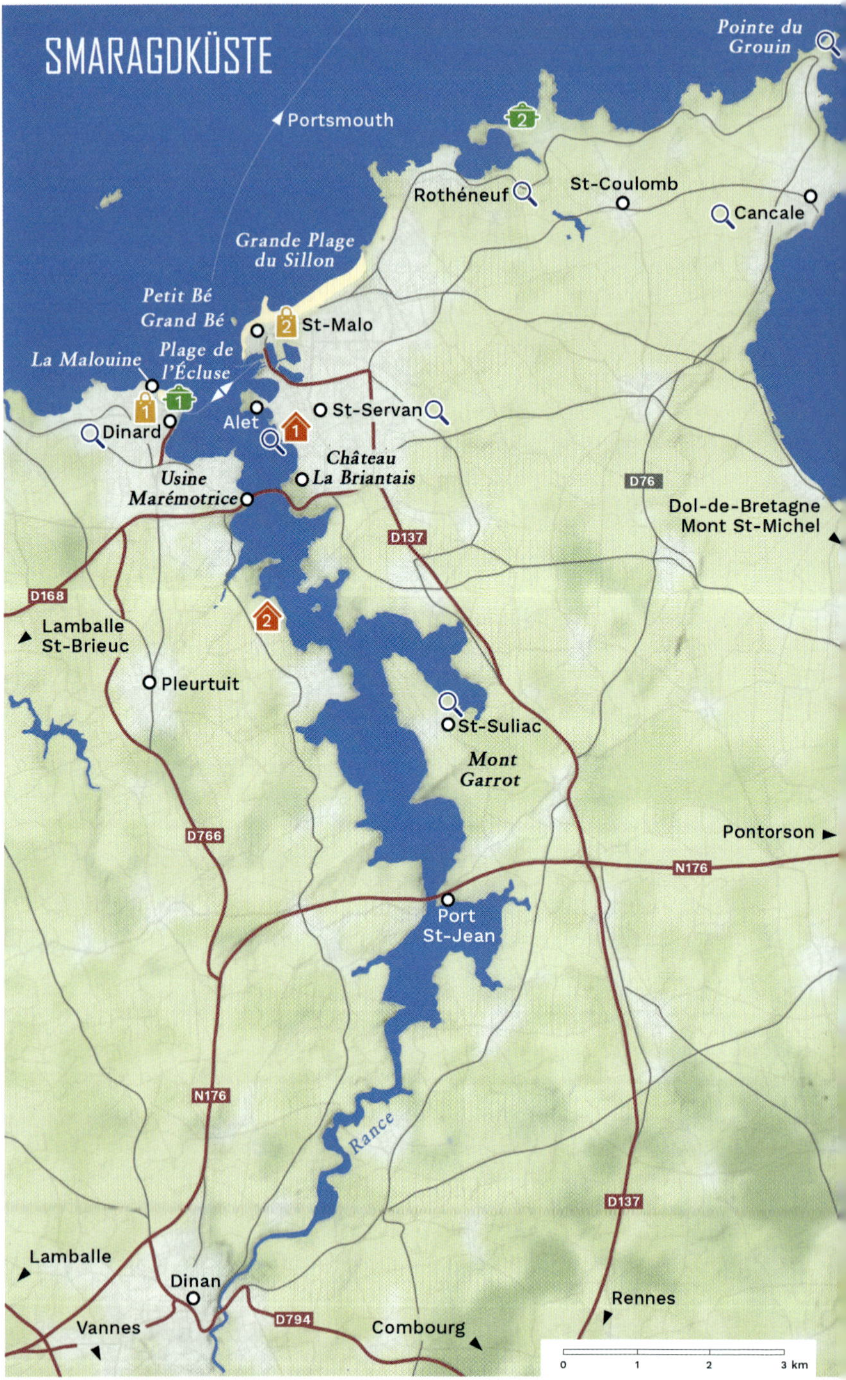

SMARAGDKÜSTE
Pointe du Grouin
Portsmouth
2
Rothéneuf
St-Coulomb
Cancale
Grande Plage du Sillon
Petit Bé
Grand Bé
2
St-Malo
La Malouine
Plage de l'Écluse
1
1
Dinard
Alet
1
St-Servan
Château La Briantais
Usine Marémotrice
D76
Dol-de-Bretagne
Mont St-Michel
D137
D168
2
Lamballe
St-Brieuc
Pleurtuit
St-Suliac
Mont Garrot
D766
Pontorson
N176
Port St-Jean
N176
Rance
D137
Lamballe
Dinan
Rennes
Vannes
D794
Combourg
0
1
2
3 km

Tipps für Genießer

Unterkunft

1 Villa St Raphaël: *Dupins neunter Fall an der Smaragdküste lässt unschwer erkennen, dass der Kommissar eine Vorliebe für St-Servan hat. Gleich zu Beginn des Krimis verrät er seine Adresse, nämlich die* Villa St Raphaël *aus dem 18. Jahrhundert. Sie hat einen Garten, aber nur fünf Zimmer, dazu für Selbstversorger ein Cottage. Die Villa St Raphaël ist mittlerweile leider geschlossen. Schöne Unterkünfte in der Region lassen sich aber über das Portal www.bretagne-reisen.de finden.*

Essen

1 La Passerelle du Clair de Lune: *Dupins »Bretonische Spezialitäten« spielen in der Welt der Gastronomie, demnach enthält der Krimi allerlei Empfehlungen für Gourmets und Gourmands. Jenseits davon ist die* Passerelle *eine glänzende Adresse, bei der sich modernes Ambiente und Traumlage am Strand mit gutem Service und köstlichen Speisen verbinden.*

3, Avenue George V, Dinard, www.la-passerelle-restaurant.com, Menü ab 35 €

2 La Perle Noir: *Die herrliche Lage an einem ruhigen Strand auf halber Strecke zwischen St-Malo und Pointe du Grouin macht das Abendessen zu einem besonderen, leider aber auch nicht ganz billigen Erlebnis. Spezialität sind Fisch und Meeresfrüchte. Auf Vorbestellung kann ein Barbecue organisiert werden.*

Plage des Chevrets, St-Coulomb, Menü ab 38 €

Einkauf

1 Vent de Voyage: *Handgefertigte Taschen, Accessoires und Möbel in modernem Design aus dem Tuch alter Segelboote.*

12, Rue Broussais, St-Malo, und 12, Rue Levasseur, Dinard, www.ventdevoyage.com

2 La Maison Guella: *Das 1920 gegründete Familienunternehmen ist eine der ältesten Keks- und Karamellmanufakturen der Bretagne.*

1, Rue du Brocanteur, Cancale, und 8, Porcon de la Barbinais, St-Malo, www.lamaisonguella.com

Feste

La Route du Rhum: *6500 km allein auf dem Atlantik. Etwa einhundert Einhand-Segler brechen alle vier Jahre (seit 1978) gegen Ende Oktober von der Pointe du Grouin zur Regatta nach Guadeloupe auf. Begleiten kann man sie nur teilweise am Bildschirm, aber es gibt eine Auftaktwoche in St-Malo (www.routedurhum.com).*

La Route du Rock: *Mitte März und dann noch mal Mitte August treffen sich internationale Musiker zum Rockfestival in St-Malo. Am meisten Spaß macht die Sommeretappe mit Konzerten am Strand (www.laroutedurock.com).*

Mehr Infos

Office de Tourisme:
*2, Boulevard Féart,
35800 Dinard, T 08 21 23 55 00,
www.dinardemeraudetourisme.com*

Office de Tourisme:
*Esplanade St-Vincent,
35400 St-Malo, T 02 99 56 66 99,
www.saint-malo-tourisme.com*

Foto rechts: Das Château de Trécesson

ARGOAT – NOCH EIN STÜCK HINTERLAND

Irrungen und Wirrungen

Was das bretonische Hinterland angeht, so werden viele Attraktionen kaum von Touristen beachtet. Selbst die Hauptstadt Rennes nahe der normannischen Grenze zählt zu den Mauerblümchen. Dabei hat sie in Frankreich begeisterte Liebhaber: als junge Stadt mit einer begehrten Universität, als richtungsweisende Stadt mit einer progressiven Führung und Verwaltung, als lebenswerte Stadt mit viel Fahrradverkehr und einem quirligen Zentrum, als Stadt mit Geschichte, von der malerisches Fachwerk kündet. Wahrscheinlich bekäme man bei einer Umfrage nach dem Namen der bretonischen Hauptstadt nur wenige korrekte Antworten, wobei manch einer vielleicht auch Nantes im Verdacht haben wird, das früher tatsächlich in Krisenzeiten Rennes mitunter abgelöst hat.

Dupin liebt die Bretagne, er hat aber auch – obwohl Pariser – eine Vorliebe für Ortschaften, die nicht allzu groß sind. Auf der Liste seiner Favoriten erscheint Rennes allenfalls incognito. Dafür gibt es rund 50 km westlich der Hauptstadt eine verträumte Gegend, der mit »Bretonische Geheimnisse« sogar ein ganzes Buch gewidmet ist: der Wald von Paimpont. Zwei Dinge sollte man sich vor dem Besuch bewusst machen. Zum einen: Dieses Gebiet erfordert viel körperlichen Einsatz, seine schönsten Seiten offenbaren sich nur den Wanderern oder allenfalls Radfahrern. Die andere Sache: Dieser Wald *Brocéliande*, von dem schon die Rede war (s. S. 270), verlangt nach einer Art mentalen Bereitschaft. Als das Kommissariat von Concarneau seinen »Betriebsausflug« dorthin unternimmt, wird deutlich, wie unterschiedlich sich die Teilnehmer der kleinen Reise zu den großen Mysterien positionieren. »Man weiß ja nicht einmal, ob es Artus überhaupt je gegeben hat«, wirft Inspektor Kadeg zweifelnd ein und liegt damit nicht falsch. Sein Kollege Riwal ist, wir wissen es längst, aus ganz anderem Holz geschnitzt:

»Unzählige keltisch-bretonische Legenden spielen hier, verrückteste Geschichten aus mehreren Jahrtausenden. Zu höchstem Ruhm aber gelangte der Wald durch König Artus und seine Tafelrunde. Und Sie wissen ja, Artus besitzt für uns Bretonen eine immense Bedeutung! Er verkörpert insbesondere eines: den

Widerstand! Eine unserer stolzesten Tugenden, der Kern unseres Wesens. Eine Widerständigkeit im Einstehen für die höchsten Ideale, die Prinzipien von Artus' Herrschaft: Gleichheit, Brüderlichkeit, Güte. – Wir Bretonen waren es, die unbeirrbar an die Wiederkehr von Artus glaubten, die ihm unverbrüchlich die Treue gehalten haben!« *Bretonische Geheimnisse, Seite 11*

Immer wieder müht sich Riwal, das Phänomen Artus zu deuten, die Existenz des Ritters zu belegen, Literaten vergangener Jahrhunderte wie etwa Chrétien de Troyes (1135–1188) als Leumund heranzuziehen und aus Schriften abzuleiten, dass die Ritter um König Artus durch genau diesen Wald von Paimpont ritten. Dass der junge Artus dort seine Abenteuer erlebte, dass seine Halbschwester Morgan le Fay, Zauberer Merlin, Fee Viviane und Ritter Lancelot ihn umgaben und dass das Augenmerk aller irgendwann auch der Suche nach dem Heiligen Gral galt – *graal* schreibt man ihn übrigens in Frankreich. Mag es auch zutreffen, dass Schriften über Artus vielfach auf die Bretagne verweisen, so ist doch einem Trugschluss vorzubeugen. Die Rede ist immer wieder von *Brocéliande,* nach trivialer Deutung gebildet aus *broce* = Wald und *liande* = Heidefläche. Eine schönere und deswegen wahrere Interpretation offenbart sich über das Keltische: Gemeint sei mit dem Wort die »Festung der anderen Welt«. Wie auch immer, Brocéliande war offenbar der riesige Wald, der einst das gesamte bretonische Hinterland überzog und dann zuerst von den Römern hemmungslos ausgebeutet wurde. Die knapp 12 000 ha voller Kastanien, Eichen und Buchen, Tümpel und Seen, die bei Paimpont verblieben sind und deren Umrisse aus der Luft an einen ruhenden

Die Guillotin-Eiche

Drachen erinnern, sind eben nur der Rest des historischen Waldes – mitunter ist auch nur von 7000 ha die Rede. Dass ausgerechnet dieses Relikt sämtliche Wirkungsstätten eines Königs beheimaten soll, dessen Existenz nicht einmal bewiesen ist, klingt abenteuerlich. Und doch: Das Erkunden der Bretagne auf den Spuren eines Phantoms – erliegen wir dem nicht alle, die wir gerade Dupin durch die Region folgen? Und ist die Suche nicht oftmals das intensivere Erlebnis als die eigentliche Begegnung mit dem Gesuchten? Die Gruppe von Wissenschaftlern, die in »Bretonische Geheimnisse« dem Mythos um König Artus nachspürt, dürfte jedenfalls mehr Freude an dem Rätsel haben, ob das eisenzeitliche Cadbury Castle in England womöglich das sagenumwobene Camelot sein könnte, als daran, tatsächlich den Fuß auf dessen unscheinbare Überbleibsel zu setzen.

Einer jener professionellen Erzähler, die man vor Ort antrifft, ein *conteur*, gibt Dupin dazu eine Art Schlüssel auf den Weg:

»Was Sie hier sehen, ist nicht der wahre Wald: Tausende betreten ihn, und doch sehen ihn nur wenige. Der wahre Wald ist auf keiner Karte zu finden, nicht mit unseren ärmlichen Sinnen wahrzunehmen. Allein unser Innerstes vermag ihn zu erblicken. Aber – der Wald selbst entscheidet, wer seiner ansichtig werden darf. Wer ihn betreten darf. Der Wald ist das große Wesen, nicht wir sind es.« *Bretonische Geheimnisse, Seite 55*

Ein Stein kommt ins Rollen: Paimpont und Comper

Auf die eine oder andere Art merkt es jeder: Das Gefühl schlägt um, wenn man aus beliebiger Himmelsrichtung auf die Magie dieses schwarzen Waldes stößt, in dem sich zwar ein paar kleine Ortschaften verstecken, der aber ebenso gut nur Korrigans, Feen und Dämonen beheimaten könnte. Rund zehn Prozent des Waldes, im nordöstlichen Teil rings um das »Grab von Merlin« gelegen, befinden sich in Staatsbesitz, der Löwenanteil aber in Privathand. Kann dem Besucher gleichgültig sein? Nicht ganz, denn nur im Staatswald darf er sich frei bewegen, auf Privatgelände derweil allein entlang markierter Pfade. Hinzu kommt dort Lebensgefahr im Winterhalbjahr. Nicht wegen dunkler Mächte, sondern weil dann gejagt wird. Feinschmecker Dupin hat da schnell die angenehme Kehrseite ausgemacht: *Brocéliande,* eine Kooperative für regionale *charcuterie,* liefert Fleisch und Wurstwaren von Hirschen und Wildschweinen der Region, zudem Pilze und Kräuter aus diesem Wald.

Was sich in dem kleinen Hauptort Paimpont an Charakteren einfindet, ist eine höchst illustre Mischung. Da gibt es die unscheinbaren Wanderer, die lediglich über den 4 km langen Rundweg um den künstlichen See marschieren, vielleicht mit speziellem Interesse an der reichen Flora und Fauna. Es gibt die Souvenirjäger, die in den Läden entlang der Hauptstraße allen erdenklichen Nippes zu Artus, Merlin und Viviane auflesen. Es gibt die orientierungslosen bis zielstrebigen Fährtensucher auf den Pfaden der

Mythen, die dankbar durch die hochmoderne Multimedia-Ausstellung *La Porte des Secrets* taumeln (https://tourisme-broceliande.bzh/de/activite/la-porte-des-secrets). Es gibt mittwochs und freitags vom Nachmittag an die Betreiber des farbenfrohen Marktes, dem man die Attribute bio, glutenfrei, lokal und spooky zuschreiben kann – Letzteres, weil sich der Hang zu mittelalterlicher Kluft mit Tanz, Musik, Feierlaune und Fackelbeleuchtung verknüpft. Es gibt, wenn man es so sehen will, ein paar Verrückte des Waldes mit zotteligem Haar und zerrissener Kleidung, die entweder an den Folgen von Drogenkonsum laborieren oder ihre physische Erscheinung in klingende Münze umsetzen, indem sie willigen Touristen das Blaue vom Artus-Himmel herunterbeten. Ebenso gibt es Leute wie etwa diesen artusischen Glücksritter mit Excalibur-Bildnis auf der Lederweste, der seelenruhig seine *Moto Guzzi* röhren lässt. Und ganz schlichte Kulturfahnder auf Erkundung der *Abteikirche Notre-Dame* gibt es auch. Im 7. Jahrhundert als Priorat gegründet, wurde sie im 13. Jahrhundert deutlich erweitert; Fensterrose, hölzerner Dachstuhl und Reste von Fresken stammen noch aus dieser Zeit.

»Die Abtei und die sich anschließenden Gebäude – umgeben von aufwendig angelegten Gärten mit weitläufigen Wiesen – waren viel mächtiger und prachtvoller, als Dupin es erwartet hatte. Die Wirkung war unglaublich: Man fuhr mitten durch den einsamen, wilden Wald, dann tauchte rechts plötzlich der Arm eines eigentümlich tiefgrünen Sees auf und fast genauso schnell die kunstvoll arrangierten Parkanlagen und an deren Ende die imposante Abtei.«
Bretonische Geheimnisse, Seite 107

Den »Charme des Einfachen« bescheinigt Dupin dem *Le Brécilien,* einem Café mit Terrasse und urigem Innenleben, das seit vielen Jahren Kultstatus besitzt. Atmosphäre zählt. Und davon hat auch das Hotel-Restaurant *Relais de Brocéliande* (http://relais-de-broceliande.fr) am anderen Ende der Dorfstraße ungewöhnlich viel zu bieten, ein ausladendes Haus mit Spa, das als Standardadresse im gehobenen Segment auch die Artus-Forscher des Krimis beherbergt – manche für die letzte Nacht ihres Lebens.

Über die D71, die Paimpont Richtung Nordosten verlässt, gelangt man nach ca. 7 km zu einem Parkplatz, von dem ein ausgeschilderter Waldweg zur Chêne des Hindrés führt. Die 18 m hohe Traubeneiche *(Quercus petraea),* die man nach etwa einer Viertelstunde erreicht, hat ein stolzes Alter von rund fünfhundert Jahren. Noch viel länger bezeugt ist die im Wald Brocéliande betriebene Holzkohleproduktion, von der ein Kohlemeiler zeugt. Zu Beginn der Eisenzeit vor mehr als zweitausend Jahren wurden die ersten Kohlefeuer entfacht, um Metall bearbeiten zu können. Gewonnen wurde Eisen vor Ort, die rötliche Färbung des Schiefers, den man im Wald sieht – es handelt sich hier nicht um rosa Granit wie an den Küsten –, deutet auf die reichen Vorkommen hin. Platten aus solchem roten Schiefer deckten auch das jungsteinzeitliche Galeriegrab, das ein kleines Stück weiter nördlich an der D71 als Tombeau de Merlin ausgeschildert ist. 1820 hatte ein Richter namens Jean Côme Damien Poignand die Stätte entdeckt, sie im Übereifer, aber völlig haltlos als Merlins Grab interpretiert und mit Publikationen darüber einen guten Teil der Mär angestoßen, wonach dieser Wald Schauplatz der Artussage ist. Der so ausgelöste Taumel bekam diesem Denkmal nicht, Vandalen

Bürgermeisteramt von Tréhorenteuc

sprengten es 1892 in der Hoffnung auf verborgene Schätze. Die beiden verbliebenen Steinplatten, die übereinanderliegen, geben aber noch genügend Stoff für Legenden: Sie seien ein Paar im Liebesakt. So heißt es.

Was zuvor vielleicht niemanden in der Gegend weiter kümmerte, geriet mit den Entdeckungen und Spekulationen im 19. Jahrhundert in den Fokus. So kamen auch Berichte über eine Art Taufzeremonie auf, die Druiden am Tag der Sommersonnenwende an der Fontaine de Jouvence vollzogen. Schon die Bezeichnung dieser Quelle, nur ein kleines Stück von »Merlins Grab« entfernt, weist sie als Jungbrunnen aus. Trinkt man zur Sommersonnenwende von ihr, so gewinnt man angeblich Zeit. Aber nicht die Menge des Wassers ist entscheidend, sondern die eigene

Tugendhaftigkeit. Mit anderen Worten: Vielleicht werden Sie lediglich ein paar Sekunden jünger.

Und damit ist es Zeit für eine Koryphäe: Claudine Glot. Die 1947 geborene Schriftstellerin kam in jungen Jahren fast zufällig in die Bretagne und entbrannte sogleich für Artus und seine Gefolgschaft, denen sie 1979 eine Zeitschrift und später noch zahlreiche Bücher widmete. Glot könnte Prototyp jener Forscher sein, um die sich Dupins mysteriöser Fall rankt. 1988 gründete sie mit Gleichgesinnten das *Centre de l'Imaginaire Arthurien*, das zwei Jahre später eine würdige Heimstätte im Château Comper bei Concoret fand. Mit seiner gewohnt scharfen Beobachtungsgabe beschreibt Dupin dieses Schloss wie folgt:

»Ein Burggraben, der über die Jahrhunderte zugewuchert war, hier und dort sah man Tümpel. Mit dichtem Efeu und Misteln bewachsene alte Eichen. Eine Brücke über den Burggraben, die zu einem prächtigen Eingang mit einem weißen Steinbogen führte, dessen einst sicherlich robustes Tor durch eine filigrane Konstruktion schmiedeeiserner Verstrebungen ersetzt worden war.
Im Wasser der Tümpel spiegelten sich Teile der mächtigen Mauern der Schlossbefestigung. Sieben, acht Meter waren sie hoch. Rötliche, große Steine, manche verwittert, mit hellen Flechten übersät, manche grün bemoost, aus den Ritzen wuchs Gras. Sie schienen so unregelmäßig gefügt, dass man Angst hatte, einzelne könnten jeden Augenblick aus der Mauer fallen. Sodass sich ein höchst zwiespältiger Eindruck ergab: Die Befestigung wirkte massiv und fragil zugleich.« *Bretonische Geheimnisse, Seite 63*

Dupin findet beim Urteil über Legenden stets den Ausgleich zwischen Überschwang und Ablehnung. Aus diesem maßvollen Blickwinkel betrachtet er auch Glots Kulturzentrum, das mit zahlreichen Veranstaltungen rund ums Jahr tatsächlich ein buntes, spannendes Artus-Programm in die Gegend holt (www.broceliande-centre-arthurien.com). Allerdings erwähnt er nicht, dass zum Team auch ein ausgewiesener Elfologe zählt.

»Das *Centre,* 1988 gegründet, war Kulturzentrum, Museum und bedeutende Forschungseinrichtung in einem. Es war den Legenden von König Artus und seiner Tafelrunde verpflichtet.
Dem *Forêt de Brocéliande* als einem der bedeutenden Artus-Orte.
In zweiter Linie ging es um die alten örtlichen Sagen und Mythen; die, für die sich der Erzähler im Wald eben so eingesetzt hatte.
Das *Centre* organisierte Führungen durch den Wald, Ausstellungen, Spektakel, Lesungen, Vorträge, mehrtägige Mittelalterveranstaltungen und auch wissenschaftliche Konferenzen.
Die Forschungsarbeit fand in enger Kooperation mit der Universität in Rennes statt.«
Bretonische Geheimnisse, Seite 66/67

Nun wäre der Kommissar wahrscheinlich nicht lange geblieben, würde es im *Centre* kein gutes Café geben. Einen Buchladen obendrein. Und dann natürlich den unergründlich tiefen See voller Felsspalten und Unterwasserhöhlen mit seiner spiegelglatten Oberfläche. Für seine große Liebe Viviane soll Merlin an seinem Grund einen Kristallpalast gebaut haben, nur sichtbar für denjenigen, den Viviane hereinlassen will – und nicht wieder hinauslassen wird. Auch Merlin ereilt das Schicksal der Gefangenschaft, ein klares Indiz, dass der *Tombeau de Merlin* (s. S. 342) nicht das Grab des Zauberers sein kann.

Artus
Ritter von nebulöser Gestalt

Sie hatten die Römer erdulden müssen, und nun, als Roms Arm erlahmte, mussten sie in Britannien auch die Invasion der Angelsachsen grollend hinnehmen. Kriegsglück war den Kelten immer nur in kurzen, dann aber maßlos gefeierten Momenten beschieden. Ein solcher Sieg gelang um 500 angeblich einem ge-

wissen Ambrosius Aurelianus, der fortan durch Legenden geisterte und dabei mehrfach mutierte. Mancher Hinweis lässt vermuten, dass er die Urgestalt eines »Königs« Artus war, dessen Name aber erst im späten 9. Jahrhundert schriftlich erscheint. Nochmals Jahrhunderte später, um 1135, schrieb der Geistliche Geoffrey von Monmouth eine »Historia Regum Brittaniae«, in der er die Ära der britischen Könige vor dem Einmarsch der Angelsachsen darzulegen versuchte – ohne den gesicherten historischen Fakten sonderlichen Wert beizumessen. Vielmehr stand ihm der Sinn danach, zweitausend heldenhafte Jahre zu schildern. Und in dieser Genealogie voller Halbwahrheiten und freier Erfindungen taucht auch die älteste uns bekannte Artus-Geschichte auf, damals noch ohne Tafelrunde, Avalon und anderes Beiwerk. In diesem Ringen um eine keltische Rehabilitation so viele Jahrhunderte nach der angelsächsischen Invasion steckte dabei eine Art Rotation. Denn einst, ab dem 5. Jahrhundert, waren viele römisch-katholisch geprägte Kelten vor der Übermacht in die Bretagne geflohen und hatten dort das Christentum etabliert. Als William the Conquerer England eroberte, befanden sich in seiner Gefolgschaft auch Bretonen, deren Kultur nun quasi in eine Stammheimat zurückkehrte und vor allem Wales und Cornwall neu beflügelte. Artus nahm märchenhafte Konturen an, Inspektor Riwal formuliert es treffend: »Sie müssen sich die ganze Artus-Literatur wie ein wild wucherndes Frühlingsbeet vorstellen. Überall sprießt es, kreuz und quer.« Die Saat war gestreut für eine Artus-Romantik, die im 21. Jahrhundert mehr Blüten treibt als je zuvor.

Zur heilenden Quelle

Genau wurde das Alter der Chêne à Guillotin bislang nicht bestimmt, aber die mächtige und bizarre Stieleiche an der D141 bei Crozon hat möglicherweise schon tausend Jahre hinter sich und wuchs in dieser Zeit auf einen Stammumfang von 10 m. Ihren verdächtigen Namen sollte man nicht mit der Guillotine in Verbindung bringen, er bezieht sich vielmehr auf einen Priester, der während der Revolution in einer mittlerweile verschlossenen Öffnung des Stamms vor Soldaten Zuflucht gefunden haben soll. Wenige Kilometer weiter führt die D141 zu einem Abzweig in den Weiler La Folle-Pensée, was »verrückter Gedanke« bedeutet. Man könnte Verbindungen zu dem ziemlich desolaten Zustand der winzigen Siedlung vermuten, doch rührt die Bezeichnung daher, dass dort einst Druiden Quellwasser verwendeten, um Geisteskranke zu heilen. Das verwendete Wasser sprudelt nicht weit von dort aus der Fontaine de Barenton. Man folgt der schmalen Straße vom Weiler aus bis zu einem Parkplatz und nimmt dann zu Fuß den Waldweg bis zu einer Gabelung. Ein Schild gibt es nicht, es handelt sich um einen Rundweg zur Quelle, wobei jenen, die nicht gut zu Fuß sind, geraten sei, sich links zu halten und auf der Seite auch wieder zurückzukehren, denn der rechte Abschnitt ist deutlich anstrengender und holpriger. Auch Dupin merkt an, dass es »keine Tafel, keine Schilder« gibt, was ihn angesichts der Bedeutung dieser Stätte verblüfft.

»Dem Wasser der Quelle sagt man seit Menschengedenken magische Wirkung nach. Es weist eine konstante Temperatur von genau zehn Grad auf. Ab und an, unmöglich vorauszusagen, wann, sprudelt es heftig [...], früher sagte man deswegen: ›das Wasser, das kocht, obwohl es kalt ist wie Marmor‹. [...] Wenn Sie an der Quelle stehen, sich etwas wünschen und unmittelbar danach die Blasen aufsteigen, geht Ihr Wunsch in Erfüllung. [...] Zuweilen ist aber auch eine rote Glut im Wasser zu sehen. Wie feurige rote Augen. [...] Neben der Quelle liegt eine Steinplatte, die *Margelle de Barenton* oder *Perron de Merlin* genannt wird. Wenn man sie auf eine bestimmte Weise mit dem Wasser der Quelle besprenkelt, regnet es.« *Bretonische Geheimnisse, Seite 50/51*

Einmal »Tal ohne Wiederkehr« und zurück

Gänsemarsch ist jeweils am 29. September. Dann gibt es in Tréhorenteuc eine Prozession zu Ehren einer gewissen Ste-Onenne, die tatsächlich nur in diesem bretonischen Hundertzwanzig-Seelen-Dorf verehrt wird. Fromme Hüterin von Gänsen soll die Heilige gewesen sein, deshalb lässt man die schnatternden Vögel der Prozession voranmarschieren. Die ursprünglich mittelalterliche Pfarrkirche *Ste-Onenne* ist freilich kaum noch unter diesem Namen bekannt, weit besser hingegen als *Église du St-Graal.* Vor ihrem Portal steht ein Bildnis des Abbé Henri Gillard, der für die Umwidmung verantwortlich war. Als er 1942 nach Tréhorenteuc kam, war die seit der Revolution vernachlässigte Kirche bereits zur Ruine verkommen. Der

Pfarrer kümmerte sich über Jahre hinweg um den Wiederaufbau, allerdings nicht nur des Gebäudes, sondern auch der Glaubensfestigkeit. Dabei bediente er sich eines kleinen Kunstgriffs: Gillard verknüpfte biblisches Geschehen mit Elementen der Artussage, insbesondere mit dem Mythos um den Heiligen Gral. Glasfenster und Gemälde, an denen auch zwei deutsche Kriegsgefangene mitwirkten, nehmen Bezug auf Onenne wie auch auf Artus und seine Gefolgschaft. Das Unvermeidliche geschah: Um Gillard selbst wurden Legenden gewoben. Er soll als später Abkömmling der Ritter gewusst haben, dass sich in Tréhorenteuc der Schlüssel zum Verbleib des Heiligen Grals verbirgt. Bei der Aufklärung seines Falls kreuzen sich Dupins Wege und Gedanken mit den Tatsachen und Gespinsten um das Kirchlein. Dass der Kommissar vor Ort gern in einem »kleinen Café mit Buchladen und Galerie« einkehrt, entspricht ganz und gar seinem Naturell. Und wäre einen Tipp wert, doch Marie Line, die Inhaberin, hat im Februar 2020 ihr gemütliches *Maison des Sources* aus Altersgründen aufgegeben.

Ein Parkplatz am Südrand von Tréhorenteuc ist das Tor zu einer der fabelhaftesten Landschaften in der Brocéliande – fabelhaft auch in dem Sinn, dass allerlei Fiktion um dieses Val sans Retour gesponnen wird. Auf dem ersten Stück des hier beginnenden 4 km langen Rundwegs vermag man diesem »Tal ohne Wiederkehr« wenig Herausragendes abzugewinnen, doch bald vollzieht sich eine Metamorphose. Dichter, fast gespenstischer Wald umschließt den Wanderer, der an einem Bach entlang zum *Miroir aux Fées* gelangt. Bei diesem »Feenspiegel« handelt es sich um einen windstill gelegenen See, dessen rötli-

Feenspiegel im Tal ohne Wiederkehr

che Färbung vom Eisengehalt des hiesigen Schiefers rührt. Kompassnadeln und sogar des Menschen Sinne sollen angeblich von dem Metall irritiert werden. Nun wären wir nicht in der Bretagne, wenn für das Rot keine übernatürliche Erklärung existierte. Sie handelt von sieben Feen, die einander geschworen hatten, sich niemals einem Menschen zu zeigen:

»Die Jüngste brach den Schwur und offenbarte sich einem jungen Mann, der den See entlangritt. Ihre Schwestern beschlossen, ihn zu töten, um zu verhindern, dass sie entdeckt wurden. Die Jüngste geriet daraufhin in solche Wut, dass sie ihren sechs Schwestern im Schlaf die Kehlen durchschnitt, aus ihrem Blut einen Zaubertrank bereitete und den jungen Mann

wieder zum Leben erweckte. Man sagt, dass das Blut der ermordeten Schwestern sieben Tage vom Schiefer aufgesogen wurde und ihm so die rote Farbe verlieh.«
Bretonische Geheimnisse, Seite 17/18

Am Rand des Sees steht ein hell schimmernder, unnatürlich wirkender Baumstumpf. Dieser mit goldener Farbe bemalte *Arbre d'Or,* umgeben von schwarz verkohlten Artgenossen, ist ein Werk des Künstlers François Davin in Gedenken an einen Brand 1990. Der damals stellenweise tote Wald hat sich erholt, er erweckt längst wieder Bilder von einem schaurigen »Tal ohne Wiederkehr«, das die Fee Morgane mit einem Zauber belegte: Ein Ritter entkommt dem Tal nur dann wieder, wenn er tugendhaft und vor allem treu ist. Die Fee nämlich war betrogen worden, ihren untreuen Gefährten samt seiner Geliebten hatte sie bereits in Stein verwandelt, in die *Rochers des faux amants*. Überraschend viele Wanderer umkreisen heute diese Felsformation oberhalb des Sees, aber die Faszination rührt vor allem von der Landschaft her. See und Wald unten im Tal scheinen von einer ganz anderen Welt als dieses von Heide bewachsene Plateau nur wenige Höhenmeter darüber. Auf seinem »Sessel«, dem *Siège de Merlin,* soll auch der berühmte Zauberer diese merkwürdige Szenerie bestaunt haben.

Der Drang, die Wunder des Waldes mit keltischen Mythen in Verbindung zu bringen, machte auch vor Denkmälern aus wesentlich älteren Epochen nicht halt. *Hôtié de Viviane* und *Tombeau des Géants* werden zwei Megalithgräber aus Stein- und Bronzezeit genannt, die aber viel zu alt sind, um etwas mit Artus zu tun zu haben. Schon darum ruft Dupin immer wieder zur Räson, wenn ein Gesprächspartner zu sehr ins Spintisieren gerät. Allein der Landschaft wegen lohnt es sich, den kleinen Rundweg von »Merlins Sessel« aus zu einer 14 km langen Tour über »Vivianes Haus« und das »Grab des Riesen« auszudehnen bis zum Château de Trécesson. Mit seiner Lage an einem See zählt dieses Schloss aus dem 14./15. Jahrhundert zu den eindrucksvollsten der Bretagne und ist sogar wie die allerfeinsten Castles der schottischen Highlands von Spuk erfüllt. Außer dem Pfarrer ohne Kopf gibt es da die Dame Blanche, die lebendig begraben wurde und doch immer mal wieder erwacht.

L'Arbre d'Or im Val sans Retour

Dupins spezielle Empfehlung

Abschluss und Auftakt zugleich: La Gacilly

Auf halber Strecke zwischen dem Ausgangs- und dem Endpunkt unserer Reise liegt das pittoreske La Gacilly, *Stammsitz des Kosmetikunternehmens* Yves Rocher, *wo Nolwenn das Ermittlerteam im Hotel* La Grée des Landes *einquartiert. Als Grund für die Wahl der nicht gerade preiswerten Adresse gibt der Kommissar an, dass das Team das hauseigene Restaurant* Les Jardins sauvages *ausprobieren wollte. Beim Abendessen fällt dort der Blick auf die faszinierenden Kräuterbeete vor dem Fenster, »die dem Restaurant seinen Namen gaben. Sicher ein Dutzend mit groben Holzplanken eingefasste Beete, aus denen große Büsche wuchsen«.*

La Gacilly ist wie ein Tor zum verzweigten Fluss- und Kanalsystem im Hinterland der Bretagne. Dupin schnuppert mal kurz hinein in diese eigentümliche Wasserwelt, als er den Artus-Forscher Guivorch auf seinem Hausboot besucht, der ihm Schönheiten wie etwa die Île aux Pies *vorstellt: »Ein wahres Naturparadies, Seekiefern, Ginster und Farne. Hier beginnt eine ganze Landschaft aus Flüssen: die Aff, die Vilaine und der Canal Nantes Brest. Sie alle treffen sich hier. Fließen ineinander, bilden Seen, mäandern. Trennen sich wieder. Ein großes Gewirr an Wasserwegen. Mechanische Schleusen wie vor hundert Jahren. Es weiß kaum jemand, aber die innere Bretagne ist zu großen Teilen eine Wasserlandschaft. Über hundert Flüsse und Kanäle durchziehen die Bretagne, über 30 000 Kilometer, fast alle befahrbar. So gelangen Sie auf Wasserwegen in fast jede Gegend der Bretagne.«*

Foto rechte Seite: La Gacilly

HINTERLAND OSTEN
Dinan
Dinan
Rennes
D766
D773
Fontaine de Jouvence
D31
Château du Comper
Tombeau de Merlin
Concoret
Le Chêne des Hindrés
D766
Chêne à Guillotin
La Folle-Pensée/ Fontaine de Barenton
Ploërmel
Forêt de Paimpont
Paimpont
D38
Tréhorenteuc
Rennes
Val sans Retour
1
D724
Château de Trécesson
D773
Ploërmel
N24
N24
Guer
2
Vannes
La Gacilly
0
1
2
3
4
5 km

Unterkunft

Diverse Gîtes: *Während die Artus-Wissenschaftler im Hotel-Restaurant* Relais de Brocéliande *nächtigen, entscheiden sich Insider eher für ein Gîte, Chambre d'hôte, Bed and Breakfast oder wie immer die vielen kleinen Privatunterkünfte bezeichnet werden. Adressen für Tréhorenteuc findet man etwa auf https://gitesenbroceliande.com und https://leclosduval.fr, für Paimpont www.arlitorienn.fr und Mauron https://leboisdeselfes.fr. In der Nebensaison kommen zwei Personen schon ab 60 € unter.*

Essen

1 Les Forges de Paimpont: *Bistros und Cafés mit einfacher Kost, rustikalem Service und uriger Einrichtung sind die gängigen Versorgungsstationen im Wald. Besonders beliebt ist* La Terrasse de l'Abbaye *direkt am See von Paimpont. 4 km südlich befindet sich an einem kleineren See die noch bessere Wahl:* Les Forges de Paimpont. *Im Weiler nebenan stehen die historischen Schmieden, die von den örtlichen Eisenvorkommen profitierten. Eine mächtige Eiche, die* Chêne d'Anatol Braz, *wacht über die einstige Kantine der Handwerker, sie beheimatet mittlerweile ein hervorragendes Restaurant mit lokalen Spezialitäten.*

Les Forges, Plélan-le-Grand, https://forges-de-paimpont.com, Menü ab 32 €

2 Maison Tiegezh: *Noch weiter südlich, auf halber Strecke nach La Gacilly, bietet das Hotel* Maison Tiegezh *sogar ein Restaurant mit einem Michelin-Stern. Ein Abendessen dort sollte wegen der Preise für einen besonderen Anlass reserviert bleiben. Die Karte wechselt regelmäßig.*

7, Place de la Gare, Guer, https://maisontiegezh.fr, Mittagsmenü 50 €, abends 85 €

Feste

Festival Photo: *Frankreichs größtes Open-Air-Fotofestival lockt seit 2003 Amateure und international angesehene Profis vom Sommer bis in den Herbst hinein nach La Gacilly (www.festivalphoto-lagacilly.com).*

Mehr Infos

Office de Tourisme:
Place du Roi St-Judicaël,
35380 Paimpont,
T 02 99 07 84 23,
http://tourisme-broceliande.bzh

Reisetipps

Anreise und Verkehrsmittel

Rennes fliegt auch Air France *(www.airfrance.com) nur über Paris an; hin und zurück ab etwa 250 €. Die Flugplätze in Lorient, Brest, Quimper und Vannes haben kaum Bedeutung, ausgenommen Flüge ab Brest auf die Île d'Ouessant und ab Lorient auf die Belle-Île.*

Etwa 17 Stunden dauert die Fahrt Köln–Rennes mit Flixbus *(ab 50 €). Per* Zug *reist man aus Deutschlands Norden über Paris Gare du Nord (ab Köln ca. 4 Std.), aus dem Süden sowie A und CH über Gare de l'Est (ab München ca. 10 Std.). Per Métro, Bus oder Taxi geht es weiter zum Gare Montparnasse und dort in den TGV nach Rennes (1,5 Std.). Reservierung erforderlich (www.sncf.com); einfache Strecke Paris–Rennes ab 15 €. Infos und Tickets für den innerbretonischen ÖPNV über* Breizh-Go *(www.breizhgo.bzh).*

Autofahrer *aus dem Norden können Paris über Amiens und Caen umgehen, aus dem Süden führt der Weg über die oft verstopfte Pariser Périphérique. Für einen Kleinwagen zahlt man je nach Strecke um 50 € Autobahnmaut (www.autoroutes.fr). Tempolimit auf Autobahnen 130 km/h (bei Nässe und für Anfänger 110 km/h), auf vierspurigen Straßen 110 km/h (100 km/h), sonst je nach Beschilderung 80 oder 90 km/h, innerorts 50 km/h. In der* Zone bleue *(blaues P-Schild oder blaue Linie) ist Parken für 1,5 Std. erlaubt, mittags 2,5 Std. (Parkscheibe auslegen). Gebührenpflichtige Plätze sind von 12 bis 14 und nach 19 Uhr kostenlos. Gelb markierte Bordsteine bedeuten Parkverbot. Kraftstoff tankt man am günstigsten bei den großen Supermärkten. Im Pannenfall müssen auf Autobahnen die Notrufsäulen benutzt werden. Ansonsten kann man sich unter T 08 00 08 92 22 bei der AIT-Assistance melden. ADAC-Notruf T 08 25 80 08 22. Für einige französische Städte benötigt man die Umweltplakette crit'air (www.certificat-air.gouv.fr/de).*

Papiere

Personalausweis, nationaler Führerschein und KFZ-Schein, Grüne Versicherungskarte (nur für Schweizer Pflicht) und Auslandsschutzbrief.

Information

Atout France *(www.france.fr/de) ist Frankreichs Tourismuszentrale mit Büros in Frankfurt, Wien und Zürich. Das* **CRT** *in Rennes informiert über die Region Bretagne (www.tourismebretagne.com), die CDTs über die jeweiligen Departements: Côtes d'Armor mit Sitz in St-Brieuc (www.cotesdarmor.com), Finistère in Quimper (www.toutcommenceenfinistere.com), Ille-et-Vilaine in Rennes (www.ille-et-vilaine-tourisme.bzh), Morbihan in Vannes (www.morbihan.com).*

Klima und Reisezeit

Dank Golfstrom weist die Bretagne gemäßigte Temperaturen auf: im Februar durchschnittlich 6,3 °C, im August bis 18 °C. Kräftige Winde machen auch Sommerhitze erträglich und sorgen für rasche Wetterwechsel. Einen reinen Strandurlaub gestatten nur die Sommermonate. Frühjahr und Herbst bringen Stürme mit imposanter Brandung. Für das Studium von Pflanzen und Vögeln empfiehlt sich das Frühjahr, für Wanderungen auch Herbst und Winter. Aktuelle Wetterlage auf https://meteofrance.com.

Notruf

Polizei T 17, Feuerwehr T 18, Erste Hilfe T 15, europaweit T 112, Sperrung von EC- und Kreditkarten T (0049) 116 116, www.sperr-notruf.de.

Übernachten

Internetportale haben die klassische Hotelsuche verdrängt, doch lohnt wegen der Insidertipps das Stöbern bei den örtlichen Offices de Tourisme. In abgelegenen Orten ist ein DZ ohne Bad und Frühstück ab 40 € zu haben, in beliebten Regionen kaum unter 70 €. Sterne sind kein Indiz für Preis oder Ambiente, sie spiegeln vielmehr die Ausstattungsmerkmale. Viele Mittelklassehotels mit landestypischer Atmosphäre und regionaler Küche gehören den **Logis de France** *an, erkennbar am Signet des grün-gelben Kamins (www.logishotels.com).* **Accor** *(https://all.accor.com) ist ein großer Konzern mit drei Kategorien: preiswert und einfach bei* Formule 1 *und* Ibis Budget, *gute Mittelklasse bei* Ibis, *gehoben bei* Ibis Styles. **Chambres d'hôte,** *Frankreichs Variante des B&B, findet man über Portale wie booking.com auch im Sommer ohne Vorausbuchung. Umfangreich ist das Angebot an* **Campingplätzen.** *Nur in der Saison ist Reservierung nötig.*

Ortsregister

MIX
Papier | Fördert gute Waldnutzung
FSC® C083411

4. überarbeitete Auflage 2025

Covergestaltung: Rudolf Linn, Köln
Covermotiv © Umschlagvorderseite:
© akg-images/bruno barbier; © hardyuno / Adobe Stock
Umschlagrückseite © Jean-Luc Bannalec
Gestaltung Innenteil: Dorothea Roll
Fotos Jean-Luc Bannalec: S. 12, 27, 32, 37, 78, 82, 85, 111, 140, 175, 197, 199, 204, 263, 275, 290, 331, 353
© Fotos Manfred Görgens: S. 22/23, 24, 38, 45, 46, 49, 54, 56, 59, 66, 71, 77, 90, 95, 99, 101, 105, 106, 117, 120, 127, 134, 144, 149, 153, 161, 169, 177, 181, 182/183, 184, 186, 189, 193, 195, 209, 218, 220, 227, 229, 232, 239, 242, 247, 250, 255, 259, 264, 271, 278/279, 280, 282, 285, 286, 288, 293, 296, 301 305, 309, 311, 314, 316, 319, 320, 322, 326, 335, 338, 343, 346, 351, 355
Kartenillustrationen: Christl Glatz & Sarah Borchart | Guter Punkt München,
© Stamen Design – Topografie-Texturen
Gesetzt aus der Sabon und der Aktiv Grotesk
Satz: Buch-Werkstatt GmbH, Bad Aibling
Druck und Bindung: CPI books GmbH, Leck
ISBN 978-3-462-00176-1

Kontaktadresse nach EU-Produktsicherheitsverordnung:
produktsicherheit@kiwi-verlag.de